应用型院校经济管理类核心基础课程规划教材
"互联网+"融媒体系列教材

统计学原理
（第二版）

殷晓彦　朱淑梅　主　编
滕萍萍　杨秀秀　李绍芳　副主编

立信会计出版社
LIXIN ACCOUNTING PUBLISHING HOUSE

图书在版编目(CIP)数据

统计学原理 / 殷晓彦,朱淑梅主编. —2版. —上海：立信会计出版社，2023.12(2025.7重印)
ISBN 978-7-5429-7453-2

Ⅰ.①统… Ⅱ.①殷… ②朱… Ⅲ.①统计学—教材 Ⅳ.①C8

中国国家版本馆 CIP 数据核字(2023)第 223131 号

策划编辑　郭　光
责任编辑　张忠秀
美术编辑　吴博闻

统计学原理(第二版)

TONGJIXUE YUANLI

出版发行	立信会计出版社		
地　　址	上海市中山西路 2230 号	邮政编码	200235
电　　话	(021)64411389	传　　真	(021)64411325
网　　址	www.lixinph.com	电子邮箱	lixinaph2019@126.com
网上书店	http://lixin.jd.com		http://lxkjcbs.tmall.com
经　　销	各地新华书店		
印　　刷	浙江临安曙光印务有限公司		
开　　本	787 毫米×1092 毫米	1/16	
印　　张	16.75		
字　　数	356 千字		
版　　次	2023 年 12 月第 2 版		
印　　次	2025 年 7 月第 3 次		
书　　号	ISBN 978-7-5429-7453-2/C		
定　　价	48.00 元		

如有印订差错,请与本社联系调换

第二版前言

统计学作为高等院校经管类专业的基础课程,是一门关于如何搜集、整理和分析统计数据,探索客观现象内在数量规律的方法论科学。

进入21世纪,统计学的发展呈现出多元化的趋势,不仅发展领域逐渐拓宽,而且在计算机科学、信息科学、经济学、管理学、金融工程学等领域有着广泛的应用,并与各领域有机结合。为了适应统计学的发展,统计学教材不断进行革新。编者结合多年的教学与实践经验,以学生为中心,以培养应用型人才为宗旨,编写了本书。

第二版在上一版的基础上对部分内容进行了调整,具体如下:

1. 保持教材先进性,与时俱进。21世纪是信息的时代,统计是对数据信息的收集与处理。基于此,本书在编写过程中充分体现了统计数据的及时性,采用了较新的数据信息,对一些过时的数据信息进行了更新。

2. 注重课程育人,突出课程思政。党的二十大报告中提到,育人的根本在于立德。全面贯彻党的教育方针,落实立德树人根本任务,培养德智体美劳全面发展的社会主义建设者和接班人。本书在章节内容安排中注重课程育人,将知识点与思政元素相融合,增加思政案例,突出课程思政。

3. 进一步完善章节内容。本书在原有章节安排中增加了一章方差分析,并对原有的章节内容进行适当调整完善。

本书由殷晓彦、朱淑梅、滕萍萍、杨秀秀、冯静、李绍芳几位老师编写。在编写过程中,编者参考和借鉴了大量相关教材成果,得到了立信会计出版社郭光老师的大力支持,在此表示诚挚谢意!

由于作者水平有限,本书内容如存在疏漏之处,恳请广大读者提出改进意见,以便我们进一步修订和完善。

编 者

2023年12月

目 录

第一章 绪论 ·· 1
    知识导航 ·· 1
    学习目标 ·· 1
    第一节 统计学的产生和发展 ·· 2
    第二节 统计与统计学 ··· 5
    第三节 统计工作过程及工作组织 ·· 8
    第四节 统计学的基本概念 ·· 11
    课堂测试 ·· 17

第二章 统计调查ㅤ·· 19
    知识导航 ·· 19
    学习目标 ·· 19
    第一节 统计数据 ··· 20
    第二节 统计调查的基本要求及分类 ··· 24
    第三节 统计调查方案 ··· 28
    第四节 统计调查方法 ··· 32
    课堂测试 ·· 39

第三章 统计整理 ·· 41
    知识导航 ·· 41
    学习目标 ·· 41
    第一节 统计数据整理 ··· 42
    第二节 统计分组 ··· 45
    第三节 分配数列 ··· 52
    第四节 统计图形化描述 ··· 58
    课堂测试 ·· 67

第四章　综合指标 ... 69
　知识导航 ... 69
　学习目标 ... 69
　第一节　总量指标 ... 70
　第二节　相对指标 ... 73
　第三节　平均指标 ... 80
　第四节　标志变异指标 ... 94
　课堂测试 ... 99

第五章　抽样与参数估计 ... 101
　知识导航 ... 101
　学习目标 ... 102
　第一节　抽样推断 ... 102
　第二节　几种常见的分布 ... 108
　第三节　抽样分布 ... 112
　第四节　抽样误差 ... 115
　第五节　参数估计 ... 118
　第六节　样本容量的确定 ... 124
　课堂测试 ... 127

第六章　假设检验 ... 129
　知识导航 ... 129
　学习目标 ... 129
　第一节　假设检验概述 ... 130
　第二节　总体均值的假设检验 ... 136
　第三节　总体比例的假设检验 ... 140
　第四节　总体方差的假设检验 ... 142
　课堂测试 ... 145

第七章　方差分析 ... 147
　知识导航 ... 147
　学习目标 ... 147
　第一节　方差分析概述 ... 148

第二节　单因素方差分析···152
　　第三节　双因素方差分析···160
　　课堂测试···171

第八章　相关与回归分析···173
　　知识导航···173
　　学习目标···173
　　第一节　相关与回归分析概述···174
　　第二节　简单线性相关分析···178
　　第三节　回归分析··182
　　第四节　拟合优度的度量···185
　　课堂测试···189

第九章　时间序列分析和预测···191
　　知识导航···191
　　学习目标···191
　　第一节　时间序列的编制···193
　　第二节　时间序列水平分析指标··196
　　第三节　时间序列速度分析指标··205
　　第四节　长期趋势的测定与预测··212
　　第五节　季节变动的测定与预测··220
　　课堂测试···225

第十章　统计指数···227
　　知识导航···227
　　学习目标···227
　　第一节　统计指数概述··228
　　第二节　综合指数··231
　　第三节　平均指标指数··240
　　第四节　指数体系及因素分析···243
　　第五节　常用指数简介··250
　　课堂测试···253

附表 1　正态分布概率表 ································· 255

附表 2　t 分布临界值表 ································· 257

附表 3　χ^2 分布临界值表 ······························ 258

参考文献 ··· 260

第一章 绪 论

知识导航

```
                    ┌ 统计实践的产生与发展
      统计学的产生和发展 ┤ 统计学的产生与发展
                    └ 中国统计学的发展

                    ┌ 统计的含义
      统计与统计学    │ 统计学的研究对象
                    │ 统计学的特点
绪论 ┤                └ 统计学研究的基本方法

                          ┌ 统计工作的基本任务
      统计工作过程及工作组织 │ 统计的职能
                          │ 统计工作的过程
                          └ 统计的组织体系

                    ┌ 总体和总体单位
      统计学的基本概念 ┤ 标志与变量
                    └ 统计指标与指标体系
```

学习目标

1. 了解统计学的产生和发展过程。
2. 理解统计的含义、特点及职能。
3. 理解并掌握统计学中的基本概念及其相互关系。

寓德于教

党的二十大报告中提到,坚持依法治国、依法执政、依法行政共同推进,坚持法治国家、法治政府、法治社会一体建设,全面推进科学立法、严格执法、公正司法、全民守法,全面推进国家各方面工作法治化。统计工作应贯彻党的二十大精神,牢固树立依法治统、依法统计责任意识,全面加强统计法治建设,努力提升统计数据质量,不断优化统计咨询服务水平,切实夯实统计基层基础,为市委市政府和有关部门决策提供全面、准确、及时的参考依据,加强部门间沟通协调。推进统计数据共享,强化统计数据分析研究,切实提升统计服务科学决策能力和水平。

资料来源:习近平.高举中国特色社会主义伟大旗帜 为全面建设社会主义现代化国家而团结奋斗——在中国共产党第二十次全国代表大会上的报告[EB/OL].[2022-10-16].https://www.gov.cn/xinwen/2022-10/25/content_5721685.htm,有删节。

请思考:统计工作包括哪几个阶段?

案例导入

以下是一些统计研究结果:

(1) 吸烟对健康是有害的,吸烟的男性寿命减少 2 250 天。

(2) 身体超重 30% 会使寿命减少 1 300 天。

(3) 漂亮的女性有损男性智力。

(4) 上课坐在前面的学生考试平均分数比坐在后面的学生高。

思考:这些数据和结论是怎么得来的?

第一节 统计学的产生和发展

一、统计实践的产生与发展

统计作为一种社会实践活动,起源很早,是随着人类社会发展和经济管理的需要而产生和发展的。

在原始社会,人类最初对食物的分配计量活动已有了统计的萌芽。

在奴隶社会,奴隶主阶级为了对内统治和对外战争而征兵、征税,因此开始了对人口、土地和财产的统计。我国最早的统计资料是夏朝(公元前 1 000 多年)人口和土地数字的记载。差不多同时期的古希腊、古罗马时代,也有对人口、财产和世袭领土的统计数据。由于奴隶社会生产力十分低下,经济发展落后,统计发展尚处于对事物调查登记和简单计数的初级阶段。

在封建社会,封建君主和精明的政治家日渐意识到统计对治国强邦的重要性,统计有了一定的发展,但由于经济的封闭割据,统计活动范围受到限制,统计处于缓慢发展阶段。

到了资本主义社会,新生产方式的建立使社会生产力水平不断提高,社会分工日益精细,统计范围已不限于人口、土地、财产等内容,逐步扩展到工业、农业、商业、银行、交通、保险、邮电、外贸、海关、社会、科技和环境等众多领域。1830—1849 年,欧洲出现"统计狂潮",

各国相继建立了专门的统计机构和统计研究组织,并进行定期的人口普查和专门调查,统计方法得到迅速发展,统计成为社会分工中的一种专门行业。1886年在罗马召开的第一届国际统计学会议,有力地促进了各国统计学家之间的交流与协作。

二、统计学的产生与发展

17世纪以后,随着统计实践的发展和统计理论的概括总结,历经300余年形成了今天的统计学科。从其发展过程看,可以分为以下三个时期:古典统计学时期、近代统计学时期和现代统计学时期。贯穿于统计学整个发展过程的主线是统计方法的逐步充实与完善。

(一) 古典统计学时期

这一时期是从17世纪中叶到18世纪末,其代表学派主要有政治算术学派和记述学派。

1. 政治算术学派

政治算术学派产生于17世纪中叶的英国,主要代表人物是威廉·配第和约翰·格朗特。威廉·配第在其代表作《政治算术》一书中用数字比较分析了英国、法国和荷兰三国"财富与力量"差异的原因,用实际资料、数字、重量和尺度等论述了英国的经济情况。马克思在《资本论》中评价配第是"政治经济学之父,在某种程度上也可以说是统计学的创始人"。可见其对于统计学的形成有着巨大的功绩。

约翰·格朗特则是通过利用大量数据资料研究社会人口变动规律的创始人,其代表作是《关于死亡公报的自然和政治观察》。他首次通过大量观察,对英国伦敦市人口的出生率和死亡率进行分类计算,编制了世界上第一张"死亡率"统计表。

政治算术学派大量运用观察法、分类分析法和对比分析法等进行社会经济问题的综合研究,但该学派学者的著作均没有使用"统计学"之名。

2. 记述学派

记述学派又称国势学派,产生于18世纪的德国,其代表人物是赫尔曼·康令和戈特弗里德·阿亨瓦尔。该学派以文字记述和比较国情而得名。阿亨瓦尔将记述和比较国情的国势学定名为"统计学"。

记述学派最早提出和使用"统计学"的名词,但在进行国势比较分析中偏重对事物性质的描述和解释,而不注重数量分析。

(二) 近代统计学时期

18世纪末到19世纪末为近代统计学时期。该时期的最重大成就是将大数法则和概率论引入统计学。最小平方法、相关与回归分析、指数分析法、时间数列分析法和正态分布等理论相继成为统计学的重要内容。该时期主要有两大代表学派,即数理统计学派和社会统计学派。

1. 数理统计学派

数理统计学派产生于19世纪中叶,以比利时学者阿道夫·凯特勒为代表,其著有《概率论书简》《社会物理学》等著作。他主张用研究自然科学的方法研究社会现象,将概率论引入统计学,开辟了统计学的新领域,使统计学的发展进入一个新的阶段。

2. 社会统计学派

社会统计学派产生于19世纪末,首创者为德国的克尼斯,他认为统计学是以社会现象为研究对象,通过对研究总体进行大量观察,研究、分析社会现象变动原因并揭示社会现象规律性的一门实质性科学。该时期世界各国统计学者在社会经济统计指标的设定与计算、指数的编制、统计调查的组织和实施、经济发展评价与预测等方面的研究做出了伟大的贡献。例如,德国统计学家恩格尔提出的"恩格尔系数";美国经济学家库兹涅茨和英国经济学家斯通等人研究的国民收入和国内总产值的核算方法等。

(三)现代统计学时期

从20世纪初到现在为现代统计学时期。该时期的显著特点是数理统计学被广泛运用于各个学科领域,新的统计理论与方法大量涌现,(如1900年英国统计学家卡尔·皮尔逊的卡方检验法、戈赛特首创的小样本t分布理论、费希尔提出的F分布理论和实验设计方法等)标志着现代统计学的开端。1930年波兰统计学家尼曼和英国统计学家小皮尔逊提出的统计假设检验理论和置信区间估计理论,美国统计学家瓦尔德创立的"决策理论"。这些理论的提出大大充实了现代统计学的研究内容。到了20世纪中叶,现代统计学的基本框架已经确立。

进入21世纪,伴随着互联网电子商务的普及,智能移动设备的广泛使用,社交网络活动的日益频繁,以及云计算、物联网等技术的兴起,数据正在以前所未有的速度爆炸式增长,世界正在步入大数据时代。大数据时代的到来,提高了统计质量,降低了统计成本,使得统计学发挥作用的领域扩大,并且使统计学科得以延伸,提高了统计学科在自然科学和社会科学中的地位,这是大数据给传统统计学带来的机遇。在大数据时代,传统统计学也面临着挑战,要求其改变对样本的认识,改变对不确定性的认识,建立新的数据梳理与分类的方法,强化结构化数据与非结构化数据的对接,转变抽样调查的功能,结合归纳演绎法与推断演绎法,并重视相关分析与因果分析以及结合统计思想与云计算技术,我们应该牢牢抓住大数据时代带来的机遇,积极应对挑战,将大数据与统计学有机结合,在未来的科学发展过程中,保持统计学旺盛的生命力。

三、中国统计学的发展

中国统计工作的开展与统计方法的使用早于欧美各国,但未能形成一门系统的方法论科学。1949年前的大学统计教学主要介绍欧美统计学派。中华人民共和国成立后,根据国家建设需要,全面引进苏联的社会经济统计理论和统计制度。到改革开放前的很长时间里,中国的统计理论与方法基本上沿袭苏联的统计模式。党的十一届三中全会以来,中国统计学界不断学习世界各国统计之长,适应中国特色的新思想、新观点不断涌现,现代社会经济统计学正迅速地向前发展。

第二节 | 统计与统计学

一、统计的含义

"统计"一词在各种实践活动和科学研究领域中经常出现。然而,不同的人在不同的场合,对其理解是有差异的。在现实经济生活中,人们一般将统计概括为统计工作、统计资料和统计学三种含义。

(一) 统计工作

统计工作又称统计活动,是为了取得统计资料而进行的各项实际工作,包括统计设计、统计调查、统计整理与统计分析等,如人口普查、企业市场调研等工作。

(二) 统计资料

统计资料又称统计数据,即在统计活动过程中所获得的各种数字资料和其他资料的总称。表现为各种反映社会经济现象数量特征的原始记录、统计台账、统计表、统计图、统计分析报告、政府统计公报、统计年鉴等数字和文字资料。

(三) 统计学

统计学是指阐述统计工作基本理论和基本方法的科学,是对统计工作实践的理论概括和经验总结。

统计工作、统计资料和统计学三者含义之间存在着密切的关系:①统计工作与统计资料之间是过程和成果的关系。统计资料是统计工作的成果,即统计活动过程中所取得的反映客观现象及其过程的数字资料,还有与之相联系的其他资料(如文字资料、图表资料等)的总称。②统计学与统计工作之间是理论与实践的关系。统计学是统计实践活动的经验总结和理论概括,统计工作是在统计理论的指导下进行和完成的,并检验和发展统计理论。

二、统计学的研究对象

统计学既可以研究自然现象,也可以研究社会经济现象。本书立足于对社会经济现象的论述。

社会经济统计学的研究对象是社会经济现象的数量方面,即以数据为依据具体说明社会经济现象总体的数量特征、数量关系及数量界限。

社会经济现象包括自然现象以外的社会政治、经济、文化、生活等领域的各种现象,如国民财富与资产、人口与劳动力资源、生产与消费、财政与金融、教育与科技发展、城乡人民物质文化生活水平等。通过对这些基本社会经济现象的数量方面的认识,达到对整个社会的基本认识。我国历次人口普查资料如表1-1所示。

表 1-1　　　　　　　　我国历次人口普查的总人口数情况

时间	总人口数（亿人）
1953 年 7 月 1 日（第一次人口普查）	5.82
1964 年 7 月 1 日（第二次人口普查）	6.95
1982 年 7 月 1 日（第三次人口普查）	10.08
1990 年 7 月 1 日（第四次人口普查）	11.34
2000 年 11 月 1 日（第五次人口普查）	12.66
2010 年 11 月 1 日（第六次人口普查）	13.40
2020 年 11 月 1 日（第七次人口普查）	14.12

表 1-1 的统计数据显示了我国不同时间总人口的规模以及人口基数过大、增长速度过快的基本国情。因此,控制人口增长、提高人口素质,就成为我国 20 世纪 70 年代以来的一项基本国策。

三、统计学的特点

（一）数量性

社会经济统计学的研究对象是大量社会经济现象的数量方面,具体包含以下三个方面的内容：

(1) 数量多少,即研究社会经济现象的规模、大小、水平等。

(2) 数量关系,即研究社会经济现象的内部结构、比例关系、相关关系等。

(3) 数量变动及其界限,即研究社会经济现象数量关系中体现的质与量的密切关系。

例如,国家统计局在发布的关于 2022 年国民经济与社会发展公报中指出,全年国内生产总值 1 210 207 亿元,比上年增长 3.0%。其中,第一产业增加值 88 345 亿元,增长 4.1%；第二产业增加值 483 164 亿元,增长 3.8%；第三产业增加值 638 698 亿元,增长 2.3%。第一产业增加值占国内生产总值比重为 7.3%,第二产业增加值比重为 39.9%,第三产业增加值比重为 52.8%。这些统计数据都从各个方面表明我国社会经济发展的基本情况。

（二）总体性

统计研究是指从所研究的社会经济现象的总体出发,通过对社会经济现象总体中的构成单位（即个体）进行大量观察和综合分析,来达到认识社会经济现象总体数量特征的目的。换句话说,进行统计研究的目的不是认识个别事物的数量特征,而是要认识具有综合意义的总体数量特征。例如,研究居民收入水平并不是指某家某户的收入水平,而是指一个国家、一个地区、一个城市的总体收入水平。当然,对社会经济现象总体认识是以对大量个体的观察为基础,并从每个个体之间的差异中概括出来的具有普遍的、共同的数量特征。例如,一个国家、一个地区、一个城市的居民之间的收入差异是客观存在的,我们可以用平均指标来反映该国家、地区、城市的收入水平,可以用基尼系数等指标反映居民之间收入差异程度。

(三) 具体性

社会经济统计的研究对象是具体事物的数量方面,但不是抽象的数量关系,这是它不同于数学的重要特点。

统计研究的数量方面是在具体时间、地点条件下的数量特征,这个量总是和质紧密联系在一起的。因为一定的质规定一定的量,一定的量表现为一定的质。只有对社会经济现象的规定有了正确的认识后,才能统计他们的数量,进而从数量特征中分析其规律性。例如,对某企业某年度利润总额进行统计,必须对利润总额的概念界定有明确的理解和认识,才能正确地对该企业某年度利润总额进行统计。

数学研究抽象的数量关系和空间形式与统计研究的具体性特点有着明显的区别,但统计研究社会经济现象的数量关系时,要遵循数学表明的客观现象量变的规律,在很多方面要运用数学方法。

(四) 客观性

统计资料虽然是经过人们有意识地调查、整理、汇总、加工的结果,但在统计工作过程中必须遵循实事求是的原则,反映研究现象的本来面目,保证统计资料真实、可靠,维护统计资料的客观性。

四、统计学研究的基本方法

对统计数据进行研究分析的基本方法有大量观察法、统计分组法、综合指标法、统计推断法和统计模型法等。

(一) 大量观察法

大量观察法是指对所研究现象总体中足够多的单位进行观察、分析和研究,以得到具有规律性的、可以反映总体特征的统计数据的一种统计方法。大量观察法的数理依据是大数定律,即尽管总体中的每个个体受偶然因素的影响作用不同,并在数量上存在差异,但对现象总体而言,这些差异可以相互抵消并呈现出稳定的规律性。因此,只有对足够多的个体进行观察,观测值的平均结果才会趋于稳定,建立在大量观察法基础上的统计数据才会得出具有普遍意义的结论。统计学中的各种观测调查方法都属于大量观察法。例如,早在300多年前,人口学家就在用大量观察法对统计资料进行研究分析时,从偶然事件中发现男女婴儿出生的比例为105:100的规律。

(二) 统计分组法

统计分组法是指根据研究现象的特点和研究目的,按照一定的标志,将所研究现象划分为不同类型的组的一种统计方法。之所以对研究现象进行分组研究或分类研究,是因为所研究现象本身具有复杂性、差异性及多层次性的特点,通过统计分组法,可以在同质基础上研究现象总体中不同组或不同类之间的差异、性质、构成和分布特征。例如,对不同产业的划分，可以分析研究不同产业的结构及其发展变化趋势。

（三）综合指标法

综合指标法是指利用各种综合指标，从具体数量方面对社会经济总体的规模及特征进行综合、概括的分析方法。在统计分析中广泛运用的综合指标有总量指标、相对指标、平均指标等，利用这些指标可以综合反映社会经济现象的规模、水平、比例关系等。综合指标法在社会经济统计学中占有十分重要的地位，是描述统计学的核心内容。

（四）统计推断法

统计推断法是指以一定的置信水平，根据样本数据资料来判断总体数量特征的归纳推理方法。在统计研究过程中，进行观察的往往是研究现象总体的部分个体，掌握的只是部分或有限个体，而需要判断的总体对象范围是大量的，甚至是无限的，这样就产生了根据样本数据对总体数量特征所作判断的置信度问题。例如，要对一批产品的质量进行破坏性检验，只能根据部分产品质量检验的结果推断该批产品的质量，解决问题的方法就是进行统计推断。

（五）统计模型法

统计模型法是根据一定的理论和假定条件，对研究现象之间的数量变动关系选择合适的数学方程进行模拟和定量分析的一种研究方法。运用统计模型法可以对现象数量变动、变动关系及变动过程进行比较完整和近似的描述，使统计分析更具广度和深度，提高对现象的统计认识能力。统计模型的三个基本要素是变量、数学方程和模型参数。

上述各种方法之间不是相互独立，而是相互联系、相互配合的，共同组成了统计研究的方法体系。

第三节 统计工作过程及工作组织

一、统计工作的基本任务

2009年6月27日经十一届全国人大常委会第九次会议审议通过，并自2010年1月1日起实施的新《中华人民共和国统计法》（以下简称《统计法》），是对1983年制定、1996年修订的《统计法》进行的全面修订。《统计法》第二条中明确规定，统计的基本任务是对国民经济和社会发展情况进行统计调查、统计分析，提供统计资料和统计咨询意见，实行统计监督。统计工作的具体任务是全面、准确、及时地提供有关社会经济发展情况的资料，为党和国家决策管理服务；为科学编制计划提供依据，对计划执行情况进行统计检查和监督；为加强各部门、各地区、各单位的经济管理提供所需要的统计资料和分析资料；为积累统计资料和开展社会科学研究提供依据。

二、统计的职能

统计有信息职能、咨询职能和监督职能。

(一) 统计信息职能

统计信息职能是指统计具有信息服务的功能,即各级统计部门根据科学的统计指标体系和统计调查方法,通过系统地搜集、整理和分析取得统计资料,并经过提炼筛选,提供大量有价值的、以数量描述为基本特征的统计信息。

(二) 统计咨询职能

统计咨询职能是指统计具有提供咨询建议和对策方案的服务功能,即各级统计部门利用所掌握的大量、丰富的统计信息资源,运用科学的分析方法和先进的技术手段,深入开展综合分析和专题研究,为科学管理提供各种可供选择的咨询建议和对策方案。

(三) 统计监督职能

统计监督职能是指统计具有揭示社会经济运行中的偏差,促使社会经济运行不偏离正常轨道的功能,即各级统计部门根据统计调查和统计分析,及时准确地从总体上反映经济、社会和科技等方面的运行状态,并以定量检查、检测、预报、预警等手段,揭示社会经济运行决策及其执行过程中的偏差,以保证国民经济和社会发展持续、稳定、协调发展。

统计信息职能是统计最基本的职能,是统计咨询职能和统计监督职能发挥作用的保证,反过来统计咨询职能和统计监督职能又会促进统计信息职能的强化。

三、统计工作的过程

统计工作是对社会经济现象进行调查研究以认识其本质和规律性的一种工作,这种调查研究的工作过程是对客观现象的一种认知过程。这一过程体现分为四个阶段,即统计设计、统计调查、统计整理和统计分析。

(一) 统计设计

统计设计是根据统计研究对象的性质和研究目的,对统计工作各方面和各环节的计划与安排。其结果表现为各种统计设计方案,如统计指标体系、统计分类目录、统计报表制度、统计调查方案、资料汇总或整理方案以及统计分析提纲等。统计设计是统计工作的第一阶段,是整个统计工作协调、有序、顺利进行的必要条件,是保证统计工作质量的重要前提。

(二) 统计调查

统计调查是根据统计研究的目的和统计设计规定的调查方案的要求,运用科学的调查方法,有组织地搜集被研究对象相关数据的工作过程。统计调查是认识客观现象的起点,该阶段所搜集的数据是否完整、准确、及时,直接关系到统计整理的好坏,关系到统计分析结果的正确与否,最终影响统计工作任务的完成质量。因而,该阶段是整个统计工作的基础。

(三) 统计整理

统计整理是指根据统计研究的目的,将统计调查所得到的大量统计资料进行科学的分组、汇总、列表等加工处理过程,使分散的、不系统的原始数据系统化、条理化、科学化,从而能够说明所研究现象总体的数量特征,为下一步的统计分析奠定基础。该阶段是统计工作过程的中间环节,起着承上启下(承前启后)的重要作用。

(四) 统计分析

统计分析是指根据统计研究的目的,综合运用各种统计分析方法和统计指标,对加工整理后的统计资料加以定性和定量分析,并对所研究现象的未来进行趋势预测的工作过程。统计分析是统计工作的最后阶段,是对所研究现象从感性认识上升到理性认识的过程,能揭示现象的本质,得到其发展变化规律性的结论,是获得统计工作最终成果的阶段。

四、统计的组织体系

国家统计管理体制是国家根据完成统计工作任务和发挥统计工作作用的要求对统计机构组织形式的基本规定。为保证统计工作的正常进行,必须建立相应的统计工作管理体制。世界各国政府的统计管理体制大体有两种模式:分散型统计体制和集中型统计体制。

(一) 分散型统计体制

分散型统计体制是指国家统计规划的管理和实施,由政府几个部门主管,而国家没有统一的统计机构。统计数据是通过不同部门搜集、提供的。美国、英国、日本等属于这种体制类型的国家。

(二) 集中型统计体制

集中型统计体制是指国家统计规划和实施,完全有一个政府机构负责,并以政府的统计长官为首长。根据集中程度的不同分为集中单轨制统计体制和集中双轨制统计体制。

1. 集中单轨制统计体制

集中单轨制统计体制,即中央统计机构对全国的统计工作实行完全的控制,地方统计机构由中央统计机构垂直领导,以加拿大最为典型。

2. 集中双轨制统计体制

集中双轨制统计体制,即统计工作由中央统计机构统一安排部署,但具体实施则通过两条途径:一是由中央统计系统的各基层统计机构承担社会经济基本情况的调查与统计;二是中央各职能部门附设的统计机构负责对本系统全国业务状况作专项调查统计。法国、中国及南亚各国采用这种组织体制。

(三) 我国的统计组织体制

我国的统计组织体制经历了多次变化。到 1978 年,国家统计局重新设立。目前,我国统计机构的设置为集中双轨制统计体制。

国务院设立直属的国家统计局,县以上地方各级政府设立独立的统计机构、乡镇人民政府设置专职或兼职统计员。国家统计局还设立了城市社会经济、农村社会经济和企业三支抽样调查总队,各省、自治区、直辖市及抽中的市县,设立城市、农村和企业抽样调查队。

国务院及各级地方政府的各部门,根据统计任务的需要设立统计机构,或在有关机构中设置统计人员。

企事业单位根据统计任务的需要设置统计机构,或在有关机构中设置统计人员。

第四节 统计学的基本概念

一、总体和总体单位

(一) 总体

1. 总体的含义

总体又称统计总体,是指统计研究的客观对象的全体,是客观存在的,由具有某种同一性质的许多事物(单位)结合起来的集合体,有时又称为母体。例如,我们要研究某市的工业企业发展状况,所有的企业的集合就是一个总体;要研究某大学的学生情况,某大学的所有在校学生也构成一个总体。

2. 总体的特征

总体具有同质性、大量性和差异性三个主要特征。

(1) 同质性。同质性是指总体中的各个单位必须具有某种共同的属性或特征,如国有企业总体中,每个企业的共同标志属性是国家所有。同质性是总体的根本特征,只有个体单位是同质的,统计才能通过对个体特征的观察研究,归纳和揭示出总体的综合特征和规律性。

(2) 大量性。大量性是指总体中包括的总体单位有足够多的数量。总体是由许多个体在某一相同性质基础上结合起来的整体,个别或很少几个单位不能构成总体。总体的大量性可使个别单位某些偶然因素的影响(表现在数量上的偏高、偏低的差异)相互抵消,从而显示出总体的本质和规律性。

(3) 差异性。差异性也称变异性,是指总体中的各单位的属性或特征在某些方面存在一定的差异。例如,某领域的职工总体中有男、女的性别属性差异,有20岁、21岁、22岁、23岁、24岁、25岁、26岁等年龄标志数值的差异。

3. 总体的分类

总体按照其所包含的单位数目是否可数可以分为有限总体和无限总体。

(1) 有限总体是指总体的范围能够确定,且单位数目是有限可数的。例如,某市由若干个企业构成的总体就是有限总体,某企业一批待检的产品也是有限总体。

(2) 无限总体是指总体中包含的单位数目是无限的，不可数的。例如，某企业大量连续生产的某种小件产品的产量是无限的，海洋中鱼类资源数量是无限的。

（二）总体单位

总体单位是指构成统计总体的个别单位，是总体这个集合体的元素。例如，我们要研究某市的工业企业发展状况，所有的企业的集合就是一个总体，该市的每一个企业就是一个总体单位；某大学的所有在校学生构成一个总体，该大学的每一个学生就是一个总体单位。

（三）总体与总体单位的关系

总体与总体单位具有相对性，随着研究目的的不同和任务的改变，总体与总体单位可以相互转化。例如，要研究某市的工业企业发展状况，该市所有的企业的集合就是一个总体，该市的每一个企业就是一个总体单位；如果要研究某一企业的职工人数，则该企业是总体，每一位职工就是总体单位。

二、标志与变量

（一）标志

1. 标志的含义

标志是说明总体单位属性和特征的名称。每个总体单位从不同方面考察，都有许多属性或特征。例如，某企业全体职工作为一个总体，每一位职工是总体单位，职工的性别、年龄、文化程度、工种、工龄、工资水平等都说明其具有的属性或特征。又如，某班级里的每一个学生都有性别、年龄、籍贯、民族、体重、身高等属性或特征。标志的具体表现是在标志名称之后所表明的属性或数值。描述一个总体单位所使用的标志越多，对其了解的就越多、越具体。例如，某人是男性、24 岁、汉族、未婚、身高 175 厘米、体重 70 千克、大学本科学历、从事 IT 工作、年收入在 10 万元以上。

2. 标志的分类

(1) 标志按其表现形式可分为品质标志和数量标志。

品质标志是表明总体单位品质特征的标志。其特征只能用文字表现，如性别、民族、籍贯、专业、工种、企业所有制类型等。

数量标志是表示总体单位数量特征的标志。其特征可以用数字表现或计量，如年龄、身高、体重、产量、产值、工龄、工资等。

(2) 标志按其表现结果可分为不变标志和可变标志。

不变标志是指在每一个单位上的具体表现完全相同的标志，如在女学生总体中，每一单位在"性别"标志上都表现为女性，"性别"则称为不变标志。

可变标志是指在每一个单位上的具体表现不尽相同的标志，如在女学生总体中，每一单位在"身高"标志上都各不相同，"身高"则称为可变标志。

(二) 变量

1. 变量的含义

广义的变量是指可变标志,包括可变的数量标志和可变的品质标志。狭义的变量是指可变的数量标志。一般情况下都是从狭义角度来理解变量的。例如,年龄、身高、体重、产量、产值、工龄、工资等都是标志,这些标志在每一单位中的标志表现各不相同,是可变的。因此变量是可变数量标志的抽象化。变量的具体数值称为变量值,也称为标志值。例如,年龄18岁、20岁、30岁等。

2. 变量的分类

(1) 变量按其取值是否连续可分为离散变量和连续变量。

离散变量是指只能取整数值的变量,即变量的变化是间断的,数值都是不连续的整数值。例如,学生人数、电脑台数、桌椅数,只能采用计数的方法取得其数值。

连续变量是连续不断的,相邻两值之间可取无限数值的变量,即变量是连续的、不间断的。例如,人的身高、体重,企业的总产值、利润等,要用测量或计算取得其数值。

(2) 变量按其所受影响因素不同可分为确定性变量和随机性变量。

确定性变量是指受确定性因素影响的变量,即指影响变量值变化的因素是明确的、可解释的或可控制的,这些确定性因素使变量按一定的方向呈上升或下降趋势变动。例如,企业工资总额的确定不外乎受职工人数和工资水平两个主要因素的影响,这两个因素都可以人为的控制。

随机性变量是指受随机性因素影响的变量,即指影响变量值变化的因素是不确定的、偶然的,事先无法预知或控制的变量。例如,农作物产量的高低受土壤、雨量、气温、光照、施肥、管理等多种因素的影响,其中雨量、气温、光照等因素的变化是不确定的或非人为控制的,因而农作物产量是随机性变量。

三、统计指标与指标体系

(一) 统计指标

1. 统计指标的含义

统计指标简称指标,是说明总体现象数量特征的概念及其数值。例如,某地区某年国内生产总值为45 429.2亿元,社会消费品零售总额16 675.9亿元,城镇居民人均可支配收入22 792元等都属于统计指标。

统计指标由指标名称和指标数值两个基本部分构成。指标名称是对总体数量特征质的规定,是所研究现象的实际内容及其包括的范围。指标数值是对总体数量特征量的规定,是所研究现象实际内容的数量表现。

对于统计指标可以有两种理解和使用方法:

(1) 在统计设计阶段,用以说明总体数量特征的名称的统计指标,是对总体数量特征质的规定,是所研究现象的实际内容及其包括的范围,包括指标名称、时间标准、空间标准、计量单位和计量方法。

(2) 在统计调查、统计整理及统计分析等阶段,是将指标名称和具体时间范围、空间范围的统计数值结合起来,用以说明总体数量特征的统计指标。

因此,从完整意义上看,统计指标由六个要素组成,即时间范围、空间范围、指标名称、指标数值、计量单位、计算方法。例如,我国2022年国内生产总值为120 207亿元,指标名称为国内生产总值,计算方法根据不同产业部门、不同支出构成的特点和资料来源情况而采用不同的方法,空间范围为中国,时间范围为2022年,指标数值为120 207,计量单位为亿元。由此可见,统计指标具有数量性、综合性和具体性三个特点。

2. 指标与标志的区别与联系

统计指标与标志既有区别,又有联系。

(1) 指标与标志的区别:第一,两者说明的对象不同,指标是说明总体特征的,标志是说明总体单位特征的。第二,两者的表现形式不同,指标都是用数值表示的,没有不能用数值表示的统计指标。标志既可有用文字表示的品质标志,又有可能用数值表示的数量标志。

(2) 指标与标志的联系:第一,汇总关系,统计指标的数值是由总体单位的数量标志值经过汇总、计算而得,没有总体单位的标志表现,就没有总体的指标数值,总体各单位标志值的大小及其变化都直接影响总体指标数值的大小及其变化。第二,转换关系,由于研究的目的和任务不同,总体和总体单位不是固定不变的,指标和标志的确定也会是相对的,可以相互转换,指标有可能变为标志,标志也有可能变为指标。

3. 统计指标的分类

(1) 统计指标按其反映总体现象的内容不同分为数量指标和质量指标两种。

数量指标反映总体某一特征的绝对数量,说明总体的规模、工作总量和水平,一般用绝对数表示,且其数值的大小与总体所包括的范围有直接的关系。例如,某一地区的总人口数、工业企业总数、国内生产总值等。

质量指标反映总体的强度、密度、效果、结构、工作质量等,一般用平均数、相对数表示,其数值的大小与总体所包括的范围无直接的关系。例如,人口密度、劳动生产率、资金利润率等。

(2) 统计指标按其具体内容和表现形式分为总量指标、相对指标和平均指标三种。

总量指标是指反映总体现象规模或水平的统计指标,其数值用绝对数表示,如总人口、国内生产总值、总收入、利润总额等。它表明总体现象发展的结果,是最基本的统计指标。

相对指标是指两个有联系的指标数值之比,用来反映有联系的现象之间数量对比关系,如文化程度构成、人口密度、人口增长率等指标。

平均指标是说明总体单位某一数量标志一般水平的统计指标,用来说明总体的一般水平,也可以反映现象发展的平均水平和平均速度,如平均工资、平均成本和平均发展速度等。

(3) 统计指标按其反映时间特点不同分为时点指标和时期指标两种。

时点指标是反映总体特征在某一时点的数量表现,常用期末数字,反映的是"存量",如人口数、库存商品数、企业设备数等。

时期指标是反映总体特征在某一时期的数量表现,反映的是"流量",如某地区某年的粮食总产量、工业总产值、商品销售额、人口增长量等。

(二) 统计指标体系

1. 统计指标体系的含义

任何一个总体都有多种的数量表现和数量特征,而一个统计指标只能反映总体某一方面的数量特征。要对所研究的总体有更系统、更深入的全面认识,更好的发挥统计的职能作用,必须将反映总体各方面数量特征的一系列统计指标结合起来,建立指标体系。

统计指标体系是根据统计研究目的和研究任务的需要,建立的由若干相互联系、相互制约的统计指标所构成的,用以反映统计研究对象的数量特征和数量关系的一个有机整体。

例如,对于工业企业总体,要全面了解企业的生产经营情况,必须从人力、物力、资金等基本生产要素,供应、生产、销售等基本生产环节出发,通过职工人数、固定资产总额、流动资产总额、产品产量、总产值、产品销售额、利润额、销售利润率、资金周转速度等一系列指标来反映,这些指标就构成了反映企业生产经营情况的统计指标体系。

2. 统计指标体系的表现形式

由于所研究现象的联系形式多种多样,统计指标体系的结果及其所说明的问题则有不同的表现形式。

(1) 数学等式关系。数学等式关系即指若干统计指标之间可以构成一个数学表达式。例如,净利润=利润总额-所得税费用;商品销售额=商品销售量×商品价格。

(2) 相互补充关系。相互补充关系是指各个指标之间相互配合、相互补充,从不同方面共同说明现象的数量特征。例如,要反映工业企业的财务状况和经营成果,需要建立偿债能力指标,包括资产负债率、流动比率、速动比率;营运能力指标,包括应收账款周转率、存货周转率、总资产周转率;盈利能力指标,包括资产报酬率、销售净利率、成本费用净利率等的一系列指标体系。

3. 统计指标体系的分类

(1) 按反映内容的范围不同分为宏观指标体系和微观指标体系。

宏观指标体系是指反映全国范围社会经济现象数量特征体系,如我国国民经济核算体系中建立的指标体系,反映全国工业状况的指标体系等。微观指标体系是指反映基层单位经营管理情况的指标体系,如反映一个科研单位基本情况的指标体系等。

(2) 按指标体系内容的不同分为国民经济指标体系、社会指标体系和科学技术指标体系三类。

国民经济指标体系是反映整个社会生产、流通、分配、消费等社会再生产过程和条件的指标体系，如国民经济核算体系。社会指标体系是以人民物质文化生活为中心，反映社会状况的指标体系，如人口统计指标体系、居民收入和消费指标体系等。科学技术指标体系是反映科学技术发展水平及变化的指标体系，如开展科学技术活动的人、财、物条件，科研成果数量及质量等指标体系。

（3）按指标体系作用的不同分为基本统计指标体系和专题统计指标体系。

基本统计指标体系是反映国民经济和社会发展及其组成部分的基本情况的指标体系。可以分为三个层次，最高层次为反映整个国民经济和社会发展的统计指标体系，中间层次为各地区和各部门的统计指标体系，最后层次为基层统计指标体系，是指各企业和事业单位的统计指标体系。在基本统计指标体系中，以最高层次的国民经济和社会发展指标体系为中心形成一个纵横交错，既有区别又有联系的统计指标体系的巨大系统，中间层次为最高层次统计指标体系的横向分支和纵向分支。

专题统计指标体系是指反映某一社会或经济问题的指标体系，如能源指标体系、价格指标体系、教育指标体系等。

需要注意的是，统计指标体系随社会经济的发展变化而变化。但是，统计指标体系一经制定，就要力求保持相对稳定，以便积累历史资料，进行系统的比较分析。

课堂测试

班级_____ 姓名_____ 学号_____ 日期_____ 成绩_____

一、单选题（本大题共 6 个小题，每小题 5 分，共 30 分）

1. "统计"一词有三种含义，其基础是（　　）。
   A. 统计学　　　　　　　　　　B. 统计工作
   C. 统计方法　　　　　　　　　D. 统计资料

2. 对某市工业生产设备进行调查时，则总体单位是（　　）。
   A. 工业企业全部生产设备
   B. 每一个工业企业
   C. 每个工业企业的生产设备
   D. 工业企业每一台生产设备

3. 要观察某工业局 30 个企业的职工工资水平情况，则统计总体是（　　）。
   A. 30 个企业　　　　　　　　　B. 30 个企业的全体职工
   C. 30 个企业的全部工资　　　　D. 30 个企业每个职工的工资

4. 以一等、二等、三等来表示某种产品的质量优劣，则该产品等级是（　　）。
   A. 数量标志　　　　　　　　　B. 数量指标
   C. 品质标志　　　　　　　　　D. 质量指标

5. 下列各项中，属于离散型变量的是（　　）。
   A. 职工工资总额　　　　　　　B. 产品销售额
   C. 化肥产量　　　　　　　　　D. 职工人数

6. 下列各项中，不属于质量指标的是（　　）。
   A. 企业职工平均工资　　　　　B. 企业利润率
   C. 产品合格率　　　　　　　　D. 产品总产量

二、判断题（本大题共 6 个小题，每小题 5 分，共 30 分）

1. 标志的承担者是总体，指标的承担者是总体单位。　　　　　　　　　　（　　）
2. 三个学生的英语考试成绩不同，这是三个变量值。　　　　　　　　　　（　　）
3. 品质标志和质量指标一般都不能用数值表示。　　　　　　　　　　　　（　　）

4. 数量指标是由许多标志值汇总而来的。　　　　　　　　　　　　　　（　　）

5. 统计中的狭义变量是指可变的数量标志。　　　　　　　　　　　　（　　）

6. 某银行的储蓄存款余额可能是统计指标,也可能是数量标志。　　　（　　）

三、简答题(本大题共 2 个小题,第 1 小题 30 分,第 2 小题 10 分,共 40 分)

1. 对某工业企业职工的工资情况进行研究,年末职工总人数为 15 万人,其中某职工的性别是男,年龄是 20 岁。请根据资料回答以下问题:

   (1) 总体是 _____

   (2) 总体单位是 _____

   (3) 品质标志为 _____

   (4) 数量标志为 _____

   (5) 其中的"男"和"20"应该被称为 _____

   (6) 统计指标名称及指标值是 _____

2. 统计指标按其反映时间特点不同分为时点指标和时期指标两种。请指出下列指标哪些属于时点指标,哪些属于时期指标(只填写序号即可)。

   (1) 年末资产总额

   (2) 居民储蓄存款

   (3) 国内生产总值

   (4) 月末商品库存数

   (5) 利润总额

   (6) 季末设备台数

   时点指标的有 _____

   时期指标的有 _____

第二章 统计调查

> **知识导航**
>
> 统计调查
> ├─ 统计数据
> │   ├─ 统计数据的概念
> │   ├─ 统计数据的分类
> │   └─ 统计数据的搜集
> ├─ 统计调查的基本要求及分类
> │   ├─ 统计调查的基本要求
> │   └─ 统计调查的分类
> ├─ 统计调查方案
> │   ├─ 统计调查方案的概念
> │   └─ 统计调查方案的主要内容
> └─ 统计调查方法
>   ├─ 询问调查
>   ├─ 观察与实验
>   └─ 调查问卷设计

学习目标

1. 了解统计数据的类型。
2. 掌握统计数据的搜集方法。
3. 了解统计调查方案的主要内容。
4. 掌握统计调查的方法。

寓德于教

相比以往历次全国人口普查，第七次全国人口普查顺应了新时代信息技术发展的大趋势，实现了一系列质量控制方法的新突破，从而做到了将人口基数查得更实、人口底数摸得更清。依靠着推陈出新、多管齐下的质量控制举措，第七次全国人口普查总体上契合了求真求实、不重不漏的调查设计"初心"，漏登率仅为 0.05%，属于国际上公认的低漏登水平，高质量普查为高质量发展提供有力的信息支持。特别是在全球首屈一指的人口大迁移大流动环境下，交出这样一份"答卷"更是殊为不易。这为我们进一步地完善人口发展战略、更长远地制定经济社会发展规划，从而切实地推动高质量发展，提供了不可多得的数据支撑。

请思考：

1. 什么是普查？
2. 除了普查之外，还有哪些统计调查组织形式？

第一节 统计数据

一、统计数据的概念

统计数据是对社会经济现象进行计量或测量的结果，具体包括以下两层含义：

（1）统计数据是统计工作活动过程中所取得的反映国民经济和社会现象的数字资料以及与之相联系的其他资料的总称。

（2）统计数据是表示某一地理区域自然经济要素特征、规模、结构、水平等指标的数据，是定性、定位和定量统计分析的基础数据。例如，我们通常所说的统计年鉴。

二、统计数据的分类

（一）按计量尺度分类

1. 统计数据的计量尺度

统计数据是采用某种计量尺度对客观现象进行计量的结果，采用不同的计量尺度会得到不同类型的统计数据。因而人们在搜集统计数据之前要先对客观现象进行计量或测量。按照计量学的一般分类方法以及对事物计量的精确程度，可将计量尺度由低级到高级、由粗略到精确分为四个层次：定类尺度、定序尺度、定距尺度和定比尺度。对客观现象进行计量或测量时，采用不同的计量尺度可以得到不同类型的统计数据，而不同类型的统计数据需要用不同的统计分析方法来进行分析。

（1）定类尺度。定类尺度也称类别尺度或列名尺度，是最粗略、最低层次的计量尺度。这种计量尺度只能按照事物的某种属性对其进行平行的分类或分组。例如，企业按组织形式分为独资企业、合伙企业和公司等。这种计量尺度只能反映事物之间的类别差，对事物之间的其他差别不能反映。因而，使用这种尺度对客观现象所做的分类，各类别之间只是并列关系，不能区分彼此的优劣或大小，各类别之间的顺序可以改变。运用定类尺度计量出的统计数据，通常是通过计算出每一类别中各元素或个体出现的频数或频率来进行分析。

（2）定序尺度。定序尺度又称顺序尺度，是对客观现象之间等级差别或顺序差别的一种测度。这种计量尺度不仅可以将客观现象分成不同的类别，而且还可以确定这些类别的优劣或顺序。定序尺度的计量结果也表现为类别，但与定类尺度测度的类别不一样，这些类别之间可以比较顺序。例如，合格产品可以分为优等品、一等品、二等品、三等品等。定序尺度对事物的计量要比定类尺度精确一些,但它也只是测度了事物类别之间的顺序,并未测量出类别之间的准确差值。定序尺度可用于分类,也可以用于统计分析中确定中位数、四分位数、众数等指标的位置。

(3) 定距尺度。定距尺度也称间隔尺度。这种计量尺度不仅能将事物分为不同类型并加以排序,还可以准确地指出类别之间差距的大小。定距尺度是对事物类别或次序的间距的测量,因而其结果表现为数值。例如,A学生的成绩为85分,B学生的成绩为80分,C学生的成绩为75分,它们之间的间隔是相等的,故可以准确地指出两个计数之间的差值。由于定距尺度的计量结果表现为数值,还可以计算出差值。所以它不仅具有定类尺度和定序尺度的特性,其结果还可以进行加减运算,准确性比定类尺度和定序尺度强。在统计数据中定距尺度居于主要地位,是定比尺度的基础。

(4) 定比尺度。定比尺度也称为比率尺度,它是在定距尺度的基础上先确定比较的基数,再将相关的数字进行对比,形成相对数,用来反映客观现象的构成、密度、比重、速度等数量关系。它除了具有上述三种计量尺度的全部特征外,还可以计算两个测度值之间的比值。定比尺度与定距尺度之间的差别在于:定距尺度中没有绝对零点,而定比尺度中必须有一个绝对固定的零点。

上述四种计量尺度对事物的测量层次是由低级到高级、由粗略到精确逐步递进。高层次的计量尺度具有低层次计量尺度的全部特性,人们可以很轻易地将高层次计量尺度的结果转化为低层次计量尺度的结果。在统计分析中,一般要求测量的层次越高越好,其原因在于高层次的计量尺度包含更多的数学特性,所运用的统计分析方法越多,分析时也就越方便,故而应尽量使用高层次的计量尺度。

2. 统计数据的类型

从上述四种计量尺度的结果来看,可以将统计数据分为以下四种类型:

(1) 定类数据。定类数据也称为分类数据或名义类别数据,用以说明事物的品质特征,不能用数值表示。其结果是由定类尺度计量形成的,故而表现为类别,并且不能区分顺序,没有大小的比较。例如,性别、宗教类型、种族划分、地理区域及出生地等都属于此类数据。

(2) 定序数据。定序数据也称为顺序数据或序数类别数据,用以说明事物的品质特征,可为对象排序,同样不能用数值表示。其结果是由定序尺度计量形成的,故而表现为类别,但能区分顺序,可以进行大小比较。例如,在商业分析中使用定序数据在财富杂志中为50位最值得尊敬的公司排序。

(3) 定距数据。定距数据也称为区间类别数据,用以说明事物的数量特征,能够用数值表示。其结果是由定距尺度计量形成的,表现为数值,可进行加、减运算。例如,百分制考试成绩,分值之间的间隔一般为10分,即60~70分为一档,70~80分为一档,80~90分为一档,90~100分为一档。

(4) 定比数据。定比数据也称为比率类别数据,说明的也是事物的数量特征,能够用数值表示。其结果也是由定比尺度计量形成的,表现为数值,可进行加、减、乘、除运算,没有负数。例如,将一个国家(地区)的国内生产总值与该国(地区)居民人数对比,计算的人均国内生产总值,可以反映国家(地区)的综合经济实力。

前两类数据均说明事物的品质特征,也称为定性数据或品质数据;后两类数据均说明事物的数量特征,也称为定量数据或数量数据。

(二) 按收集方法分类

统计数据按收集方法可分为观察数据和实验数据。

(1) 观察数据。观察数据是通过调查或者观测而收集到的数据,这类数据是在没有对事物人为控制的条件下所得出的,有关社会经济现象的统计数据几乎都是观察数据。

(2) 实验数据。实验数据是指在实验中控制实验对象而收集到的数据,统计学在自然科学领域中应用时所使用的统计数据大多是实验数据。

(三) 按被描述对象与时间之间的关系分类

统计数据按被描述对象与时间之间的关系可分为截面数据、时间序列数据和面板数据。

(1) 截面数据。截面数据是指在相同或近似相同的时间点上所收集的数据,用来描述现象在某一时刻的变化情况。该数据强调同一时期,因此也被称为静态数据。具体如表2-1所示。

表 2-1　　　　2022 年我国排名前六位省份的地区生产总值　　　　单位:亿元

序号	省份	地区生产总值
1	广东	129 118.58
2	江苏	122 875.60
3	山东	87 435.00
4	浙江	77 715.00
5	河南	61 345.05
6	四川	56 749.80

绝大多数统计分析方法都可以分析截面数据,根据分析目的和截面数据类型作出选择。例如,数据类型为连续型数据且为单个统计指标,可以使用描述性分析;数据类型为连续但是有多个统计指标,可以使用回归分析等;统计指标有分组数据的,可使用方差分析、回归分析等方法。

(2) 时间序列数据。时间序列数据是指在不同时间上所收集到的数据,用来描述现象随时间而变化的情况。该数据强调不同时期,并且数据严格按照时间顺序排序,时间可以人为指定,如日、月、季度、年度等。具体如表2-2所示。

表 2-2　　　　　　　　2015—2022 年山东省的地区生产总值　　　　　　单位：亿元

年份	地区生产总值
2015	55 288.79
2016	58 762.46
2017	63 012.10
2018	66 648.87
2019	70 540.48
2020	72 798.17
2021	83 095.90
2022	87 435.00

由于时间序列数据只针对单个个体，所有的测量实验都是围绕单个个体展开的，并且时间是一个重要变量和因素，所以，时间序列数据基本采用回归分析，并且有专门的时间序列模型。

由一系列时间序列数据排列而得出的一组数据称为时间序列，又称为动态数列，对于时间序列的研究是统计学中的一个重要内容。

（3）面板数据。面板数据是指对不同观测对象在不同时间段或时点上所收集的数据，描述多个观测对象随着时间变化而变化的情况，是截面数据和时间序列数据两者的结合。面板数据具有个体和时间两个维度，也称为时间序列与截面混合数据或平行数据，是二维数据。面板数据可以理解为截面上的个体在不同时间重复观测的数据。具体如表 2-3 所示。

表 2-3　　　　　　　2015—2022 年我国部分省份的地区生产总值　　　　　　单位：亿元

年份	山东省	广东省	江苏省
2015	55 288.79	72 812.55	70 116.40
2016	58 762.46	79 512.05	76 086.20
2017	63 012.10	89 879.23	85 900.90
2018	66 648.87	97 277.77	92 595.40
2019	70 540.48	107 671.07	99 631.52
2020	72 798.17	110 760.94	102 719.00
2021	83 095.90	124 369.67	116 364.20
2022	87 435.00	129 118.58	122 875.60

由于面板数据同时具有时间和个体两个维度，样本容量更大，包含的变异信息更多，既可以分析个体间的差异，也可以分析个体随时间的变化情况。

区分数据的分类是十分重要的，因为对于不同类型的数据我们需要采用不同的统计方法来处理和分析。

三、统计数据的搜集

从统计数据本身的来源看,统计数据最初都是来源于直接的调查或实验。从使用者的角度来看,统计数据主要来源于两种渠道:一是来源于直接的调查和科学实验,对使用者来说,这是统计数据的直接来源,我们称之为第一手或直接的统计数据;二是来源于别人调查或实验的数据,对使用者来说,这是统计数据的间接来源,我们称之为第二手或间接的统计数据。这里从使用者的角度讲述统计数据的收集方法。

1. 统计数据的间接来源

对大多数使用者来说,亲自去做调查往往是不可能的,所使用的数据大多数是别人调查或科学实验的数据,对使用者来说称为二手数据。

二手数据主要是公开出版的或公开报道的数据,当然有些是尚未公开出版的数据。在我国,公开出版或报道的社会经济统计数据主要来自国家和地方的统计部门以及各种报刊媒介。例如,提供我国国民经济和社会发展数据的《中国统计年鉴》以及各省、市、地区的统计年鉴等。提供世界各国社会和经济数据的出版物也有很多,如《世界经济年鉴》《国外经济统计资料》等。联合国的有关部门及世界各国也定期出版各种统计数据资料。

除了公开出版的统计数据,还可以通过其他渠道使用一些尚未公开发布的统计数据,以及广泛分布于各种报纸、杂志、图书、广播、电视传媒中的各种数据资料。现在,随着计算机网络技术的发展,也可以在网络上获取所需的各种数据资料。

利用二手数据对使用者来说既经济又方便,但使用时应注意统计数据的含义、计算口径和计算方法,以避免误用或滥用。同时,在引用二手数据时,一定要注明数据的来源,以尊重他人的劳动。

2. 统计数据的直接来源

统计数据的直接来源主要有两个渠道:一是调查或观察,二是实验。调查是取得社会经济数据的重要手段,其中有统计部门进行的统计调查,也有其他部门或机构为特定目的而进行的调查,如市场调查等;实验是取得自然科学数据的主要手段。在本节中,着重讲授取得社会经济数据的主要方式和方法。

第二节 统计调查的基本要求及分类

一、统计调查的基本要求

统计调查是整个统计工作的基础环节,担负着提供基础资料的任务。只有做好统计调查,才能对统计整理和统计分析产生积极的影响。要做好统计调查,必须遵循以下要求。

1. 准确性

准确性就是要求统计调查所取得的资料必须符合实际情况,数据真实可靠。这是对统计调查工作的基本要求。

2. 及时性

及时性是指统计调查资料必须在规定的时间上报,并尽可能提前完成上报。这样才能最大限度地发挥统计资料的作用。

3. 完整性

完整性是指统计调查材料必须完整无缺,系统全面。统计资料的全面、完整,对研究对象的全面分析是至关重要的。以全面资料为依据,分析所得结论不偏颇,而且具有科学性。

二、统计调查的分类

统计调查可以依据不同的划分标准,从不同角度进行分类。

(一) 按调查对象的范围不同分类

按调查对象的范围不同,统计调查可分为全面调查和非全面调查。

1. 全面调查

全面调查是指对调查对象的所有个体单位都进行调查登记,以获得全面统计资料的一种调查方式。这种调查方式能掌握调查总体的全面情况,但会消耗较多的人力、物力和财力,调查时间也会较长。因而,全面调查只适用于有限总体,调查内容只限于反映国情国力的最重要的统计指标。

2. 非全面调查

非全面调查是指对调查对象中的一部分个体单位进行调查登记的一种调查方式。这种调查方式涉及的调查单位较少,因此可以节省调查过程中的人力、物力和时间,比较灵活,并且在有些情况下只能采取非全面调查的方法。例如,为了解工业企业生产活动的情况和问题、研究新技术和新经验的推广等,可以选择一部分单位进行非全面调查。

在实际工作中,非全面调查具有以下作用:

(1) 能满足决策者了解情况、制定政策的特定需要。

(2) 能提高统计资料的正确性和时效性。

(3) 能适应特殊需要。例如,对产品进行具有破坏性的质量检验等。

(二) 按调查登记时间是否连续分类

按调查登记时间是否连续,统计调查可分为经常性调查和一次性调查。

1. 经常性调查

经常性调查是指随着调查对象时间上的变化而连续不断地进行调查登记的一种调查方式。其目的在于获取事物在一定时期内的发展变化全过程及其结果的统计资料。

2. 一次性调查

一次性调查是指间隔一段时间对调查对象的状况进行调查登记,以取得这些现象在一定时点状态上的状况资料的一种调查方式。这些现象的数值在一定时期内变动不大,只需间隔一段时间组织一次调查即可。

根据调查的时间间隔是否相等,一次性调查可分为定期和不定期调查。定期调查是每隔一定时间调查一次,其时间间隔大体相等。例如,企业月末登记原材料或产成品的存量、职工人数等。不定期调查是根据某一时期的工作需要所进行的一次性调查,这种调查可能只进行一次,也可能间隔相当长的时间再进行一次。例如,特殊时期政府主管部门为控制房地产价格进行的专项调查就属于不定期调查。

(三) 按调查的组织形式分类

按调查的组织形式不同,统计调查可分为统计报表和专门调查。统计调查组织形式是指组织统计调查、搜集统计资料的方式方法。为了获取准确、及时、完整的统计资料,完成统计调查任务,需要选择适当的调查组织形式,同时要注意各种调查组织形式的综合运用,建立科学、适用的调查体系。采取何种调查组织形式主要取决于调查内容的要求和调查对象的特点。

1. 统计报表

统计报表是按照国家有关法规规定,自上而下统一布置,自下而上逐级填报的一种调查组织方式。这种调查组织方式在我国政府统计工作中,经过几十年的改进和完善,已形成了一套比较完备的统计报告制度,它要求以原始数据为基础,按照统一的表式、指标、报送时间和报送程序填报,已成为国家和地方政府部门获取统计数据的主要统计调查组织方式。

与其他统计调查方式相比,统计报表有其显著的特点。

(1) 统计报表的资料来源建立在各个基层单位原始记录的基础上,基层单位可利用其资料对生产、经营活动进行监督管理。

(2) 由于统计报表是逐级上报和汇总的,各级领导部门能获得管辖范围内的报表资料,了解地区、本部门的经济和社会发展情况。

(3) 由于统计报表一般属于经常性调查,调查项目相对稳定,有利于资料积累,并进行动态对比分析。

随着社会主义市场经济的发展,统计调查单位变动较频繁,再加上决策主体和利益主体的多层次化,各方面对统计数字真实性的干扰明显增加,从而影响统计数据的准确性,这就是统计报表的局限性所在。

统计报表类型多样。统计报表按调查范围可分为全面报表和非全面报表;按报送时间可分为日报、月报、季报和年报等;按报送受体可分为国家、部门、地方统计报表。

2. 专门调查

专门调查是为了某一特定的目的或为了研究某些特定的问题,专门组织的一种搜集资料的调查组织形式,多属一次性调查。专门调查包括普查、抽样调查、重点调查和典型调查等,这些调查方式灵活多样、适应性强,不仅可以弥补统计报表制度不足,而且可以随着社会、经济、科技的不断发展,针对不断产生出来的新情况和新问题,采取相应的调查方式,满足实际工作需要。

1) 普查

普查是为某一特定目的而专门组织的一次性全面调查方式,如人口普查、工业普查、农业普查等。世界各国一般都定期进行各种普查。普查适用于特定目的、特定对象,旨在搜集有关国情国力的基本统计数据,为国家制定有关政策或措施提供依据。它主要用于搜集处于某一时点状态上的社会经济现象的数量。普查作为一种特殊的调查组织方式有以下四个特点:

(1) 普查通常是一次性或周期性的。普查涉及面广,调查单位多,要耗费大量的人力、物力和财力,所以间隔较长时间,如 10 年才进行一次。我国的人口普查从 1953 年到 2020 年共进行过 7 次。我国普查实行规范化和制度化,重大国情国力普查项目主要包括全国人口普查、农业普查和经济普查三项。全国人口普查每 10 年进行一次,在尾数逢 0 的年份实施;全国农业普查每 10 年进行一次,在尾数逢 6 的年份实施;全国经济普查每 5 年进行一次,在尾数逢 3 和 8 的年份实施。

(2) 普查一般需要规定统一的标准时点。标准时点是指对调查对象登记时所依据的统一时点。调查资料必须反映调查对象在这一时点上的状况,以避免调查数据的重复或遗漏,保证普查结果的准确性。例如,我国第六次、第七次人口普查的标准时点定为普查年份的 11 月 1 日零时;农业普查的标准时间定为普查年份的 1 月 1 日零时。

(3) 普查的数据一般比较准确,规范化程度也高,因此可作为抽样调查和其他调查的依据。

(4) 普查的使用范围较窄,只能调查一些最基本或特定的现象。

2) 抽样调查

抽样调查又称样本调查,它是从调查对象总体中抽取一部分作为样本,通过对这部分样本的调查结果进行推算、估测、分析来推断总体调查对象的一种调查方法。从调查对象的总体中,抽选出一部分单位作为总体的代表,被抽选出来的这部分单位就叫样本。抽样即抽取样本的过程,主要分为随机抽样与非随机抽样两类。

(1) 随机抽样,又称为概率抽样,它是根据调查对象总体中每个部分都有被同等选取为样本的可能,即每个个体调查对象都享有机会均等的原则,调查过程中被调查总体中的每一个个体自然存在、自然出现,在不受调查者主观意愿的影响下抽取样本的一种抽样方法。

(2) 非随机抽样,是调查者有意识地主观选择若干具有代表性的个体单位作为样本进行调查,并进而推测样本所代表的总体情况的抽样方法。常用的非随机抽样有重点调查与典型调查两种。

很明显,随机抽样与非随机抽样有很大的区别,非随机抽样在抽样过程中渗入了调查者的主观选择与判断,而随机抽样抽取的样本具有更好的代表性。如果没有特别说明,本书中提及的抽样调查指的是随机抽样。

3) 重点调查

重点调查是指在调查对象中选择一部分重点单位进行调查,以取得统计数据的一种非全面调查。这些重点单位在全部总体中虽然只是一部分,但其某一数量标志却在所要研究的数量标志值总量中占有很大的比重。因而对这些单位进行调查就能够了解总体的基本情况。例如,要了解全国的钢铁生产总量,只要对产量很大的少数几个钢铁企业,如对鞍钢、宝钢、首钢等进行调查,就可对全国的钢铁生产总量有个大致的认识。这几个产量很大的企业,构成了这次全国钢产量调查的重点单位,因为它们的钢铁产量在全国的钢铁生产总量中占有很大比重。

重点调查的关键在于确定重点单位。根据调查目的任务的不同,重点单位可以是一些企业、行业、部门、城市或地区。此外,重点调查既可以组织一次性的专门调查,也可以通过向重点单位通过定期统计报表进行。

选取重点单位,应遵循两个原则,一是要根据调查任务的要求和调查对象的基本情况加以选择;二是要注意选取管理比较健全、统计工作基础比较好的单位作为重点单位。

4) 典型调查

典型调查是从全部总体单位中选择一个或几个有代表性的单位进行深入细致调查的一种调查组织方式。此法又称为"解剖麻雀"。典型调查的目的是通过典型单位具体、生动、形象的资料来描述或揭示事物的本质或规律。因此,所选择的典型单位应能反映所研究问题的本质属性或特征。例如,要研究工业企业的经济效益问题,可以在同行业中选择一个或几个经济效益突出的单位做深入细致的调查,从中找出经济效益好的原因和经验。典型调查主要用于定性调查研究,调查结果一般不能推断总体。

上述各种统计调查方法各有其特点、作用以及适用条件。在实际工作中应尽可能将各种方法结合使用,形成统计调查方法体系。统计调查方法的目标模式为:建立以必要的周期性普查为基础,以经常性的抽样调查为主体,同时辅之以重点调查、科学推断等多种方法综合运用的统计调查方法体系。

第三节 统计调查方案

一、统计调查方案的概念

统计调查方案是为了在调查过程中统一认识、统一内容、统一方法、统一步调,顺利完成调查任务,在调查之前,制定一个周密的调查工作计划,这个计划称为统计调查方案。正确制定统计调查方案是保证统计调查有计划、有组织地进行的首要步骤,是进行统计调查所必需的准备工作。

二、统计调查方案的主要内容

(一) 确定调查目的

确定统计调查方案的首要问题是要明确调查目的。调查目的是指为什么要进行调查,调查要解决什么问题。统计调查的目的,不能随意确定,而要根据实际需要来确定。对任何社会经济现象的研究分析,都应根据不同的目的搜集资料。调查任务和目的不同,调查的内容和范围也就不一样。在既定目的的情况下,对调查者所完成的任务,应做出明确规定。

(二) 确定调查对象和调查单位

1. 确定调查对象和调查单位的实质及意义

确定调查对象和调查单位,就是确定搜集谁的资料或者由谁提供资料。是否正确确定调查对象和调查单位,会影响到搜集资料的准确与完整。

2. 调查对象与调查单位的区分

(1) 调查对象是指要调查的社会经济现象总体。

(2) 调查单位就是构成社会经济现象总体的个体,也就是在调查对象中所要调查的具体单位。例如,调查某地工业产品、产量、产值、成本等资料,该地区的所有工业企业就是调查对象,每一个工业企业就是调查单位。

3. 确定调查对象和调查单位应注意的问题

确定调查对象必须明确调查对象的范围和界限。社会经济现象相当复杂,各种现象之间又存在着广泛联系。例如,进行工业普查时,只明确工业是调查对象是不够的,还应弄清工业的内涵与外延以及与农业和建筑业的区别。

4. 调查单位与填报单位的区别与联系

调查单位是调查项目的承担者,而填报单位则是负责向上报告调查内容的单位。调查单位和填报单位有时一致,有时不一致。例如,研究某地区国有及国有控股企业基本生产情况时,该地区每一个国有及国有控股企业是调查单位,也是填报单位;如果进行该地区工业设备普查,每一台设备就是一个调查单位,而每个工业企业则是一个填报单位。

(三) 确定调查项目

1. 调查项目的含义

调查项目是根据调查目的所确定的具体调查内容。调查项目包括需要向调查单位了解的有关标志及其他有关情况。

2. 确定调查项目应注意的问题

(1) 调查项目应与统计指标和指标体系相一致。说明总体的统计指标必须建立在对总体单位了解的基础上,所以统计指标是确定调查项目的依据。

(2) 应根据需要和可能确定调查项目。可有可无的、备而无用的不应包括在调查项目中；虽然需要但实际无法取得的也不能列入。

(3) 要注意调查项目的联系和连续性，便于相互核对检查资料的正确性，提高调查资料的质量。也要注意与过去同类调查项目的关系，以便观察现象的变化。

(4) 要全面考虑和详细拟定每个项目的标准答案。一是可以节省用文字书写的时间，二是便于计算机分类整理汇总。

（四）设计调查表

1. 调查表的含义

调查表是统计工作中搜集原始资料的基本工具，是调查项目的具体表现形式。将所确定的调查项目，按照一定的顺序排列在一定表格内，就构成了调查表。

2. 调查表的构成

(1) 表头。表头用来表明调查表的名称，左上角填写填报单位名称、地址、隶属关系、经济类型等。表名要求简明扼要，报告单位名称要填全称或备案文字。

(2) 表体。表体是调查表的主要部分。包括统计调查所要说明的调查单位特征的调查项目、具体表现、栏号和计算单位等。

(3) 表脚。表脚包括调查者或填报人的姓名、签章、填表日期，有的还要填写单位负责人的姓名和签章等，以明确责任。如果发现问题，也便于查阅。

3. 调查表的格式

调查表的格式一般有单一表和一览表两种。单一表每份只能登记一个调查单位，它可以容纳较多的调查项目；一览表是在一张表上登记若干调查单位，调查项目不能过多。

4. 调查表的填写说明与指标解释

填表说明是指对调查表中某些项目以及填写表格应注意的若干问题进行必要的解释或规定。指标解释则是为了说明调查表中每一指标的含义，包括范围、计算方法等。编写的填表说明和指标解释应当简明扼要、清晰易懂。有了填表说明和指标解释，就使填表工作有了准绳，从而保证调查资料的科学性和统一性。职工家庭就业人口调查表和毕业生就业情况调查表如表2-4、表2-5所示。

表2-4　　　　某市年末职工家庭就业人口调查表（单一表）

户主姓名：

家庭人口（　　）人				就业人口（　　）人			
姓名	与户主关系	性别	年龄	工作单位	职业	职务职称	备注

填表人：　　　　　　　　　　　　　　　　　　　　填表日期：　年　月　日

表 2-5　　　　　　　　某校毕业生就业情况调查表(一览表)

系别：

姓名	性别	班级	专业	就业单位	职业	备注

填表人：　　　　　　　　　　　　　　　　　　　　　填表日期：　年　月　日

(五)确定调查时间

调查时间是指调查资料所属的时点或时期,即调查资料所反映的社会经济现象客观存在的时间。时期现象应明确反映调查对象从何年何月何日起到何年何月何日止的资料;时点现象,就要明确规定统一的标准调查时点。

进行调查工作的时间包括搜集资料或报送资料整个工作所需时间,称之为调查工作时限。例如,2018年第四次全国经济普查,普查标准时点为2018年12月31日零时,普查时期资料为2018年度。又如,我国第七次人口普查明确规定,2020年11月1日零时为标准时间,普通登记工作从11月1日开始到11月10日前结束,质量抽查工作在2020年11月底以前完成,人口普查资料经过各级汇总单位汇总上报后,由国务院人口普查办领导小组负责将普查数字汇总报送国务院,经国务院审批后发布公报。

(六)确定调查地点

调查地点是进行调查登记的地点,即调查单位应在何地接受调查。它通常与调查单位所在地相一致。但是,有时调查单位所在地与调查地点并不一致,这时就需要确定调查地点,否则在调查中必然会发生重复或遗漏,影响调查结果的准确性。

例如,人口普查的普查对象是不断流动的人,有三种可供选择的调查地点:一是现有人口原则,即普查标准时点上,人在哪里就在哪里登记;二是户籍人口原则,即人的户籍在哪里注册,就在哪里登记;三是常住人口原则,即人在哪里居住一年以上就在哪里登记。我国人口普查采用常住人口原则。

工业普查中,总公司在外地开设分公司的登记调查有两种选择原则:一是采取关系原则,即分公司在总公司所在地登记;二是所在地原则,分公司在开办地点登记。我国工业普查采用后一种原则。

(七)调查工作的组织计划

调查工作的组织计划主要是包括调查的组织领导机构和调查人员的组织;人员配备与培训、文件印刷;调查资料的报送办法;经费预算和开支等等。例如,第六次全国人口普查明确规定人口普查工作在国务院和地方各级政府领导下进行。国务院,各级人民政府、乡镇、街道办事处分别设置人口普查办公室,居民委员会和居委会设置人口普查组,分别负责人口普查的领导、组织工作。具体普查工作由普查员执行,普查指导员负责指导、检查,基层干部和群众积极分子给予协助等。这些组织措施是普查工作顺利进行的基本保证。

第四节 统计调查方法

在调查过程中搜集统计资料的具体方法有很多,不论采用哪种方式组织调查,都要运用具体的数据搜集方法去采集统计数据。归纳起来,数据搜集方法有询问调查和观察实验两大类。

一、询问调查

询问调查是调查者与被调查者直接或间接接触以获得数据的一种方法,具体包括访问调查、邮寄调查、电话调查、电脑辅助调查、座谈会、个别深度访问等。

(一) 访问调查

访问调查又称派员调查,是调查者与被调查者通过面对面交谈从而得到所需资料的调查方法。这又可分为标准式访问和非标准式访问两种。标准式访问又称结构式访问,是按照调查人员事先设计好的,有固定格式的标准化问卷或表格,有顺序地依次提问,并由受访者做出回答。其优点是能够对调查过程加以控制,从而获得比较可靠的调查结果。非标准式访问又称非结构式访问,它事先不制作统一的问卷或表格,没有统一的提问顺序,调查人员只是给一个题目或提纲,由调查人员和受访者自由交谈,从中获得所需资料。访问调查常在市场和社会调查中被采用。

(二) 邮寄调查

邮寄调查是通过邮寄、宣传媒体和专门场所等将调查表或问卷送至被调查者手中,由被调查者填写,然后将调查表寄回或投放到收集点的一种调查方法。这是一种标准化调查,其特点是调查人员和受调查者没有直接的语言交流,信息的传递完全依赖于调查表。邮寄调查在统计部门进行的统计报表及市场调查机构进行的问卷调查中经常使用。

(三) 电话调查

电话调查是调查人员利用电话同受访者进行语言交流,从而获得信息的一种调查方法。该方法具有时效快、费用低等特点。随着电话的普及,电话调查也越来越广泛。电话调查可以按照事先设计好的问卷进行,也可以针对某一专门问题进行电话采访。电话调查所提问题要明确,且数量不宜过多。

(四) 电脑辅助调查

电脑辅助调查也称为电脑辅助电话调查,就是在电话调查时,调查的问卷、答案都由计算机显示,整个调查过程,包括电话拨号、调查记录、数据处理等也都借助于计算机来完成的一种调查方法。目前,电脑辅助调查已在一些发达国家和地区广泛应用,并已开发出了各种电脑辅助电话调查系统。

(五) 座谈会

座谈会也称为集体访谈法,就是将一组被调查者集中在调查现场,让他们对调查的主题发表意见,从而获取资料的方法。参加座谈会的受访者应是所调查问题的专家或有经验者,人数不宜太多,通常为 6~10 人,研究人员应对受访者进行严格的甄别、筛选。讨论方式主要看主持人的习惯和爱好。这种方法能获取其他方法无法取得的资料,因为在彼此交流的环境里,受访者相互影响、启发、补充,不断修正自己的观点,这就有利于研究者从中获得较为广泛深入的想法和意见。而且座谈会不会因为问卷过长而遭到拒访。

(六) 个别深度访问

个别深度访问是一种一次只要一名受访者参加的特殊的定性研究。"深访"暗示着要不断深入到受访者的思想中,努力发掘其行为的真实动机。深访是一种无结构的个人访问,调查者运用大量的追问技巧,尽可能让受访者自由发挥,表达他的想法和感受。深度访问常用于动机研究,如消费者购买某种产品的动机等,以发掘受访者非表面化的深层意见。这一方法最适用于研究隐私的问题,如个人隐私问题,或敏感问题,如政治性问题。对于那些不同人之间观点差异极大的问题,用小组讨论可能会把问题弄糟,这时也可采用深度访问法。

座谈会和个别深度访问法属于定性方法,通常围绕一个特定的主题取得有关定性资料。此类方法和定量方法不同。定量方法是从总体中按随机方式抽取样本获得资料,其研究结果或结论可以进行推论。定性研究着重于问题的性质和对未来趋势的把握,而不是对研究总体数量特征的推断。座谈会和个别深度访问主要用于市场调查和研究。

二、观察与实验

观察与实验是调查者通过直接的观察或实验获得数据的一种方法。

(一) 观察法

观察法是指就调查对象的行动和意识,调查人员边观察边记录的收集信息的方法。这是一种可替代直接发问的方法。运用这种方法,训练有素的观察员或调查员到重要地点,利用感觉器官或设置一定的仪器,观测和记录人们的行为和举动。在观察法中,由于调查人员不是强行介入,受访者无须作出任何反应,所以,常常能在被观测者不察觉的情况下获得信息资料。

(二) 实验法

实验法是一种特殊的观察调查方法。实验法是在所设定的特殊实验场所、特殊状态下,对调查对象进行实验以取得所需资料的一种调查方法。根据场所不同,实验法可分为在室内进行的室内实验法和在市场或外部进行的市场实验法。室内实验法可用于广告认知的实验等。例如,在同日的同种报纸上,版面大小相同,分别刊登 A、B 两种广告,然后将其散发给读者,以测定其反应结果。市场实验法可用于消费者需求调查等。例如,企业让消费者免费使用一种新产品,以得到消费者对新产品看法的资料。

三、调查问卷设计

在统计调查中,经常会用到调查问卷。问卷是一种特殊形式的调查表,特点是在表中用一系列按照严密逻辑结构组成的问题,向被调查者调查具体事实和个人对某问题的反应、看法,不要求被调查者填写姓名。它的优点是客观、统一、效率高,统计结果能数量化、规范化,不用花太多精力培训调查人员,可以用不记名问卷,能比较真实地反映被调查者的态度和观点。它的缺点是不够灵活,多数问卷为封闭式问题,不能充分说明被调查者的态度,适用对象需要具有一定文化程度的人。问卷设计的好坏直接影响数据的质量和分析的结论。

(一) 问卷的基本结构

不同的调查问卷在具体结构、题型、措辞、版式等设计上会有所不同,但在结构上一般都由开头部分、甄别部分、主体部分和结尾部分组成。

1. 开头部分

开头部分一般包括问候语和填表说明等内容。

(1) 问候语。在自填式问卷中,问候语的内容一般包括:称呼、问候;调查人员自我说明调查的主办单位和个人的身份;向被调查者简要地说明调查的目的、意义;保证作答对被调查者无负面影响,并替他保守秘密;表示真诚的感谢,或说明将赠送小礼品。

写好问候语十分重要,它可以引起被调查者对调查的重视和兴趣,消除顾虑,激发参与意识,以争取他们的支持与合作。问候语要语气亲切,诚恳礼貌,简明扼要,切忌啰唆。大量的实践表明,几乎所有拒绝合作的人都是在开始接触的前几秒钟内就表示不愿参与的,因此,对问候语要非常重视,仔细斟酌。例如,下面是一份"公众医疗保险意识问卷"中的问候语。

> 尊敬的女士/先生:
> 　您好!
> 　我是××市场调查公司访问员,我们正在进行一项有关公众医疗保险意识方面的调查,目的是想了解人们对公众医疗保险的看法和意见,以便更好地促进医疗保险事业的发展。您的回答无所谓对错,只要真实地反映了您的情况和看法,就达到了这次调查的目的。希望您能积极参与,我们对您的回答完全是保密的。调查要耽搁您的一些时间,请您谅解。谢谢您的支持与合作!

(2) 填表说明。在自填式问卷中要有详细的填表说明,让被调查者知道如何填写问卷,如何将问卷返回调查者手中。这部分内容可以集中放在问卷的前面,也可以分散到各有关问题的前面。下面是一份自填式问卷集中写明填写要求的例子。

> ① 请您在所选答案的问题的题号上画圈。
> ② 对只许选择一个答案的问题只能画一个圈;对可选多个答案的问题,请在您认为合适的答案上画圈。
> ③ 需要填写数字的题目在留出的横线上填写。
> ④ 对注明要求您自己填写的内容,请在规定的地方填写您的意见。

2. 甄别部分

甄别也称过滤,它是先对被调查者进行过滤,筛选掉不需要的部分,然后针对特定的被调查者进行调查。通过甄别或过滤,一方面可以筛选掉与调查事项有直接关系的人,以达到避嫌的目的;另一方面,也可以确定哪些人是合格的被调查者,哪些不是。甄别的目的是确保被调查者合格,能够作为该调查项目的代表,从而符合调查研究的需要。下面是一份房地产市场需求情况调查问卷的甄别部分。

(1) 请问您的年龄是否在 18 岁以上?

　　A. 否 ··· 终止访问
　　B. 是 ··· 继续访问

(2) 请问您在未来 2 年内是否有购房的计划?

　　A. 无 ··· 终止访问
　　B. 有 ··· 继续访问

3. 主体部分

主体部分是调查问卷的核心内容,包括所要调查的全部问题,主要由提问和答案构成。关于设计和回答项目设计的部分,下文将会详细阐述。

4. 结尾部分

问卷的结尾一般应附上"调查情况记录",具体包括:问卷编号;调查人员或访问员的姓名、编号;被调查者的姓名、地址、电话号码等;访问时间等。

(二) 提问项目的设计

问卷所要调查的资料,由若干提问具体项目,即问题构成,因此,如何科学准确地提出所要调查的问题,是问卷设计中十分重要的一步。

一份问卷中的内容不宜过多,所有的问题都必须与主题有关。无关的问题、可要可不要的问题不要列入。很多初学调查问卷设计的人,往往以为多一道题,可多得一份资料,所以会询问一些不必要的问题,不但浪费时间和资料处理的费用,有时也因问题过多,使被调查者感到厌烦,影响整体调查的质量。

调查问卷的措辞要准确,具体应注意以下七点。

1. 提问的内容尽可能简短

如果提问的问题太长,不仅会给调查者的理解带来一定困难,也会使其感到厌烦,从而不利于问题的回答。特别是采访调查中使用的问卷,提问部分过长,会使被调查者忘记开头的内容,不利于对整个问题的理解和回答。

2. 一项提问只包含一项内容

如果在一项提问中包含了两项以上的内容,被调查者就很难回答。例如:

您对我校食堂饭菜的味道和价格有何看法?

这里包括了味道和价格两项内容。如果被调查者认为味道好而价格不公道或者认为味道不好而价格还公道,就会很难做出判断和回答。所以,可以把它分成以下两个问题。

您对我校食堂饭菜的味道有何看法?
您对我校食堂饭菜的价格有何看法?

3. 避免提笼统、抽象或过于专业化的问题

(1) 笼统、抽象或过于专业化的问题容易造成理解困难,不易回答,且有时对实际调查工作并无指导意义。例如:

您觉得这种电视机的画面质量怎么样?

这里的"画面质量"的含义是很笼统的,被调查者不知道要回答哪些质量方面的问题。因此提问要具体一些,可以改为:

您觉得这种电视机的画面是否清晰?

(2) 由于被调查者的文化程度不同,问卷的用词要通俗,易被人理解。避免使用过于专业的术语,例如:

您是否认为使用电脑数字技术制作的广告更具有吸引力?

被调查者可能不知道什么是"电脑数字技术",因此无法回答这样的问题。

4. 避免用不确切的词

问卷中的用词一定要保证所提问的问题清楚明了,用词是否确切,具体可按 5W1H 准则加以推敲。5W1H 即 Who(谁),Where(何处),When(何时),Why(为什么),What(什么事),How(如何),以此来判断问题是否清楚。当然,并不是一项提问中必须同时具备这 5W1H,例如:

请问您使用什么牌子的沐浴液?

在这个问题中,Who 很清楚,What 指沐浴液的牌子,When 则未表明,是指过去还是现在? 很容易造成回答偏差。因此,可以修改为:

请问您最近半年使用什么牌子的沐浴液?

此外,时间范围一定要清楚,例如:

请问您最近一段时间使用什么牌子的洗发水?

这里的 When 很模糊,被调查者不清楚"最近"是指哪段时间,时间范围不明确,因此,可改为:

请问您最近一个月使用什么牌子的洗发水?

还有许多词,如"一般""经常""一些""很多"等,这些词语含义不确切,各人理解往往不同,从而造成回答的偏差,因而在问卷设计中应避免或减少使用。

5. 避免诱导性提问

问卷中提出的问题不能带有倾向性,而应保持中立。词语中不应暗示出调查者的观点,不要引导被调查者做出何种回答或何种选择。例如:

人们认为格力牌空调的质量不错,您觉得怎么样?

这里已经暗示了格力牌空调质量不错,对被调查者具有引导作用,可以改为:

您认为格力牌空调的质量怎么样?

诱导性提问容易使被调查者不假思索地做出回答或选择,也会从心理上产生顺应反应,从而按照提示做出回答或选择。

6. 避免否定形式的提问

在日常生活中,人们往往习惯于肯定形式的陈述提问,而不习惯于否定形式的陈述提问。否定的提问会影响被调查者的思维,或者容易造成相反意愿的回答或选择,因此,在问卷中尽量不要使用否定的形式提问。

7. 避免调查者禁忌和敏感性的问题

各地风俗和习惯中禁忌的问题一般不要提及。敏感性问题是被调查者不愿意让别人知道答案的问题。例如,个人收入问题、个人生活问题等。对于这些问题,被调查者可能会拒绝回答,或者用虚报、假报的方法来应付回答,从而影响整个调查质量。

对于有些必须涉及敏感性问题的调查,应当在提问的方式上进行推敲,尽量采用间接询问的方式,语气要特别婉转,以降低问题的敏感程度。

(三) 回答项目的设计

回答项目的设计即答案设计,是问卷设计的重要组成部分。问卷中的问题类型有两类:一类是开放性问题,另一类是封闭性问题。由于问卷中的问题有不同类型,所设计的答案类型和对被调查者的回答要求也是不同的,两类问题的答案形式和回答方法具体如下所述。

1. 开放性问题

开放性问题是指对问题的回答没有给出可供选择的答案,由被调查者自由回答。例如:

您对这种产品的新包装还有什么其他看法?

开放性问题的优点是比较灵活,可以简化问卷,节省篇幅,适合于搜集更深层次的信息,特别适合于那些尚未弄清各种可能答案或潜在答案类型较多的问题,而且可以使被调查者充分表达自己的意见和想法,有利于被调查者发挥自己的创造性。其缺点是被调查者可能一时想不出适当的答案而拒绝回答;也可能因被调查者表达能力较差而词不达意,影响答案的可信度;由于会出现各种各样的答案,会增加对调查后资料整理的难度。

2. 封闭式问题

封闭式问题是指对问题事先设计出了各种可能的答案,由被调查者从中选择。封闭式问题的答案是标准化的,有利于被调查者对问题的理解和回答,同时,也有利于调查后的资料整理。但封闭式问题对答案的要求较高,对一些比较复杂的问题,有时很难把答案设计周全。一旦设计有缺陷,被调查者就可能无法回答问题,从而影响调查质量。如何设计好封闭式问题的答案,是问卷设计中的一项重要内容。

封闭式问题的答案是选择回答型,所以设计出的答案一定要穷尽和互斥。穷尽即要求列出问题的所有答案,不能有遗漏;对有些问题,当答案不能穷尽时,可以加上"其他"一类,以保证被调查者能有所选择和回答。互斥即要求各种可能的答案必须相互排斥,而不能相互交叉,更不能相互包容。

根据提问项目或内容的不同,封闭式问题的问句选择主要有以下几种形式:

(1) 两项式问句。两项式问句要求被调查者在两个可能的答案中选择一个,如回答"是"或"否",容易发问,也容易回答。只限于搜集简单的事实或态度。

(2) 多项式问句。多项式问句指列举几个可能的答案由被调查者选出最符合自己情况和意见的一个答案。优点是答案有一定的范围,便于被调查者取舍。

(3) 顺位式问句。顺位式问句指列出对某一问题不同层次的答案,由被调查者排出次序,表示自己的态度和倾向。

(4) 标度式问句。标度式问句是一种直接测定被调查者主观感觉和意见强弱程度的问句。在问句下,用一个横轴标示具有两个对立方向的不同强弱程度,由被调查者圈注。其形式为很赞同、比较赞同、赞同、无意见、反对、相当反对、很反对。

(四) 问卷顺序的设计

为了提高问卷的回收率,设计问卷时,应站在被调查者的角度,顺应被调查者的思维习惯,使问题容易回答。因此,在问卷设计过程中,安排好问题的顺序也是很重要的。具体来说,设计问题的顺序时,应注意以下四点。

1. 问题的安排应具有逻辑性

设计问卷时,问题的安排应具有逻辑性,以符合被调查者的思维习惯。否则,会影响被调查者回答问题的兴趣,不利于对问题的回答。

2. 问题的顺序应先易后难

把简单的、容易回答的问题放在前面,而复杂的、较难的问题放在后面。这样可使被调查者开始时感到轻松,有能力继续回答下去。如果让被调查者一开始就感到很难回答,将会影响他们回答的情绪和积极性。

3. 将能引起被调查者兴趣的问题放在前面

把被调查者感兴趣的问题放在前面,而比较敏感的问题放在后面,这样可引起他们填写问卷的兴趣和注意力。如果一开始就遇到敏感性的问题,会引起被调查者的反感,产生防卫心理,不愿回答和拒绝回答,从而影响整个调查。

4. 开放性问题放在后面

被调查者在回答开放性问题时需要一定的思考和时间,因此,一份问卷中的开放性问题不宜多。而且,开放性问题一般应放在后面,否则,会影响被调查者填写问卷的积极性,从而影响整个问卷的回答质量。

除上述注意事项外,问卷设计还应注意版面格式的设计。问卷的版面格式有时也会影响调查的质量。整个问卷的结构安排要合理,问卷的主体部分要突出、醒目。设计时,不要编排过密,各问题之间要留出一定的空间,外表及内容的印刷要美观。这样,会使被调查者产生好感,从而引起填写问卷的兴趣。

课堂测试

班级_____ 姓名_____ 学号_____ 日期_____ 成绩_____

一、单选题(本大题共 6 个小题,每小题 5 分,共 30 分)

1. (   )也称间隔尺度。这种计量尺度不仅能将事物分为不同类型并加以排序,还可以准确地指出类别之间差距的大小。
   A. 定类尺度   B. 定序尺度
   C. 定距尺度   D. 定比尺度

2. 调查几个重要铁路枢纽,就可以了解我国铁路货运量的基本情况和问题,这种调查属于(   )。
   A. 普查   B. 重点调查
   C. 典型调查   D. 抽样调查

3. 对一批商品进行质量检验,最适宜采用的方法是(   )。
   A. 全面调查   B. 抽样调查
   C. 典型调查   D. 重点调查

4. 调查单位与填报单位的关系是(   )。
   A. 两者是一致的
   B. 调查单位大于填报单位
   C. 两者没有关系
   D. 两者有时是一致的,有时是不一致的

5. 全国人口普查规定统一的标准时间是为了(   )。
   A. 避免登记的重复和遗漏   B. 确定调查的范围
   C. 确定调查的单位   D. 登记的方便

6. 为了获取最新经济危机冲击情况,调查人员专门选取浙江、江苏两省,深入当地了解外贸企业受经济危机影响的严重程度,这种调查方式是(   )。
   A. 普查   B. 典型调查
   C. 抽样调查   D. 重点调查

二、判断题(本大题共 5 个小题,每小题 5 分,共 25 分)

1. 对大多数使用者来讲,往往亲自调查统计数据。   (   )

2. 对我国主要粮食作物产区进行调查,以掌握全国主要粮食作物生长的基本情况,这种调查是重点调查。（　　）

3. 典型调查既可以搜集数字资料,又可以搜集不能用数字反映的实际情况。（　　）

4. 穷尽性原则指答案与答案之间不能相互重叠、相互包含或交叉,即对同一个问题,只能有一个选项适合调查对象。（　　）

5. 开放式问句的答案是由被调查者选出最符合自己情况和意见的一个答案。（　　）

三、简答题(本大题共 2 个小题,第 1 个小题 30 分,第 2 个小题 15 分,共 45 分)

1. 请指出划横线部分与调查方案各组成部分相对应的名称,并将答案填写在相应的横线处。

   (1)为了解大学生身体素质状况,研究人员在(2)所有大学生中随机抽取了(3)400 名大学生,对(4)每一位抽中的大学生采用问卷形式,于(5)上周末进行了调查,包括被调查者的(6)性别、身高、体重、专业等在内的相关问题。

   (1) _____
   (2) _____
   (3) _____
   (4) _____
   (5) _____
   (6) _____

2. 根据下列错误及相应正确的提问方式,回答问卷设计当中应当注意的问题,并将答案填写在相应的横线处。

   (1) 您最近一段时间使用什么品牌的化妆品？×
       您最近一个月使用什么品牌的化妆品？√

   (2) 您觉得这种新款轿车的加速性能和制动性能怎么样？×
       您觉得这种新款轿车的加速性能怎么样？√
       您觉得这种新款轿车的制动性能怎么样？√

   (3) 人们认为海尔冰箱质量不错,您觉得怎么样？×
       您觉得海尔冰箱的质量怎么样？√

   (1) _____
   (2) _____
   (3) _____

第三章　统 计 整 理

知识导航

学习目标

1. 理解统计整理的概念。
2. 掌握统计整理的内容。
3. 掌握统计分组的方法。
4. 掌握分配数列的编制。
5. 掌握统计数据图形化描述的方法。

 **寓德于教**

党的二十大报告中提到，我们深入贯彻以人民为中心的发展思想，在幼有所育、学有所教、劳有所得、病有所医、老有所养、住有所居、弱有所扶上持续用力，人民生活全方位改善。

人均预期寿命增长到七十八点二岁。居民人均可支配收入从一万六千五百元增加到三万五千一百元。城镇新增就业年均一千三百万人以上。建成世界上规模最大的教育体系、社会保障体系、医疗卫生体系，教育普及水平实现历史性跨越，基本养老保险覆盖十亿四千万人，基本医疗保险参保率稳定在百分之九十五。及时调整生育政策。改造棚户区住房四千二百多万套，改造农村危房二千四百多万户，城乡居民住房条件明显改善。互联网上网人数达十亿三千万人。

资料来源：习近平.高举中国特色社会主义伟大旗帜 为全面建设社会主义现代化国家而团结奋斗——在中国共产党第二十次全国代表大会上的报告[EB/OL].[2022-10-16]. https://www.gov.cn/xinwen/2022-10/25/content_5721685.htm，有删节。

请思考：简短精炼的成绩背后是数以万计的原始数据，面对如此大量的数据，我们该如何高效的整理数据，如何将原始数据进一步处理加工成我们所需要的数据呢？

案例导入

(1) 如果将2 000个家庭的调查问卷交给你处理，你首先会做什么？

(2) 如果按收入的多少将家庭分成低收入家庭、中等收入家庭和高收入家庭，你会怎么做？

(3) 如果让你看一个电商一个月每天的销售额数据，或者给你看这些数据的某个图形，你会选择哪种？

(4) 要比较两个上市公司的销售收入、净利润、净资产、负债4个指标的差异和相似性，你会使用什么图形？

第一节 统计数据整理

一、统计数据整理概述

(一) 统计数据整理的概念和意义

统计数据整理就是对搜集得到的初始数据进行审核、分组、汇总，使之条理化、系统化，成为能够反映总体特征的综合数据的工作过程。

统计调查所取得的原始资料是反映总体各个单位的资料，这些属于有关标志的标志表现仅说明各个单位的具体情况，是不系统的、分散的，还可能带有一定的片面性。统计所需要的是反映总体特征的统计指标，都是以数字表示的，因此需要进行统计整理。统计数据整理，是统计由对个别现象的认识上升到对总体现象认识的一个重要阶段，在统计研究工作中起着承先启后的作用，它既是数据搜集的继续和深化，又是数据分析的基础和前提。它实现从个别单位的标志值向说明总体数量特征的指标值过渡，是人们对社会经济现象从感性认识上升到理性认识的过渡阶段，是进一步进行统计分析的必要前提。可见，统计数据整理绝不是一个单纯的技术问题,而且是统计工作中一个极其重要的理论问题。

(二) 统计数据整理的分类

根据数据搜集方式和研究任务的不同,统计数据的整理可以分为下列三种。

1. 定期统计报表数据的整理

定期统计报表数据的整理是指对填报统计报表所需数据的整理,为正式填报统计报表做好准备。为此,各基层企事业单位和各综合部门都应建立统计台账。统计台账是为整理统计数据和进行统计分析而专门设置的一种系统积累统计资料的表册。建立统计台账,能够使统计数据比较全面、系统,有利于及时、准确地编制统计报表,也有利于系统地积累资料,避免资料散失。

2. 专题性统计数据的整理

专题性统计数据的整理是指对专门调查搜集的统计数据进行的整理,以便满足专题统计研究的需要。在专题性统计数据的整理中应密切结合各级领导部门的需要,根据专题性研究的目的确定整理的内容和题目,同时要注意资料的时效性、广泛性和政策性。

3. 历史统计数据的整理

历史统计数据的整理是指对本部门、本单位的历史统计数据按照研究目的的要求,进行系统的加工和处理。历史统计数据整理是统计部门一项十分重要的任务。

二、统计数据整理的原则和内容

(一) 统计数据整理的原则

统计数据整理必须遵循目的性、联系性和简明性三个原则。目的性原则是指数据整理一定要按照预定的目的,进行科学的分组、分类,才能整理出研究问题所需要的综合指标。联系性原则是指数据整理所涉及的指标不仅是相互联系的,还存在一定的逻辑关系,选用什么统计指标以及指标之间前后关联的顺序如何,都是整理过程要特别注意的。简明性原则是要求在整理过程中选用最简明的方法,以取得节约和实用的效果。

(二) 统计数据整理的内容

统计数据整理的内容或程序一般有五个方面:第一,根据统计研究的目的和要求,确定应该整理的指标,并根据分析的需要确定具体的分组;第二,对大量的原始数据进行预处理;第三,对各指标进行汇总,计算出各组单位数、总体单位数以及各组或总体的有关标志值之和;第四,将汇总整理的数据编制成统计表;第五,对统计数据进行系统积累。

三、统计数据的预处理

(一) 数据的审核与筛选

1. 数据的审核

在对统计数据进行整理时,要先对其进行审核,以保证数据的质量,为进一步的整理与分析打下基础。

对于通过直接调查取得的原始数据,应主要从完整性和准确性两个方面去审核。完整性审核主要是检查应调查的单位或个体是否有遗漏,所有的调查项目或指标是否填写齐全等。准确性审核主要包括两个方面:一是检查数据资料是否真实地反映了客观实际情况,内容是否符合实际;二是检查数据是否有错误,计算是否正确等。审核数据准确性的方法主要有逻辑检查和计算检查。逻辑检查主要是从定性角度审核数据是否符合逻辑,内容是否合理,各项目或数字之间有无相互矛盾的现象。逻辑检查主要用于对定类数据和定序数据的审核。计算检查是检查调查表中的各项数据在计算结果和计算方法上有无错误。例如,各分项数字之和是否等于相应的合计数,各结构比例之和是否等于 1 或 100%,出现在不同表格上的同一指标数值是否相同等。计算检查主要用于对定距数据和定比数据的审核。

对于第二手数据,除了对其完整性和准确性进行审核外,还应着重审核数据的适用性和时效性。应先清楚数据的来源、数据的口径以及有关的背景材料,以便确定这些数据是否符合分析研究的需要,是否需要重新加工整理等。此外,还要对数据的时效性进行审核,一般来说,应尽可能使用最新的统计数据。

2. 数据的筛选

对审核中发现的错误应尽量予以纠正。如果对发现的错误无法纠正或有些数据不符合统计调查的要求而又无法弥补时,就要对数据进行筛选。筛选有两方面内容:一是将某些不符合要求的数据或有明显错误的数据予以剔除;二是将符合某种特定条件的数据筛选出来,不符合特定条件的数据予以剔除。

(二) 数据的订正

对审核过程中发现的迟报、漏报及计算错误等问题,应及时催报、补报、改正,并针对不同的错误做出不同的处理:第一,对于可以肯定的一般错误,即代为更正,并向有关单位核对;第二,对于可疑之处或无法代为更正的错误,应通知原报送单位复查更正;第三,对于在一个单位发现的有代表性的重大差错,除通知原报送单位更正外,还要将差错情况通报尚未报送资料的单位,以防止类似错误的发生;第四,对于违反统计法规的,应查明责任,予以适当处理。

(三) 数据的排序

数据排序就是按照一定的顺序将数据排列,以便初步显示数据的一些明显特征和规律,为研究者找到解决问题的线索。此外,排序还有助于对数据的检查纠错,为分组、汇总提供依据。对于定类型数据,可以按字母的顺序或笔画数的多少顺序排序;对于定距数据和定比数据,可以按递增顺序排列或按递减顺序排列。排序后的数据称为顺序统计量。

定距和定比数据的排序只有两种,即递增和递减。设一组数据为 $X_1, X_2, \cdots, X_N$,递增排序后可表示为:$X_{(1)} < X_{(2)} < \cdots < X_{(N)}$;递减排序可表示为:$X'_{(1)} > X'_{(2)} > \cdots > X'_{(N)}$。

第二节 统计分组

一、统计分组概述

(一) 统计分组的含义

统计分组是指根据统计研究的目的和要求,将总体单位或全部数据按照一定的标志划分成若干类型(组),使组内的差异尽可能小,组间的差别尽可能明显,从而使大量无序的、混沌的数据变为有序的、能够反映总体特征的资料。

(二) 统计分组的作用

统计分组在统计认识过程中的基本作用主要表现在以下三个方面。

1. 划分现象的不同类型

统计分组的最基本作用,就是把复杂社会现象划分为各个性质不同的组成部分,以认识事物质的差别。例如,把社会产品划分为生产资料和消费资料;将国民经济划分为第一产业、第二产业和第三产业等。只有通过科学分组来划分现象的类型,才能正确地了解、研究现象的实质,发挥统计研究的作用。

2. 反映总体的内部结构

在统计分组基础上,计算各部分占总体的比重可揭示总体内部结构,表明总体中各部分与整体以及各部分之间存在的数量关系,从而反映事物的构成特征和性质。通过比较总体内部结构的动态变化还可以揭示现象发展变化过程和规律。

3. 分析现象之间的依存关系

社会经济现象之间存在着广泛的相互依存关系,根据研究目的,按照一定标志对总体进行分组,然后通过观察相关标志的数量变化,揭示相关事物之间的依存关系,如农作物的耕作深度与收成率之间的关系、家庭工资收入与生活费支出之间的关系、市场商品价格与其需求量之间的关系等,都可以通过统计分组来研究。

(三) 统计分组的原则

统计分组必须遵循两个原则:穷尽原则和互斥原则。

穷尽原则是指使总体中的每一个单位都应有组可归,或者说各分组的空间足以容纳总体所有的单位。例如,把从业人员按文化程度分组,分为小学程度、中学程度(含中专)和大学程度三组,那么,那些文盲或识字不多的以及大学以上学历者则无组可归。如果将分组适当调整为:文盲及识字不多、小学程度、中学程度(含中专)、大学及大学以上,这样就可以包括全部从业人员的各种不同层次的文化程度,符合分组的穷尽原则。

互斥原则是指在特定的分组标志下,总体中的任何一个单位只能归属于某一组、而不能同时或可能归属于几个组。例如,某商场把服装分为男装、女装、童装三类,这不符合互斥原则,因为童装也有男装、女装之分。若先把服装分为成年与儿童两类,然后每类再分为男女两组,这就符合互斥原则了。

二、统计分组的类型

统计分组按反映研究对象的特点和分组的形式分类主要有以下两种类型。

(一) 属性分组和变量分组

1. 属性分组

属性分组是指按照反映事物属性的品质标志进行的分组。例如,人口按性别、民族、文化程度、职业、婚姻状况等标志分组,工业企业按经济类型、行业、地区等标志分组。

2. 变量分组

变量分组是指按照数量标志进行的分组。变量分组的组限是指各种不等的变量值。例如,将冶金企业按生产能力分为:10万吨以下、10～100万吨、100万吨以上三个组;把家庭总体按现有子女数分为0人(无子女)、1人、2人、3人、3人以上等组。

(二) 简单分组、复合分组和分组体系

1. 简单分组

简单分组是指将总体按照一个标志进行的分组。这种分组只能从某一方面去说明总体特征。例如,工业企业按所有制性质分组为:国有企业、集体企业、股份合作企业和联营企业。

2. 复合分组

复合分组是指将总体按照两个或两个以上的标志,重叠起来进行的分组。重叠是指在前一次分组结果的内部再进行下一次分组。例如,某高等学校的学生总体按科别、性别、年龄等标志所进行的复合分组,如图3-1所示。

图3-1 复合分组

采用复合分组能更深刻地反映总体的内部结构,更细致地分析问题。但是,随着分组标志的增加,组数将成倍地增加,反而使总体结构表现复杂,不够明晰,故复合分组层次不宜过多。

3. 分组体系

分组体系是指将总体按照两个或两个以上相互联系、相互补充的标志,对被研究对象进行平行分组所形成的体系。分组体系可以从不同角度、不同方面对某一现象做出比较全面的说明。例如,某地企业可按照所有制性质、产业和规模等标志进行平行分组构成,构成如下分组体系。

(1) 按所有制分为:国有企业、集体企业、股份合作企业和联营企业。

(2) 按产业分为:第一产业、第二产业和第三产业。

(3) 按规模分为:年增加值在 1 000 万元以下的企业,年增加值在 1 000～5 000 万元的企业,年增加值在 5 000～10 000 万元的企业,年增加值在 10 000 万元及以上的企业。

三、统计分组的方法

统计分组的关键在于分组标志的选择和各组界限的划分。

分组标志的选择是统计分组的核心问题,分组标志就是对统计总体进行分组的标准或依据。选择正确的分组标志,是统计分组能充分发挥作用的前提。总体单位一经分组,就突出了各单位在分组标志下的差异,同时也掩盖了总体单位在其他标志下的不同。所以,同一总体由于选择的分组标志不同,对其认识可能会得出不同甚至相反的结论。为了保证统计分组科学合理,选择分组标志必须遵循穷尽的原则、互斥原则和反映事物本质的原则。

分组标志一经选定,就要在分组标志变异范围内划定各相邻组间的性质界限和数量界限。根据分组标志的不同特征,统计总体可以按品质标志分组,也可以按数量标志分组。

(一) 按品质标志分组

按品质标志分组是按对象的属性特征分组,它又分简单品质标志分组和复杂品质标志分组两种情况。

1. 简单品质标志分组

简单品质标志分组是指分组标志一经确定,组的名称和组数也就随之确定,而且各单位应分在哪一组也比较明确,不存在组与组之间界限区分困难的问题。例如,人口按性别分为男、女两组,具体到每一个人应该分在哪一组是一目了然的。

2. 复杂品质标志分组

有些现象按品质标志分组是比较复杂的,如工业部门分类、人口职业分类等。对这些复杂问题的分组,统计学上称为分类。统计分类不仅涉及复杂的分组技术,而且涉及国家的政策和科学理论。为保证各种分类的科学性、统一性和完整性,便于各个部门掌握和使用,国家统计局会同有关部门制定了统一的分类目录,在全国范围内施行,如商品分类目录、工业产品分类目录、工业部门分类目录等。

在统计分类中,反映国民经济结构的基本分类主要有如下八种:①经济形式分类,它是以生产资料所有制形式为基础的重要的经济分类。②国民经济部门(行业)分类,我国采用部门、大类、中类和小类四级分类制。③三次产业分类,它是在部门(行业)分类的基础上进行的。④社会生产的甲乙部门分类,是根据马克思再生产原理,按产品的主要经济用途进行分类的。⑤工业部门分类,是先把工业分为采掘业和制造业两大部分,然后再分为大类、中类、小类三个层次。⑥隶属关系分类,它是按企业的业务隶属关系和行政领导关系进行的分类。⑦地区分类,它是按我国现行的行政区划进行的分类。⑧在业人口的职业分类,它是以在业人口本人所从事的工作性质进行的分类。

(二)按数量标志分组

按数量标志分组是指选择反映事物数量差异的数量标志作为分组标志,根据其变异范围区分各组界限,将总体划分为若干个性质不同的组成部分。

例如,在研究居民家庭贫富状态时,按恩格尔系数(即食品类支出占整个居民家庭消费支出的比重)分组,将其在60%以上的划分为贫困家庭;50%～60%的划分为温饱家庭;40%～50%的划分为小康家庭;40%以下的划分为富裕家庭。

再如,我国在研究人的成长状况时,按年龄分组,0～6岁为婴幼儿;7～17岁为少年儿童;18～59岁为中青年;60岁(其中,女性为55岁)以上为老年。

数量标志反映的是事物特定内容的数量特征,其概念是具体明确的,但按数量标志分组,并不是单纯地确定各组间的数量差异,而是要通过分组体现的数量变化来确定现象的不同性质和不同类型。因此,根据变量值的大小来准确划分性质不同的各组界限并不容易,这要求在按数量标志分组时,先分析总体中可能有多少种性质不同的组成部分,然后再研究确定各组成部分之间的数量界限。

根据总体各单位某一数量标志值的变动特征,可供选择的分组方式有单项式分组和组距式分组两种。

1. 单项式分组

单项式分组是指按每一个具体变量值对现象总体所进行的分组。企业工人按日产量分组的情况如表3-1所示。

表3-1　　　　　　　　　　　企业工人日产量完成情况表

按日产量分组(件)	工人数(人)	比例
35	20	10.00%
36	25	12.50%
47	30	15.00%
58	35	17.50%
69	40	20.00%
70	50	25.00%
合计	200	100.00%

单项式分组一般适用于离散型变量,且变量值不多、变动范围较小的情况。在离散型变量变动范围比较大、总体单位数又很多的情况下,若采用单项式分组,把每一变量值作为一组,则必然会使分组的组数过多,各组次数过于分散,不能反映总体内部各部分的性质和差异,从而失去了统计分组的真正意义。至于连续型变量,其变量值无法一一列举,更不能采用单项式分组,因此在这些情况下就需要采用组距式分组方法。

2. 组距式分组

组距式分组是指按变量值的一定范围对现象总体所进行的分组。在现象总体的变动范围内,将其划分为若干个区间,各区间内的所有变量值作为一组,其组内性质相同,组间性质相异。与单项式分组相比较,各组的变量值不是某一具体的点值,而是一个区间。某市职工家庭户平均收入分组情况如表 3-2 所示。

表 3-2　　　　　　　　　某市某年职工家庭户平均收入情况表

按户年平均收入分组(元)	户数(户)	占总户数比例
3 000 以下	900	6.73%
3 000～4 000	2 510	18.76%
4 000～5 000	4 360	32.59%
5 000～6 000	2 890	21.60%
6 000～7 000	1 440	10.76%
7 000～8 000	650	4.86%
8 000 以上	630	4.70%
合计	13 380	100.00%

组距式分组一般在变量值变动幅度较大的条件下采用。在组距式分组中,涉及组限、组距、组数、组中值等分组要素。

(1) 组限。组限是用来表示各组之间界限的变量值,是决定事物质量的数量界限。其中,在每一组中最小的变量值为下组限,简称为下限;最大的变量值为上组限,简称为上限。如表 3-2 中,左栏数据都是组限,在第三组中"4 000 元"是下限,"5 000 元"是上限。组限的表达形式与变量的特点密切相关。

如果分组标志是连续型变量,则组限一般用重合式表达,重合式就是相邻两组中,前一组的上限与后一组的下限数值相重叠,如表 3-2 中各组的组限 3 000 元、4 000 元、5 000 元、6 000 元、7 000 元、8 000 元等既作为前一组的上限,又作为后一组的下限,这些变量值的归属,一般按"上限不在内"的原则处理。

如果分组标志是离散型变量,则组限一般用不重合式表达。不重合式是指前一组的上限与后一组的下限两变量值紧密相连但不重叠。例如,在人口年龄构成抽样调查中将人口按年龄分为 0～14 岁、15～64 岁、65 岁及以上三组,组与组之间变量值紧密衔接,但不重叠。

凡年龄超过 14 岁但不满 15 岁的,属于 0～14 岁组;凡年龄超过 64 岁但不满 65 岁的,仍属于 15～64 岁组。

(2) 组距。组距是指一组变量值的区间长度,也就是每一组的上限与下限之间的距离。重合式组限分组组距的计算公式为:

$$组距 = 上限 - 下限$$

例如,表 3-2 中,第二组的组距 = 4 000 - 3 000 = 1 000(元),第四组的组距 = 6 000 - 5 000 = 1 000(元)。

组距式分组中,常常会遇见首末两组"开口"的情况,即用"×××以下"表示第一组,用"×××以上"表示最后一组,这些有上限无下限或有下限无上限的组称为开口组,如"3 000 元以下"和"8 000 元以上"即为开口组。

组距式分组中,根据各组的组距是否相等可以分为等距分组和异距分组。各组组距都相等的分组称为等距分组,各组组距不相等的分组则称为异距分组,或称不等距分组。

(3) 组数。组数即分组个数。在所研究总体一定的情况下,组数的多少和组距的大小是紧密联系的。一般说来,组数和组距成反比关系,即组数少,则组距大;组数多,则组距小。如果组数太多,组距过小,会使分组资料繁琐、庞杂,难以显现总体现象的特征和分布规律;如果组数太少,组距过大,可能会失去分组的意义,达不到正确反映客观事实的目的。在确定组距和组数时,应注意保证各组都能有足够的单位数,组数既不能太多,也不宜太少,应以能充分、准确体现现象的分布特征为宜。

(4) 组中值。组中值即组距的中点数值,它是各组变量值的代表水平。在重合式组限的分组中,它是各组上限与下限的简单平均数;在非重合式组限的分组中,它是本组下限与后一组下限的简单平均数,其计算公式为:

$$重合式组限组的组中值 = \frac{上限 + 下限}{2}$$

$$非重合式组限组的组中值 = \frac{本组下限 + 后一组下限}{2}$$

当遇到缺少上限或下限的开口组时,其组中值以相邻组组距为依据计算,其计算公式为:

$$缺下限组的组中值 = 上限 - \frac{邻组组距}{2} = 邻组组中值 - 邻组组距$$

$$缺上限组的组中值 = 下限 + \frac{邻组组距}{2} = 邻组组中值 + 邻组组距$$

应当指出,在组距式分组中,组距掩盖了分布在组内各单位的实际变量值,因此需要用组中值来代表该组的一般水平,这就是组中值在统计分析中被广泛采用的原因。

四、统计资料的再分组

统计资料的再分组是指把统计分组资料按某种要求重新划定各组界限,再将资料中的单位数或比重分布做出相应的调整。例如,表 3-3 所示的某工业部门劳动生产率的分组资料与研究目的不一致,主要是组数多、组距小,不利于简明地观察问题,需要进行再分组。

表 3-3　　　　　　　　　某工业部门劳动生产率分组表

组号	按劳动生产率分组(元/人)	企业数比例	职工数比例	总产值比例
1	6 000 以下	11%	6.20%	9.66%
2	6 000~7 000	14%	9.48%	12.83%
3	7 000~8 000	10%	10.78%	13.00%
4	8 000~9 000	15%	16.26%	16.78%
5	9 000~10 000	20%	20.00%	19.12%
6	10 000~11 000	9%	12.93%	10.98%
7	11 000~12 000	12%	11.54%	9.04%
8	12 000~13 000	4%	5.40%	3.82%
9	13 000~14 000	2%	2.69%	1.84%
10	14 000 以上	3%	4.72%	2.93%
合　计		100%	100.00%	100.00%

为了与相邻地区同行业的同类指标进行比较,将企业的劳动生产率重新划分为四组,即人均产值在 12 500 元以上的为优秀企业;10 000~12 500 元的为良好企业;7 500~10 000 元的为一般企业;7 500 元以下的为后进企业。其再分组的结果如表 3-4 所示。

表 3-4　　　　　　　　　某工业部门劳动生产率再分组表

组别	按劳动生产率分组(元/人)	企业数比例	职工数比例	总产值比例
A	7 500 以下	30%	21.07%	28.99%
B	7 500~10 000	40%	41.65%	42.40%
C	10 000~12 500	23%	27.17%	21.93%
D	12 500 以上	7%	10.11%	6.68%
合　计		100%	100.00%	100.00%

表 3-4 再分组的步骤如下:

第一步,确定再分组的各组范围。即 A 组包括原第 1 组、第 2 组的全部和第 3 组的一部分;B 组包括原第 3 组的一部分和第 4 组、第 5 组的全部;C 组包括原第 6 组、第 7 组的全部和第 8 组的一部分；D 组包括原第 8 组的一部分和第 9 组、第 10 组的全部。

第二步，计算新组各自相连组的比例。可用相连组的部分组距除以相连组的组距之和而求得。其具体计算过程为：

$$A 组在相连组中所占比例 = \frac{7\,500 - 7\,000}{8\,000 - 7\,000} = 0.5$$

$$B 组在相连组中所占比例 = 1 - 0.5 = 0.5$$

同理，C 组在相连组中所占比例＝0.5，D 组在相连组中所占比例＝0.5。

第三步，确定再分组的对应单位数。即计算各组变量值的区间范围所对应的单位数（此处为企业数比例、职工数比例和总产值比例）。其具体计算过程为：

$$A 组企业数比例 = 11\% + 14\% + 10\% \times 0.5 = 30\%$$

用同样方法可得到 B 组企业数比例为 40％，C 组为 23％，D 组为 7％。

职工数比例和总产值比例的各组对应数可按上述计算过程类推，其结果如表 3-4 所示。需要说明的是，再分组中用比例分摊相应的单位数是假定现象为均匀变动，而客观情况并非完全如此，故再分组的结果一般表现为近似值。

第三节 分配数列

一、分配数列概述

在统计分组的基础上，将总体的所有单位按组归类整理，并按一定的顺序排列，形成总体中各个单位及数值在各组间的分布，称为次数分布或频数分布，又称分配数列或分布数列。

分配数列由两个要素构成：一是分组标志的标志表现，二是总体单位在各组中出现的次数及其各组标志值。

次数有两种表现：一是以绝对数形式表现的次数，也称频数，用 f 表示；二是以相对数形式表现的次数，即各组次数占全部次数的比重，称为比率、频率或相对次数。

二、分配数列的种类

在分组的基础上，把所有数据或总体单位按组归并、排列，形成所有数据或总体各单位在各组间的分布，称为次数分配或分配数列，如我国人口的性别分布，如表 3-5 所示。

分配数列是统计分组的一种重要形式，可以反映总体的结构分布状况和分布特征。任何一个分配数列都具备两个基本因素，一是分组标志下的具体表现或分组形成的各组，即组别,二是各组相对应的总体单位数或次数(或比率),即分布在各组的频数(f)和频率$\left(\dfrac{f}{\sum f}\right)$。

频率有两个性质:(1) $0 \leqslant \dfrac{f}{\sum f} \leqslant 1$;(2) $\sum \dfrac{f}{\sum f} = 1$。

分配数列的种类,如图 3-2 所示。

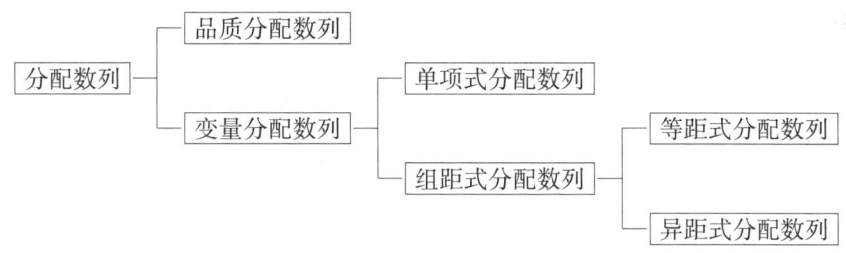

图 3-2　分配数列的种类

(一) 品质分配数列

品质分配数列(简称品质数列),是指按品质标志分组形成的分配数列,其组别表现为一系列的概念或范畴,如表 3-5 所示。

表 3-5　　　　　　我国大陆(不含港、澳、台)人口的性别分布(2019)

性别	人口(万人)f	构成 $f/\sum f$
男	71 527	51.09%
女	68 478	48.91%
合计	140 005	100.00%

(二) 变量分配数列

变量分配数列(简称变量数列),是指按数量标志分组形成的分配数列,其组别表现为不同的数值或数域。变量数列又分为单项式分配数列和组距式分配数列。

1. 单项式分配数列

单项式分配数列是以一个变量值为一组编制的变量分配数列,如表 3-6 所示。

表 3-6　　　　　　　　某高校在校学生年龄分布

按年龄分组(岁)	学生人数(人)f	比重 $f/\sum f$
17	54	5.37%
18	189	18.79%

(续表)

按年龄分组(岁)	学生人数(人)f	比重 $f/\sum f$
19	228	22.66%
20	283	28.13%
21	131	13.02%
22	97	9.64%
23	24	2.39%
合　计	1 006	100.00%

2. 组距式分配数列

组距式分配数列是以表示一定变动范围的两个变量值构成的组所编制的变量分配数列,如表3-7所示。

表 3-7　　　　　　　　　某集团公司职工基本工资分组表

按月工资分组(元)	职工人数(人)f	比重 $f/\sum f$
3 000 以下	50	3.96%
3 000～3 100	72	5.71%
3 100～3 200	105	8.32%
3 200～3 300	487	38.59%
3 300～3 400	368	29.16%
3 400～3 500	121	9.59%
3 500 以上	59	4.67%
合　计	1 262	100.00%

三、累计频数和累计频率

累计频数和累计频率是将变量分配数列中各组频数或频率依次累加而得到的各组累计频数或累计频率。

累计的方法有两种:一是向上累计,也称较小制累计,即将各组频数或频率由变量值低的组依次向变量值高的组累计,它表明从第一组下限开始到本组上限为止的累计频数或累计频率;二是向下累计,也称较大制累计,即将各组频数或频率由变量值高的组依次向变量值低的组累计,它表明从最末一组的上限开始到本组下限为止的累计频数或频率。累计频数和累计频率可以概括地反映总体各单位的分布特征,如表3-8所示。

表 3-8　　　　　　　　　某集团公司职工基本工资分组表

按月工资分组（元）	职工人数（人）	比重	向上累计		向下累计	
			人数（人）	比重	人数（人）	比重
3 000 以下	50	3.96%	50	3.96%	1 262	100.00%
3 000~3 100	72	5.71%	122	9.67%	1 212	96.04%
3 100~3 200	105	8.32%	227	17.99%	1 140	90.33%
3 200~3 300	487	38.59%	714	56.58%	1 035	82.01%
3 300~3 400	368	29.16%	1 082	85.74%	548	43.42%
3 400~3 500	121	9.59%	1 203	95.32%	180	14.26%
3 500 以上	59	4.67%	1 262	100.00%	59	4.67%
合　计	1 262	100.00%	—	—	—	—

四、分配数列的编制

任何分配数列都是在统计分组的基础上归类汇总的结果。从这个意义上来说，数列的编制过程实质上是分组与汇总的过程。

（一）品质分配数列的编制

编制品质分配数列，应先按品质标志对总体作属性分组，然后划分各组界限。

属性分组有时比较简单，分组标志一经确定，组名称和组数也就确定，不存在组与组之间界限划分的困难。例如，人口按性别分组，工业企业按经济类型分组等。有时属性分组则很复杂，组别繁多，界限不清。例如，人口按城乡、职业分类等。实际工作中，对于这些比较复杂的分组往往根据分析任务的要求，经过研究，规定统一的划分标准或分类目录，如《关于城乡划分标准的规定》《工业部门分类目录》等，具体规定各组名称、顺序、计量单位、计算标准作为分组的统一依据，供长期使用。

分组确定后，再汇总各组单位数，并编成统计表，即得到品质分配数列。

例如，某班学生的性别、年龄和统计学考试成绩资料如表 3-9 所示，按性别分组，可编制成品质分配数列，具体如表 3-10 所示。

表 3-9　　　　　　　某班学生的性别、年龄和统计学考分

学号	性别	年龄	统计学分数	学号	性别	年龄	统计学分数
1	男	18	93	4	男	19	85
2	男	18	49	5	女	19	66
3	女	17	78	6	女	19	71

(续表)

学号	性别	年龄	统计学分数	学号	性别	年龄	统计学分数
7	女	16	63	22	女	17	91
8	男	18	83	23	男	19	67
9	女	20	56	24	女	19	72
10	男	19	95	25	男	18	85
11	男	18	66	26	女	17	77
12	男	17	72	27	女	19	70
13	女	17	85	28	女	17	86
14	女	17	78	29	女	19	70
15	男	18	82	30	男	20	75
16	男	18	80	31	男	19	69
17	女	17	90	32	男	16	89
18	女	18	85	33	男	17	98
19	男	18	90	34	女	18	90
20	男	18	80	35	女	19	86
21	男	18	55	36	男	17	78

表 3-10　　某班学生按性别分组

按性别分组	学生数(人)f	比重 $f/\sum f$
男	19	52.78%
女	17	47.22%
合计	36	100.00%

（二）变量分配数列的编制

变量分配数列编制的根本目的在于通过现象的数量差别去描述事物质的区别,即不同的变量组别之间具有质的差别。

1. 单项式分配数列的编制

对于离散型变量,如果变量值种类较少且变动范围较小,可编制单项式分配数列。如表 3-9 中的年龄最大 20 岁,最小 16 岁,极差仅 4 岁,且变量值只有 5 种,故可编制单项式分配数列。编制单项式分配数列时,首先将各种变量值按大小顺序排列,其次计算各变量值的频数和频率,最后将结果以表格的形式表现出来,如表 3-11 所示。

表 3-11　　　　　　　　　　某班学生年龄分组表

按年龄分组(岁)	学生数(人)f	比重 $f/\sum f$
16	2	5.56%
17	9	25.00%
18	13	36.11%
19	10	27.78%
20	2	5.55%
合　计	36	100.00%

2. 组距式分配数列的编制

对于离散型变量,若变动幅度较大,变量值的种类较多,则宜编成组距式分配数列。

对于连续型变量,由于连续型变量取值不能一一列举,只能编制组距式分配数列,如表 3-9 中的统计学考分即是连续型变量,故应编制组距式分配数列。

组距式分配数列编制过程为:

(1) 将原始数据按大小顺序排列,并确定最大值、最小值和全距 R。表 3-9 中统计学考分的全距 $R=98-49=49$(分)。

(2) 确定组距数列的类型。由于统计学考分分布比较均匀,可编制等距数列。

(3) 确定组数和组距。组数的多少和组距的大小是相互制约的。组数越多,组距越小;组数越少,组距越大。等距数列组距=全距÷组数。

确定组数和组距时,一般应遵循以下几条原则:

第一,考虑组距内的同质性。本例中必须将及格与不及格的质的界限体现出来,不能分成 45~55 分、55~65 分、……

第二,要能反映总体分布规律,即要体现原始数据分布的集中趋势或离中趋势。

第三,组距不能太大或太小。经验表明,组数一般应在 5~15 分组内,组距最好是 5 或 10 的整数倍数。

第四,在等距数列情况下,如果总体单位数不是很多,变量变动范围不是很大时,可用斯特吉斯(H. A. Sturges)经验公式计算出一个参考组距。其计算公式为:

$$i = \frac{R}{1+3.322\lg N}$$

式中,i——组距;

R——全距;

N——总体单位数。

将表 3-9 中的资料代入公式,则:

$$i = \frac{49}{1+3.322\lg 36} \approx 8(\text{分})$$

故可定组距为10分,组数＝49/10≈5(组)。

(4) 确定组限和组限的表示法。确定组限应遵循以下几条原则:①最小组的下限应低于或等于最小变量值,最大组的上限应大于或等于最大变量值。②如果有极端值,可用开口组。③组限应有利于表现总体单位分布规律。④对于等距数列,如果组距是5的倍数,则每组下限也最好是5的倍数。

此外,还应确定组限的表示法是用同限,还是用异限。学生统计学考分一例中,因为成绩都是整数,既可用同限,也可用异限。若选用同限,则组限可表示为:60分以下、60～70分、70～80分、80～90分、90～100分五个组。

(5) 从最小组起依次排列,并分别计算各组频数和其他有关指标,形成分组统计表,如表 3-12 所示。

表 3-12   某班学生统计学考试成绩分组表

按考分分组(分)	学生人数(人)	比重
60 以下	3	8.33%
60～70	5	13.89%
70～80	10	27.78%
80～90	11	30.56%
90～100	7	19.44%
合计	36	100.00%

变量分配数列的编制,特别是组距式分配数列的编制,其灵活性较大,即使对于同一研究目的和同一原始资料,由于认识水平和工作习惯不同,也会得出不同的结果。但必须强调,编制组距式分配数列时一定要客观反映现象的总体特征。

第四节　统计图形化描述

经过整理以后的统计资料往往通过统计表和统计图显示出来,因此,统计表和统计图成为显示统计数据的重要工具。

一、统计表

(一) 统计表的概念和构成

统计表就是由纵横交叉的线条所组成的,用于显示统计数据的表格。统计表的运用范围极其广泛,其主要优点是:能使统计资料条理化,更清晰地表述统计数据之间的相互联系;

统计数据的显示简明易懂;便于计算和比较表内的各项统计指标,并易于检查数字的完整性和正确性。

统计表由总标题、横标目、纵标目和统计数字四个要素构成,如表3-13所示。

表3-13　　　　　某省国民生产总值统计表(2019年)　——→ 总标题

地区	国民生产总值（亿元）	比上年增长
甲市	3 000	10.00%
乙市	1 000	15.00%
丙市	980	12.00%
丁市	800	11.00%
戊市	600	9.00%
合计	6 380	9.70%

（"地区"列对应纵标目；各市名称为横标目；数值为统计数字）

总标题是统计表的名称,用以概括说明整个表的内容,一般位于表的上方中央。横标目(也称横行标题)是横行内容的名称,代表统计所要说明的对象(总体及其分组),通常也称为主词,一般列在表的左边。纵标目(也称纵栏标题)它是纵栏内容的名称,是用来说明主词情况的统计指标,通常也称为宾词,一般列在表内的上方。统计数字是各项指标的具体数值,内容由横标目和纵标目所限定,其数字可以是绝对数、相对数或平均数。

另外,为了补充统计表中未说明的问题,统计表往往还附有一些说明,包括资料来源、指标计算方法、填报单位、填表人、填表日期等。

（二）统计表的分类

在统计研究中通常按作用、反映对象的特点和分组情况对统计表进行分类。

1. 调查表、汇总表和分析表

统计表按作用不同可以分为调查表、汇总表和分析表。

（1）调查表是在统计调查中用于登记、搜集原始资料的表格。

（2）汇总表是用于统计资料整理、汇总的表格。

（3）分析表是用于统计分析的表格。

2. 空间数列表和时间数列表

统计表按所反映统计数列的时空性质不同,可以分为空间数列表和时间数列表。

（1）空间数列表又称静态表,是反映同一时间条件下不同空间范围内的统计数列的表格,它可以说明现象在不同空间内数量分布状态。

（2）时间数列表又称动态表,是反映同一空间条件下不同时间上的统计数列的表格,它可以说明在既定的空间范围内现象在不同时间上的变动过程。空间数列表和时间数列表还可以结合起来显示统计数据。

3. 简单表、分组表和复合表

统计表按对总体分组的情况不同,可以分为简单表、分组表和复合表。

(1) 简单表是指对总体未做任何分组、仅按单位名称或时间顺序排列而成的统计表,如表 3-9 所示。

(2) 分组表又称简单分组表,是对总体的统计单位按一个标志进行分组而形成的统计表,如表 3-13 所示。利用分组表可以深入分析现象的内部结构和现象间的相互依存关系。

(3) 复合表又称复合分组表,是对总体的统计单位按两个或两个以上的标志进行交叉重叠分组而形成的统计表。复合表可以反映所研究对象受几种因素的共同影响而发生的变化。

(三) 统计表的编制规范

统计表应符合科学、简明、实用、美观、便于比较,能够准确反映被研究现象的数量特征。因此,设计和填写统计表时必须遵循以下规范要求。

(1) 统计表的标题、项目、指标要简明扼要,能准确反映内容,使人一目了然,便于分析。如果指标的计量单位只有一个,则通常列在表的右上角;如果计量单位较多,则列在相应的指标栏内。

(2) 统计表的纵栏、横行的排列要尽量反映出内容方面的逻辑关系。

(3) 当统计表的栏目较多时,可进行编号以说明其相互关系。主词栏和计量单位栏常用甲、乙、丙等文字编号,宾词栏常用 1、2、3 等数字编号。

(4) 表中的合计栏可以排在前面,也可以排在最后,如果只列出其中部分项目,则合计栏必须排在前面。

(5) 表中的统计数字要根据纵横关系对位,数字为零时要写出"0"来,没有数字的空格用"—"线表示,不可以出现空白;估算的数字应在表下说明;无法取得的资料用"…"号表示;如果某项数字与邻项数字相同,则仍应填写数字,不得用"同上""同左"等字样或符号代替。

(6) 表的上下两端用粗线,左右两边不封口,纵栏之间用细线分开,横行之间可以不加线。如果横行过多,也可以每五行加一细线。

(7) 统计表的资料来源及其他需要说明的问题可在表下加以注明。

二、统计图

用来表现统计数据的各种几何图形、具体事物的形象、符号等都叫统计图。用统计图来显示统计数据,具有直观、生动、形象、易懂的优点。统计图没有冗长的数据和呆板的表格形式,易为一般人接受和理解。不同的统计图绘制方法不同,但都必须遵守如实反映、便于比较、通俗易懂、鲜明醒目、灵活机动的原则。某村人口按年龄分组统计如表 3-14 所示。

表 3-14　　　　　　　　　　某村人口按年龄分组统计表

按年龄分组(岁)	2以下	2~4	4~6	6~8	8~10	10~12	12~14	14~16	16~18	18~20
各组人数(人)	50	70	100	110	140	150	165	170	185	200
按年龄分组(岁)	20~22	22~24	24~26	26~28	28~30	30~32	32~34	34~36	36~38	38~40
各组人数(人)	210	225	235	240	250	265	270	275	283	295
按年龄分组(岁)	40~42	42~44	44~46	46~48	48~50	50~52	52~54	54~56	56~58	58~60
各组人数(人)	300	294	285	270	260	250	240	230	215	200
按年龄分组(岁)	60~62	62~64	64~66	66~68	68~70	70~72	72~74	74~76	76~78	78~80
各组人数(人)	190	185	170	160	150	145	120	105	80	45

(一) 直方图和条形图

1. 直方图

直方图是用矩形的宽度和高度来表示频数分布的图形。在平面直角坐标系中,横轴表示数据分组,纵轴表示频数或频率,这样各组与相应的频数就形成了一个矩形,即直方图。例如,根据表 3-14 可绘制成直方图,如图 3-3 所示。

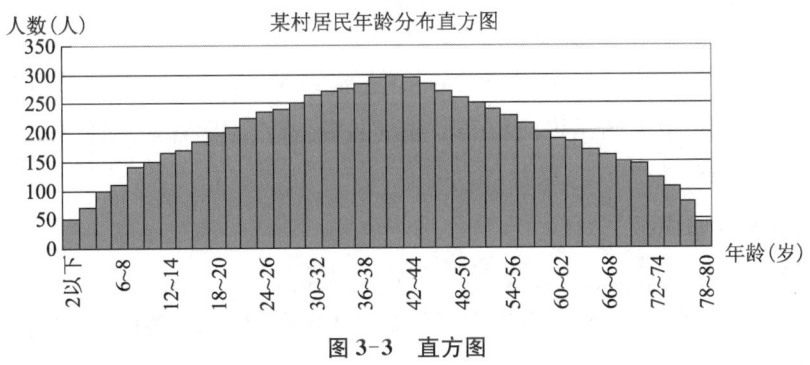

图 3-3　直方图

2. 条形图

条形图是用宽度相同的条形的高度或长度来表示数据变动的图形。条形图可以横置和纵置,纵置时也叫柱形图。某学院职工按工作岗位分组统计如表 3-15 所示。

表 3-15　　　　　　　　　某学院职工按工作岗位分组资料

按劳动岗位分组	人数(人)	比重
专职教师	600	42.86%
教辅人员	150	10.71%
管理人员	100	7.14%
服务人员	200	14.29%

(续表)

按劳动岗位分组	人数（人）	比重
其他人员	50	3.57%
附属机构人员	300	21.43%
合　　计	1 400	100.00%

根据表3-15资料绘制条形图,如图3-4所示。

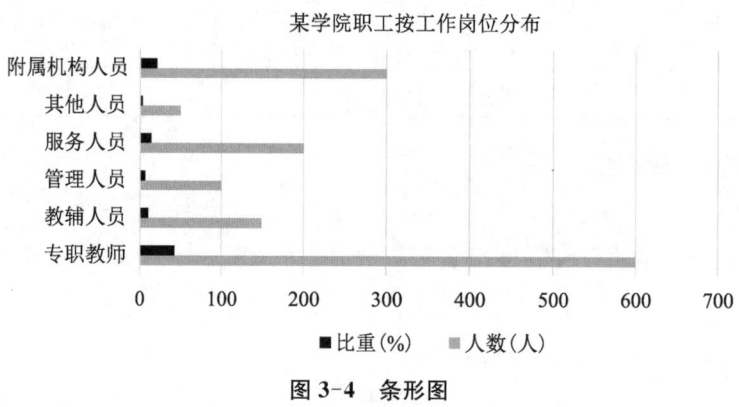

图3-4　条形图

条形图和直方图不同,条形图用条形的长度(横置时)表示各类别数量的多少,其宽度(表示类别)是固定的,直方图是用面积表示数量的多少;直方图各矩形通常是连续排列,而条形图则是分开排列。

(二) 折线图和曲线图

1. 折线图

折线图也称频数多边图,它是在直方图的基础上把相邻直方形的顶边中点连接成一条折线,再把折线两端与横轴上直方形两侧延伸的假象组中点相连,就形成了频数分布折线图。折线图也可以用组中值与次数求坐标点连接而成。例如,根据表3-7可绘制成折线图,如图3-5所示。

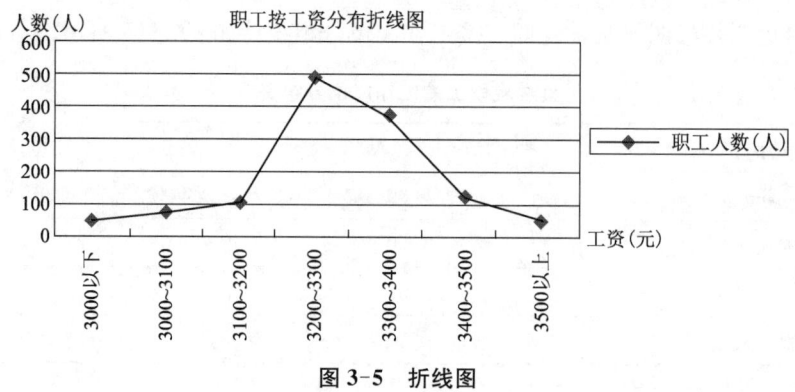

图3-5　折线图

2. 曲线图

曲线图是用曲线的升降起伏来表示被研究现象的变动情况及其趋势的图形。曲线图根据所示数据的性质和作用不同,可分为频数分布曲线图、动态曲线图和依存关系曲线图。

在频数分布折线图的基础上,当变量数列的组数无限增多时,折线图便近似地表现为一条平滑的曲线,折线图就变成了频数分布曲线图。例如,根据表3-14资料,可绘制出频数分布曲线图,如图3-6所示。

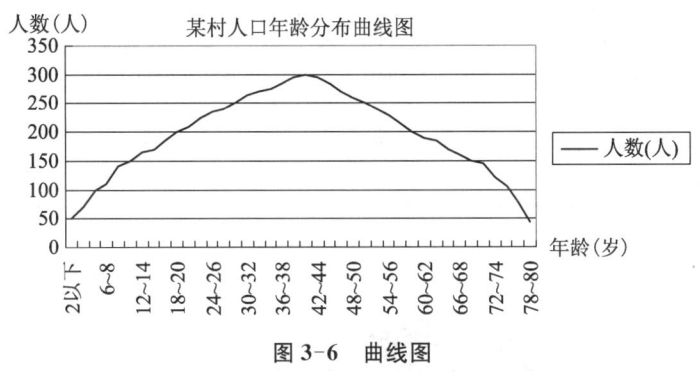

图3-6 曲线图

(三) 圆形图和环形图

1. 圆形图

圆形图又称饼图,它是以圆的面积或圆内各扇形的面积来表示数值大小或总体内部结构的一种图形。根据圆形图的作用不同,可分为圆形比较图、圆形结构图和圆形结构比较图。我们主要介绍圆形结构图。

圆形结构图通过圆内各扇形的面积来反映总体中各组成部分所占的比例,对于研究结构性问题十分有用。绘制圆形结构图的关键是正确计算各扇形的面积。由于在相同半径条件下,扇形面积与圆心角成正比,且圆心角度数为360°,故各扇形的中心角度=360°×各组频率。例如,在表3-15中,专职教师占42.86%,那么扇形的中心角度数应为360°×42.86%=154.296°,其余类推,根据表3-15绘制圆形结构图,如图3-7所示。

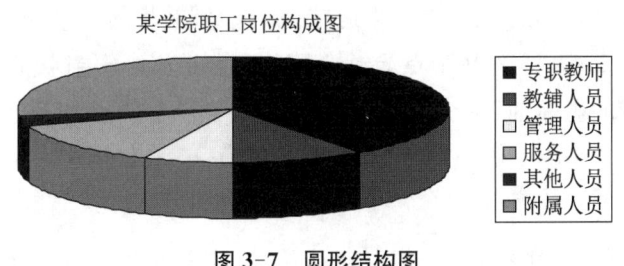

图3-7 圆形结构图

2. 环形图

环形图中间有一个"空洞",总体中的每一个部分数据用环中的一段表示。环形图可以同时绘制多个总体的数据系列,每一个数据系列为一个环,可以显示多个总体各部分所占的相应比例,从而有利于进行比较研究。

甲、乙两个教学班学生对某门课程教学评价资料如表3-16所示,据此资料绘制环形图,如图3-8所示。

表3-16　　　　　　　　　　课程教学情况评价表

班别	非常不满意	不满意	一般	满意	非常满意
甲班	2%	5%	20%	50%	23%
乙班	5%	10%	30%	40%	15%

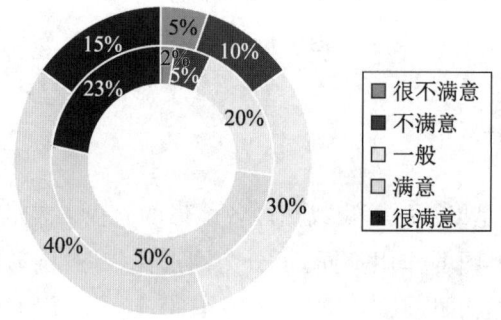

图3-8　课程教学情况评价意见环形结构比较图

(四) 雷达图

这种图形既像雷达荧光屏上看到的图像,也像个蜘蛛网,因此也有人称为蛛网图。设有 n 组样本 $S_1, S_2, \cdots, S_n$,每个样本测得 P 个变量 $X_1, X_2, \cdots, X_P$,共计 nP 个观测值。要绘制这 P 个变量的雷达图,其具体做法是:先画一个圆并将圆 P 等分,得到 P 个点,让这 P 个点对应 P 个变量,再将这 P 个点与圆心连线,得到 P 个辐射状的半径,这 P 个半径分别作为 P 个变量的坐标轴,每个变量值的大小用半径上的点到圆心的距离表示,将同一个样本的值在 P 个坐标上的点用线段连接,这样,n 个样本形成的 n 个多边形就是一个雷达图。

雷达图在显示或对比各变量的数值时非常有用。利用雷达图也可以研究多个样本之间的相似程度。例如,某省两市居民生活消费支出资料如表3-17所示。

表 3-17　　　　　　　某年某省两市人均生活消费支出构成

项　目	甲　市	乙　市
食品	36.20%	31.00%
衣着	12.00%	10.00%
家庭设备用品及服务	9.50%	7.00%
医疗保健	7.00%	12.00%
交通通信	9.00%	15.00%
娱乐教育文化服务	15.30%	11.00%
居住	11.00%	14.00%
合　计	100.00%	100.00%

据表 3-17 资料可绘制雷达图,如图 3-9 所示。

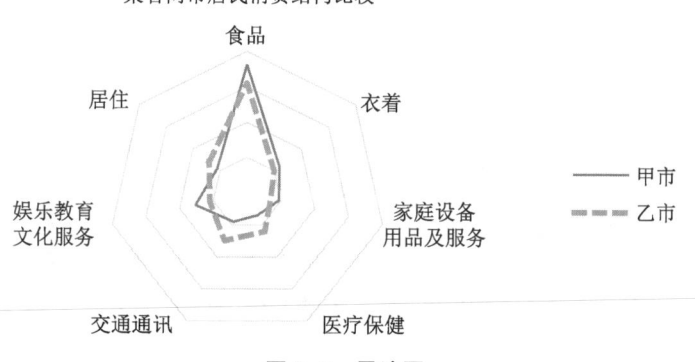

图 3-9　雷达图

三、频数(次数)分布的主要类型

客观现象的频数(次数)分布主要有钟形分布、U 形分布和 J 形分布三种类型。

(一) 钟形分布

钟形分布是指靠近两端的变量值分配次数较少,中间变量值分配次数较多,绘制成的曲线图形状宛如一口古钟的次数分布。图 3-6 的分配数列曲线图,就近似于钟形分布。钟形分布是客观现象分布中最常见的分布,其突出特征是"中间大,两头小"。如果钟形分布的中间变量值次数最多,两侧变量值分配的次数随着其与中间变量值距离的增大而渐次减少,并围绕中心变量值两侧呈完全对称分布,则称为对称分布。对称分布中的正态分布是最重要的分布,许多客观现象总体都趋近于正态分布。中心变量值两侧的变量值次数分布不对称的称为非对称分布或偏态分布,通常有左偏态和右偏态两种。

(二) U 形分布

U 形分布的特征与钟形分布特征恰恰相反,靠近中间的变量值分布次数少,靠近两端的变量值分布次数多,分布特征是"两头大,中间小"。绘成的曲线图形如英文字母"U"。例如,人口在不同年龄上的死亡率一般近似地表现为 U 形分布。

(三) J 形分布

J 形分布有正反两种情况:次数随变量值增大而增多时所绘成的曲线图形如英文字母"J",称为正 J 形分布;次数随变量增大而减少时所绘成的曲线图犹如反写的英文字母"J",称为反 J 分布。例如,商品供给量随着价格的提高而不断增加,使供给曲线呈正 J 分布;人口总体按年龄大小的分布一般呈反 J 形分布。

频数(次数)分布的类型如图 3-10 所示。

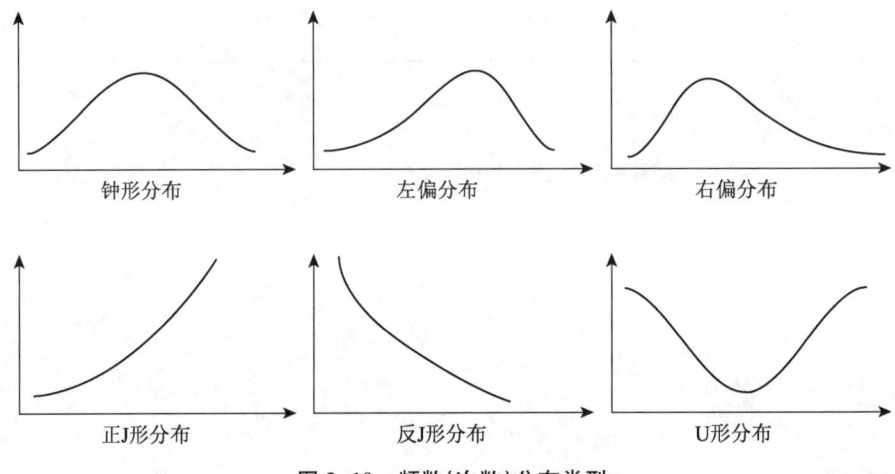

图 3-10 频数(次数)分布类型

课堂测试

班级_____　姓名_____　学号_____　日期_____　成绩_____

一、单选题(本大题共6个小题,每小题5分,共30分)

1. 统计分组的关键是(　　)。
   A. 确定分组标志和划分各组界限　　B. 确定组距和组数
   C. 确定组距和组中值　　　　　　　D. 确定全距和组距

2. 某连续变量数列,其末组为开口组,下限为200,又知其邻组的组中值为170,则末组组中值为(　　)。
   A. 210　　　B. 285　　　C. 230　　　D. 185

3. 下列资料中,宜编制单项式分配数列的是(　　)。
   A. 连续型变量且各变量值变动比较均匀
   B. 离散型变量且各变量值变动比较均匀
   C. 连续型变量且各变量值变动幅度较大
   D. 离散型变量且各变量值变动幅度较大

4. 下列企业分组中,属于品质标志分组的是(　　)。
   A. 按职工人数分组　　　　B. 按工业总产值分组
   C. 按经济类型分组　　　　D. 按资金占用额分组

5. 按连续变量分组,第一组75以下,第二组75～85,第三组85～95,第四组95以上,则数据(　　)。
   A. 75在第一组　B. 85在第二组　C. 85在第三组　D. 95在第三组

6. 用组中值代表组内变量值的一般水平有一定的假定性,即(　　)。
   A. 各组的次数必须相等　　B. 变量值在本组内的分布是均匀的
   C. 组中值能取整数　　　　D. 各组必须是封闭组

二、判断题(本大题共6个小题,每小题5分,共30分)

1. 统计分组的关键问题是确定组距和组数。　　　　　　　　　　　　　(　　)
2. 某企业职工按文化程度分组形成的分配数列是一个单项式分配数列。　　(　　)
3. 连续型变量和离散型变量在进行组距式分组时,均可采用相邻组组距重叠的方法确定

组限。( )

4. 按数量标志分组的目的,就是要区分各组在数量上的差异。( )

5. 统计分组以后,掩盖了各组内部各单位的差异,而突出了各组之间各单位的差异。
( )

6. 任何一个分布都必须满足:各组的频率大于零,各组的频数总和等于1或100%。( )

三、简答题(本大题共2个小题,每小题20分,共40分)

1. 为了解某专业2020-2021年第一学期统计学的考试情况,教务处从所有参加考试的班级中随机抽取了一个班级进行调查,这个班级的考试成绩统计资料如表3-18所示。

表3-18　　　　　考试成绩统计表

考试成绩(分)	考试人数(人)
60以下	5
60~70	10
70~80	24
80~90	11
90以上	6
合计	56

请根据上述资料回答下列问题:

(1) 该数列的分组方法是_____　　(2) "考试成绩"的数据类型是_____

(3) "70~80"组的频率是_____　　(4) 考试成绩为80分,则应归入_____组

(5) "60以下"组的组中值_____

2. 会计系某班40名学生的《统计学原理》考试成绩统计表如表3-19所示,请计算并填列表中空格中的数值。

表3-19　　某班40名学生《统计学原理》考试成绩统计表

考试成绩(分)	次数		向上累计		向下累计	
	人数(人)	比率	人数(人)	比率	人数(人)	比率
60以下	2	5%	2	5%	40	100%
60~70	7	17.5%	9	(1)	38	95%
70~80	11	27.5%	20	50%	(4)	(5)
80~90	12	30%	(2)	(3)	20	50%
90~100	8	20%	40	100%	8	20%
合计	40	100%	—	—	—	—

第四章 综合指标

知识导航

```
                    ┌ 总量指标的概念和作用
         ┌ 总量指标 ┤ 总量指标的分类
         │          │ 总量指标的计算
         │          └ 运用总量指标应注意的问题
         │
         │          ┌ 相对指标的定义和表现形式
         │ 相对指标 │ 相对指标的作用
         │          │ 相对指标的种类及计算
综合指标 ┤          └ 运用相对指标应注意的问题
         │
         │          ┌ 平均指标的概念和作用
         │          │ 平均指标的种类
         │ 平均指标 │ 平均指标的计算
         │          │ 各种平均数之间的相互关系
         │          └ 运用平均指标应注意的问题
         │
         └ 标志变异指标 ┤ 标志变异指标的含义和作用
                        └ 标志变异指标的种类及计算
```

学习目标

1. 掌握总量指标的计算分析方法。
2. 熟悉相对指标的分析方法并能灵活运用。
3. 熟悉平均指标的区别和联系。
4. 掌握标志变异指标的计算方法。

 寓德于教

党的二十大报告中明确指出,我国经济实力实现历史性跃升。国内生产总值从五十四万亿元增长到一百一十四万亿元,我国经济总量占世界经济的比重达百分之十八点五,提高七点二个百分点,稳居世界第二位;人均国内生产总值从三万九千八百元增加到八万一千元。谷物总产量稳居世界首位,十四亿多人的粮食安全、能源安全得到有效保障。城镇化率提高十一点六个百分点,达到百分之六十四点七。这一系列发展成就,从不同侧面彰显了新时代中国自信自强的前进步伐和精神风貌。

资料来源:习近平.高举中国特色社会主义伟大旗帜 为全面建设社会主义现代化国家而团结奋斗——在中国共产党第二十次全国代表大会上的报告[EB/OL].[2022-10-16]. https://www.gov.cn/xinwen/2022-10/25/content_5721685.htm,有删节。

请思考:

1. "国内生产总值""人均国内生产总值""城镇化率"分别属于什么统计指标?
2. "我国经济总量占世界经济的比重""城镇化率"两个指标在计算的过程中有什么共同点?

第一节 总 量 指 标

一、总量指标的概念和作用

(一) 总量指标的概念

总量指标是反映某种社会经济现象在一定时间、空间和条件下的总规模、总水平或工作总量的综合指标。例如,2019 年我国国民经济和社会发展统计公报资料显示,国内生产总值 990 865 亿元,全社会固定资产投资 560 874 亿元,全部工业增加值 317 109 亿元,粮食产量 66 384 万吨,年末全国总人口为 140 005 万人(未含中国香港、中国澳门和中国台湾地区),这些都是说明 2019 年全国在生产建设和人口方面的总规模或总水平的总量指标。总量指标的表现形式为绝对数,因此,总量指标又叫统计绝对数。

总量指标的特点为:

(1) 总量指标是统计直接汇总的结果。

(2) 总量指标数值随着总体范围的大小而增减。

(二) 总量指标的作用

1. 总量指标是对社会经济现象最基本的描述

人们要想了解一个国家或一个地区的国民经济和社会发展状况,就要先准确地掌握客观现象在一定时间、地点条件下的发展规模或水平,然后才能更深入地认识社会。例如,为了科学地指导国民经济和社会的协调发展,就必须通过总量指标正确地反映社会主义再生产的基本条件和国民经济各部门的工作成果,即反映中国土地面积、人口和劳动资源、自然资源、国民财富、钢产量、工业总产值、粮食产量、农业总产值、国民收入额以及教育文化等方面的发展状况。

2. 总量指标是实行社会经济管理的基本依据

要实现国民经济的协调发展和企业生产经营活动的正常进行,需要掌握宏观经济和微观经济运行的环境、条件、投入、产出等各方面的数量状况,研究各方面的数量关系。虽然可以用相对数、平均数来反映,但归根结底还是需要总量指标予以反映。

3. 总量指标是计算相对指标和平均指标的基础

总量指标是统计整理汇总后,得到的能说明具体社会经济总量的综合性数字,是最基本的统计指标。相对指标和平均指标一般都是由两个有联系的总量指标相对比而计算出来的,它们是总量指标的派生指标。总量指标计算是否科学、合理、准确,将会直接影响相对指标和平均指标等一系列派生指标的准确性。

二、总量指标的分类

(一) 按反映内容分为总体单位总量和总体标志总量

1. 总体单位总量

总体单位总量是总体中单位数之和,说明总体本身的规模大小。例如,研究某地区工业企业生产情况时,该地区全部工业企业数就是总体单位总量。对于一个研究目的而言,总体单位总量只有一个。

2. 总体标志总量

总体标志总量是总体各单位某一数量标志值的总和,说明总体数量特征的总量。仍以研究某地区工业企业生产情况为例,每一工业企业的职工人数是一个数量标志,该地区所有工业企业职工总数就是总体标志总量。此外,该地区的年工业总产值、利税总额、设备总量等也都是总体标志总量。因而,对于一个研究目的而言,总体标志总量可以有若干个。

(二) 按反映时间分为时期指标和时点指标

1. 时期指标

时期指标是反映社会经济现象在一段时期内发展过程中的总量。例如,某企业一定时期内的产品产量、产值、工资总额、利润总额等。时期指标的特点为:①指标数值可以连续计量,其累计数表明现象在该时期的总成果。②指标数值与时期长短成正比。

2. 时点指标

时点指标是反映社会经济现象在某一时刻(或瞬间)的总量。例如,在某一时点的总人口数。时点指标的特点为:①数值不能累计。②指标数值的大小与时间间隔没直接的依存关系,如年末人口数、季末设备台数、月末商品库存数等。

(三) 按计量单位分为实物指标、价值指标和劳动量指标

1. 实物指标

实物指标是用实物单位计量的总量指标。实物单位是根据事物的属性和特点而采用的

计量单位,主要有自然单位、度量衡单位和标准实物单位。

自然单位是按照被研究现象的自然状况来度量其数量的一种计量单位。例如,人口以"人"为单位,汽车以"辆"为单位,牲畜以"头"为单位等。

度量衡单位是按照统一的度量衡制度的规定来度量其数量的一种计量单位。例如,煤炭以"吨"为单位,棉布以"尺"或"米"为单位,运输里程以"千米"为单位等。度量单位的采用主要是由于有些现象无法采用自然单位来表明其数量。例如,粮食、钢铁等;另外有些实物,如鸡蛋等,虽然也可以采用自然单位,但不如用度量衡单位准确方便。

标准实物单位是按照统一折算标准来度量被研究现象数量的一种计量单位。例如,将各种不同含量的化肥,用折纯法折合成含量 100% 来计算其总量,将各种不同发热量的能源统一折合成 29.3 千焦/千克的标准煤单位计算其总量等。在统计中为了准确地反映某些事物的具体数量和相应的效能,还有一种复合单位,即将两种计量单位结合在一起,以乘积表示事物的数量,如货物周转量就是用"吨×千米"来表示的。

2. 价值指标

价值指标是用货币单位计量的总量指标。货币单位是用货币"元"来度量社会劳动成果或劳动消耗的计量单位。例如,国内生产总值、社会商品零售额、产品成本等,都是以"元"或扩大为"万元""亿元"来计量的。

价值指标从原则上说应是反映商品价值量的指标,而实际上是货币量指标。因为价值量不能计算,只能通过价格来体现,而价格围绕价值波动,并不等于价值,价格只是价值的一种货币表现。因此,价值指标又称货币指标。

价值指标具有广泛的综合性和概括性。它能将不能直接相加的产品数量过渡到能够相加,用以综合说明具有不同使用价值的产品总量或商品销售量等的总规模或总水平。价值指标广泛应用于统计研究、计划管理和经济核算之中。价值指标也有其局限性,综合的价值量容易掩盖具体的物质内容,比较抽象。因此,在实际工作中,应注意把价值指标与实物指标结合起来使用,以便全面认识客观事物。

3. 劳动量指标

劳动量指标是用劳动量单位计量的总量指标。劳动量单位是用劳动时间表示的计量单位。例如,如"工日""工时"等。工时是指 1 个职工做 1 个小时的工作,工日通常指 1 个职工做 8 小时的工作。

这种统计指标虽然不多,但常遇到。例如,工厂考核职工出勤情况,每天要登记出勤人数,把 1 个月的出勤人数汇总就不能用"人"来计量而应用"工日"来计算。又如,工厂实行计件工资制,要对每个零部件在每道工序上都规定劳动定额,假设某零件规定 1 小时生产 60 件,则每 1 件就是一定额工分,某工人 1 天生产 600 件,即生产的产品为 600 定额工分,即 10 个定额工时。由于各企业的定额水平不同,劳动量指标不适宜在各企业间进行汇总,往往只限于企业内部的业务核算。

三、总量指标的计算

(一) 直接计算法

直接计算法是指对研究对象用直接的计数、点数和测量等方法,登记各单位的具体数值加以比较汇总,得到总量指标。例如,统计报表或普查中的总量资料,基本上都是用直接计算法计算出来的。

(二) 间接推算法

间接推算法是指采用社会经济现象之间的平衡关系、因果关系、比例关系或利用非全面调查资料进行推算总量的方法。例如,利用样本资料推断某种农产品的产量;利用平衡关系推算某种商品的库存量等。

四、运用总量指标应注意的问题

(一) 明确规定每项指标的含义和范围

正确统计总量指标的首要问题就是要明确规定每项总量指标的含义和范围。例如,要计算国内生产总值、工业增加值等总量指标,应先清楚这些指标的含义、性质,才能据以确定统计范围、统计方法。要解决好这个问题,必须正确理解被研究现象的性质、含义,同时要熟悉国家的方针政策和统计制度的有关规定,才能统一计算口径,正确计算出它们的总量。

(二) 注意现象的同质性

在计算实物指标的总量时,只有同质现象才能计算。同质性是由事物的性质或用途决定的。例如,我们可以把各种煤炭如无烟煤、烟煤、褐煤等看作一类产品来计算它们的总量,但不能把煤炭与钢铁混合起来计算。

(三) 正确确定每项指标的计量单位

具体核算总量指标时,究竟采用哪一种计量单位,要根据被研究现象的性质、特点以及统计研究的目的而定,同时要注意与国家统一规定的计量单位一致,以便于汇总并保证统计资料的准确性。

第二节 相 对 指 标

一、相对指标的定义和表现形式

要分析一种社会经济现象,仅仅利用总量指标是远远不够的。如果要对事物做深入的了解,就需要对总体的组成和其各部分之间的数量关系进行分析、比较,这就必须计算相对指标。

相对指标又称"相对数",是用两个有联系的指标进行对比的比值来反映社会经济现象数量特征和数量关系的综合指标。相对指标数值有两种表现形式:无名数和复名数。无名数是一种抽象化的数值,多以系数、倍数、成数、百分数或千分数表示。复名数主要用以表明事物的密度、强度和普遍程度等。例如,人均粮食产量用"千克/人"表示,人口密度用"人/平方千米"表示等。

二、相对指标的作用

(1) 相对指标通过数量之间的对比,可以表明事物相关程度、发展程度,它可以弥补总量指标的不足,使人们清楚了解现象的相对水平和普遍程度。例如,某企业去年实现利润50万元,今年实现55万元,则今年利润增长了10%,这是总量指标不能说明的。

(2) 相对指标把现象的绝对差异抽象化,使原来无法直接对比的指标变为可比。例如,不同的企业由于生产规模条件不同,直接用总产值、利润去比较,评价意义不大,但如果采用一些相对指标,如资金利润率、资金产值率等进行比较,便可对企业生产经营成果做出合理评价。

(3) 相对指标说明总体内在的结构特征,为深入分析事物的性质提供依据。例如,计算一个地区不同经济类型的结构,可以说明该地区经济的性质。又如,计算一个地区的第一产业、第二产业、第三产业的比例,可以说明该地区社会经济现代化的程度等。

从表4-1中看来,7月份、8月份甲企业劳动生产率好像比乙企业的高;而使用相对指标则发现,乙企业的实际发展速度快于甲企业。

表4-1　　　　　　　　　甲乙企业劳动生产率指标

企业	8月份劳动生产率(万元)	7月份劳动生产率(万元)	8月比7月发展速度
甲	2.00	1.94	103.09%
乙	0.56	0.52	107.69%

三、相对指标的种类及计算

根据统计研究的目的和任务不同,对比基础的不同,相对指标可划分为六种:计划完成程度相对指标、结构相对指标、比例相对指标、比较相对指标、强度相对指标和动态相对指标。

(一) 计划完成程度相对指标

计划完成程度相对指标又称计划完成百分数,是指现象在某一段时间内实际完成数与计划规定数相比较,用以表明计划完成情况的相对指标,通常用百分数(%)表示。计划完成程度相对指标是用来检查、监督计划执行情况的相对指标。其计算公式如下:

$$计划完成程度相对指标 = \frac{实际完成数}{计划任务数} \times 100\%$$

上式中,分子实际完成数减分母计划任务数的差额(正或负)则表明执行计划的绝对效果。

由于计划指标数值是计算计划完成程度相对指标的基数(母项数据),其表现形式有绝对数、相对数和平均数三种。因此,在计算计划完成程度相对指标时应根据计划指标的具体形式加以计算,具体分为以下两种形式。

1. 计划数为绝对数或平均数形式

使用绝对数或平均数计算计划完成程度相对指标时,可直接利用上述计算公式。

【例 4-1】 某企业计划生产 10 万吨产品,实际生产 11.5 万吨。计算企业该生产计划的完成程度。

解析:

$$产品生产计划完成程度相对指标 = \frac{实际完成数}{计划任务数} \times 100\% = \frac{11.5}{10} \times 100\% = 115\%$$

实际产量 - 计划产量 = 11.5 - 10 = 1.5(万吨)

计算结果表明,该企业产品生产超额 15% 完成计划,超额完成生产计划 1.5 万吨。

【例 4-2】 某企业 2023 年计划甲产品单位成本为 100 元/件,实际单位成本为 95 元/件。计算该企业单位产品成本计划的完成程度。

解析:

$$单位产品生产计划完成程度相对指标 = \frac{实际完成数}{计划任务数} \times 100\% = \frac{95}{100} \times 100\% = 95\%$$

实际单位产品成本 - 计划单位产品成本 = 95 - 100 = -5(元/件)

计算结果表明,该企业实现了降低单位产品成本计划,实际比计划降低了 5%。每件产品单位成本降低 5 元。

2. 计划数为相对数形式

在经济管理中,一些计划任务数是以增长或减少的百分数形式给出的,此时计算计划完成程度相对指标,要注意将基本公式中的分子、分母分别包含原有的基数 1 或 100%。其计算公式为:

$$计划完成程度相对指标 = \frac{1 \pm 实际提高或降低率}{1 \pm 计划提高或降低率} \times 100\%$$

【例 4-3】 某企业 2023 年计划产量比上年增长 6%,而实际增长 8%。计算该企业产量计划完成程度。

解析:

$$计划完成程度相对指标 = \frac{1+8\%}{1+6\%} \times 100\% = 101.89\%$$

计算结果表明,该企业实现了产量增长计划,实际比计划增长了 1.89%。

【例 4-4】 某企业 2023 年计划甲产品单位成本比上年降低 6%,而实际单位成本降低 9%。计算该企业单位产品成本的计划完成程度。

解析：

$$\text{计划完成程度相对指标} = \frac{1-9\%}{1-6\%} \times 100\% = 96.81\%$$

计算结果表明,该企业实现了降低产品单位成本计划,实际超额完成计划的 3.19%。

计划完成程度相对指标的特点为：

(1) 对比数为同一总体。

(2) 分子、分母不能互换。

(3) 计算结果视指标性质而定。如果大于 100%,对于提高率而言,为超额完成计划；对于降低率而言,则没有完成计划。如果小于 100%,对于提高率而言,为没有完成计划；对于降低率而言,则为超额完成计划。

(二) 结构相对指标

结构相对指标又称结构相对数,是指在总体分组的基础上,以总体的某一部分数值与总体数值相对比求得的比重或比率指标。用以反映总体内部构成状况,一般以百分数表示。其计算公式如下：

$$\text{结构相对指标} = \frac{\text{总体某部分的数值}}{\text{总体全部指标数值}} \times 100\%$$

【例 4-5】 2019 年我国国内生产总值为 990 865 亿元,其中第一产业、第二产业、第三产业增加值分别为 70 467 亿元、386 165 亿元和 534 233 亿元。计算各产业在总产值中所占的比重。

解析：

$$\text{第一产业所占比重} = \frac{70\ 467}{990\ 865} \times 100\% = 7.11\%$$

$$\text{第二产业所占比重} = \frac{386\ 165}{990\ 865} \times 100\% = 38.97\%$$

$$\text{第三产业所占比重} = \frac{534\ 233}{990\ 865} \times 100\% = 53.92\%$$

计算结果表明,第一产业、第二产业、第三产业在总产值中所占的比重分别为 7.11%、38.97%、53.92%。

结构相对指标的特点为：

(1) 总体各部分计算结果<1。

(2) 总体各部分比重之和=1。

(3) 分子分母不能互换。

(三) 比例相对指标

比例相对指标又称比例相对数,是指将同一总体中各组成部分之间同类指标数值进行对比,用以反映社会经济现象内部各组成部分之间的相互对比关系。其计算公式如下:

$$比例相对指标 = \frac{总体某部分的数值}{总体另一部分指标数值} \times 100\%$$

比例相对指标一般用倍数或百分数表示,也可以用比例式表示。

【例 4-6】 2019 年末全国总人口 140 005 万人,其中,城镇人口 84 843 万人,乡村人口 55 162 万人。计算城镇人口与乡村人口的比例。

解析:

$$城镇乡村人口比例 = \frac{84\ 843}{55\ 162} \times 100\% = 153.81\%$$

计算结果表明,我国 2019 年全国总人口城镇乡村人口比例为 153.81%,可表示为 60∶40,或可以表示为 1.54∶1。

比例相对指标的特点为:

(1) 对比的分子分母必须是同质现象。

(2) 分子、分母可互换。

(四) 比较相对指标

比较相对指标又称比较相对数,是指同类指标在不同空间进行静态对比所形成的相对指标,用以说明某一同类现象在同一时间内不同总体数量对比关系。其计算公式如下:

$$比较相对指标 = \frac{某一总体指标数值}{另一总体同类指标数值} \times 100\%$$

比较相对指标一般用百分数、系数或倍数等表示。计算比较相对指标的指标数值可以是总量指标,也可以是相对指标或平均指标。

【例 4-7】 某年有甲、乙两企业同时生产一种性能相同的产品,甲企业工人劳动生产率为 19 307 元/人,乙企业为 27 994 元/人。计算甲、乙两企业劳动生产率的比较相对指标。

解析:

$$两企业劳动生产率比较相对指标 = \frac{19\ 307}{27\ 994} \times 100\% = 68.97\%$$

计算结果表明,甲企业劳动生产率比乙企业低 31.03%。

比较相对指标的特点为:

(1) 不同总体的同一指标数值的比较。

(2) 各部分指标数值不存在相加的关系。

(3) 分子、分母是否可互换,视两种情况。比较标准为一般对象时,分子与分母可以互换。比较标准典型化时,分子与分母不能互换。

（五）强度相对指标

强度相对指标又称强度相对数,是指两个性质不同但有一定联系的总量指标之间的比较形成的相对指标,用以表明某一现象在另一现象中发展的强度、密度和普遍程度。其计算公式如下:

$$强度相对指标 = \frac{某一总量指标数值}{另一有联系但性质不同的总量指标数值} \times 100\%$$

强度相对指标通常以复名数、百分数(%)、千分数(‰)表示。它和其他相对指标不同的特点,就在于它不是同类现象指标的对比。

有些强度相对数有正、逆两种计算方法。

【例 4-8】 某城市人口 100 万人,有零售商业机构 5 000 个。试从正指标和逆指标两个角度评价该城市的商业网密度。

解析：

$$商业网密度的正指标 = \frac{5\,000\,个}{1\,000\,000\,人} = 5(个/千人)$$

$$商业网密度的逆指标 = \frac{1\,000\,000\,人}{5\,000\,个} = 200(人/个)$$

正指标的数值愈大,表示零售商业网密度愈大,它是从正方向说明现象的密度；逆指标的数值愈大,表示零售商业网密度愈小,它是从相反方向说明现象的密度。

强度相对指标的特点为:

(1) 分子分母可互换,形成正指标和逆指标。

(2) 分子分母为有联系的不同总体指标。

(3) 具有平均含义,但不同于平均指标。

（六）动态相对指标

动态相对指标又称动态相对数,是指将同一现象在不同时期的两个数值进行动态对比而得出的相对数,用以表明现象在时间上发展变动的程度。其计算公式如下:

$$动态相对指标 = \frac{报告期指标数值}{基期指标数值} \times 100\%$$

动态相对数通常以百分数(%)或倍数表示,也称为发展速度。发展速度减 1 或 100% 为增长速度指标,计算结果大于 100% 为增长多少百分数或百分点,小于 100% 为下降多少百分数或百分点。通常,作为比较标准的时期称为基期,与基期对比的时期称为报告期。

【例 4-9】 2019 年我国国内生产总值为 990 865 亿元,2018 年为 900 309 亿元,如果 2018 年选作基期,亦即将 2018 年国内生产总值作为 100,则 2019 年的国内生产总值与 2018 年的国内生产总值对比的动态相对指标是多少?

解析:

$$动态相对指标 = \frac{报告期指标数值}{基期指标数值} \times 100\% = \frac{990\ 865}{900\ 309} \times 100\% = 110.06\%$$

计算结果表明,2019年我国国内生产总值在2018年基础上的发展速度为110.06%。

动态相对指标的特点为:

(1) 同一总体不同时间上的指标对比。

(2) 分子、分母不能互换。

四、运用相对指标应注意的问题

六种相对指标从不同的角度反映社会经济现象间数量对比关系,是统计中常用的基本数量分析方法之一。要使相对指标在统计分析中起到应有的作用,在计算和应用相对指标时应该遵循以下原则。

(一) 可比性原则

相对指标是两个有关的指标数值之比,对比结果的正确性,直接取决于两个指标数值是否具有可比性。如果违反可比性这一基本原则计算相对指标,就会失去其实际意义,导致不正确的结论。

对比指标的可比性,是指对比的指标在含义、内容、范围、时间、空间和计算方法等口径方面是否协调一致,相互适应。如果各个时期的统计数字因行政区划、组织机构、隶属关系的变更,或因统计制度方法的改变而不能直接对比的,就应以报告期的口径为准,调整基期的数字。许多用金额表示的价值指标,由于价格的变动,使得各期对比数字不能反映实际的发展变化程度,一般要按不变价格换算,以消除价格变动的影响。

(二) 定性分析与定量分析相结合原则

计算对比指标数值的方法是简便易行的,但要正确地计算和运用相对数,还要注重定性分析与定量分析相结合的原则。因为事物之间的对比分析,必须是同类型的指标,只有通过统计分组,才能确定被研究现象的同质总体,便于同类现象之间的对比分析。这说明要在确定事物性质的基础上,再进行数量上的比较或分析,而统计分组在一定意义上也是一种统计的定性分类或分析。即使是同一种相对指标在不同地区或不同时间进行比较时,也必须先对现象的性质进行分析,判断是否具有可比性。同时,通过定性分析,可以确定两个指标数值的对比是否合理。

例如,将不识字人口数与全部人口数对比来计算文盲率,显然是不合理的,因为其中包括未达学龄的人数和不到接受初中文化教育年龄的人数在内,不能如实反映文盲人数在相应的人口数中所占的比重。通常计算文盲率的公式如下:

$$文盲率 = (15岁以上不识字人口数 \div 15岁以上全部人口数) \times 100\%$$

(三) 相对指标和总量指标相结合原则

绝大多数的相对量指标都是两个有关的总量指标数值之比，用抽象化的比值来表明事物之间对比关系的程度，而不能反映事物在绝对量方面的差别。因此，在一般情况下，相对指标离开了据以形成对比关系的总量指标，就不能深入地说明问题。

关于这一点，马克思曾明确指出，如果一个工人每星期的工资是 2 先令，后来他的工资提高到 4 先令，那么工资水平就提高了 100%。所以不应当为工资水平提高的动听的百分比所迷惑。我们必须经常这样问：原来的工资数是多少？

(四) 各种相对指标综合应用原则

各种相对指标的具体作用不同，都是从不同的侧面来说明所研究的问题。为了全面而深入地说明社会经济现象及其发展过程的规律性，应该根据统计研究的目的，综合应用各种相对指标。例如，为了研究工业生产情况，既要利用生产计划的完成情况指标，又要计算生产发展的动态相对数和强度相对数。又如，分析生产计划的执行情况，有必要全面分析总产值计划、品种计划、劳动生产率计划和成本计划等完成情况。

因此，将几种相对指标结合起来运用，可以比较、分析现象变动中的相互关系，更好地阐明现象之间的发展变化情况。

第三节 平均指标

一、平均指标的概念和作用

(一) 平均指标的概念

平均指标是反映社会经济现象总体各单位某一数量标志在一定时间、地点条件下所达到的一般水平的综合指标，又称统计平均数，简称平均数。

平均指标是总体分布的特征值之一，反映总体分布的集中趋势。大量的统计规律都是以平均数的形式表现出来的，其特点如下所述。

1. 平均指标是一个抽象化的数值

统计总体内各单位的标志值存在差异，平均指标的计算可以将总体各单位不同标志值的数量差异抽象化。

2. 平均指标是一个代表性的数值

统计总体具有差异性的特点，总体各单位数量标志值的大小不同，平均指标可以说明总体单位某一标志值的一般水平。

(二) 平均指标的作用

平均指标是统计分析和一般经济分析广泛应用的一种统计指标，其作用主要有：

（1）平均指标可以消除因总体不同而带来的总体数量上的差异，从而使不同总体可以对比。平均指标经常用于同类现象在不同空间条件下的对比分析，从而使不同总体具有可比性。例如，用同年级两个班的《统计学》期末考试平均成绩的比较，可以衡量两个班级学生的学习情况好坏。

（2）平均指标可以对比现象在不同时间的一般水平的变化，反映现象发展变化的趋势及规律性。例如，研究对比不同时期的职工平均工资，就可以反映出职工工资水平的变化趋势和规律。

（3）平均指标可以分析现象之间的依存关系。例如，将职工按收入水平进行分组，计算各组职工的平均储蓄额，就可以反映出储蓄水平与职工收入水平之间的依存关系。

二、平均指标的种类

平均指标按计算和确定的方法不同可以分为算术平均数、调和平均数、几何平均数、众数和中位数五种。它们的计算方法、含义和应用条件也不相同。其中，算术平均数、调和平均数、几何平均数是根据总体各单位的标志值计算得到的，所以称为数值平均数。众数和中位数是根据标志值在分配数列中的位置确定的，所以称为位置平均数。

三、平均指标的计算

（一）算术平均数

算术平均数也称均值，是进行统计分析最常用的平均指标之一。其计算方法与社会经济现象中许多客观存在的数量关系相符合，用以反映社会经济现象总体单位某一标志值的一般水平。算术平均数的计算公式如下：

$$算术平均数 = \frac{总体标志总量}{总体单位总量}$$

在实际工作中，由于资料的不同，算术平均数有两种计算形式，即简单算术平均数和加权算术平均数。

1. 简单算术平均数

简单算术平均数是根据未经分组整理的原始数据计算的，即如果掌握总体各个单位标志值和总体单位数，可采用简单算术平均数方法计算。其计算公式如下：

$$\bar{x} = \frac{x_1 + x_2 + \cdots + x_n}{n} = \frac{\sum x}{n}$$

式中，$\bar{x}$——算术平均数；

x_i——各单位的标志值；

n——总体单位数；

$\sum$——总和符号。

【例4-10】 某学习小组5名学生的统计学成绩分别为75分、61分、82分、85分、94分,计算该学习小组中这5名学生的平均成绩。

解析:

$$\bar{x} = \frac{x_1 + x_2 + \cdots + x_n}{n} = \frac{75 + 61 + 82 + 85 + 94}{5} = 79.4(\text{分})$$

计算结果表明,该学习小组中5名学生的平均成绩为79.4分。

2. 加权算术平均数

如果所掌握的是已分组的统计资料,即已知各组的变量值和变量值出现的次数,则可采用加权算术平均数计算。其计算公式如下:

$$\bar{x} = \frac{x_1 f_1 + x_2 f_2 + \cdots + x_n f_n}{f_1 + f_2 + \cdots + f_n} = \frac{\sum xf}{\sum f}$$

式中,$\bar{x}$——算术平均数;

f_i——各组次数(即权数);

x_i——各组标志值;

$\sum f$——次数总和。

根据计算加权算术平均数运用的变量数列资料不同,计算方法分为以下两种形式。

1) 由单项式变量数列计算的算术平均数

【例4-11】 某车间生产小组有20名工人,其月工资资料如表4-2所示。试计算该生产小组工人的平均月工资。

表4-2　　　　　　　　　　某生产小组工人月工资

按月工资分组(元) x	人数(人) f	各组工资总额(元) xf
2 300	2	4 600
2 500	5	12 500
2 800	8	22 400
3 000	4	12 000
3 500	1	3 500
合　计	20	55 000

解析: 某车间生产小组工人平均月工资为:

$$\bar{x} = \frac{\sum xf}{\sum f} = \frac{2\,300 \times 2 + 2\,500 \times 5 + 2\,800 \times 8 + 3\,000 \times 4 + 3\,500 \times 1}{2 + 5 + 8 + 4 + 1}$$

$$= \frac{55\,000}{20} = 2\,750(\text{元})$$

计算结果表明,该生产小组20名工人的平均月工资为2 750元。

2）由组距式变量数列计算的算术平均数

由于在组距数列中不能确定各组实际平均数，所以，要用各组的组中值作为各组标志值的代表计算总体平均数。以组中值作为各组代表值具有假定性，即假定各组数据在各组中是均匀分布的，所以，据此计算的算术平均数也只是一个近似值。

【例 4-12】 设某厂职工按日产量分组后所得组距数列如表 4-3 所示，根据资料计算该厂职工的平均日产量。

表 4-3　　　　　　　　　　某厂职工日产量的算术平均数计算表

按日产量分组(千克)	组中值(千克)x	工人数(人)f	各组日产量(千克)xf
60 以下	55	10	550
60～70	65	19	1 235
70～80	75	50	3 750
80～90	85	36	3 060
90～100	95	27	2 565
100～110	105	14	1 470
110 以上	115	8	920
合　　计	—	164	13 550

解析：

$$\bar{x} = \frac{\sum xf}{\sum f} = \frac{55 \times 10 + 65 \times 19 + 75 \times 50 + 85 \times 36 + 95 \times 27 + 105 \times 14 + 115 \times 8}{10 + 19 + 50 + 36 + 27 + 14 + 8}$$

$$= \frac{13\ 550}{164} = 82.62 (千克)$$

计算结果表明，该厂职工的平均日产量为 82.62 千克。

加权算术平均数的大小受两个因素的影响：其一是受变量值 x 大小的影响；其二是各组次数即权数 f 的影响。在计算平均数时，由于出现次数多的标志值对平均数的形成影响大些，出现次数少的标志值对平均数的形成影响小些。所以，就把次数称为权数。在分组数列中，当各组标志值出现的次数或各组次数所占比重均相等时，权数就失去了权衡轻重的作用，这时用加权算术平均数计算的结果与用简单算术平均数计算的结果相同。

权数除了用总体各组单位数（即频数 f）的形式表示外，还可以用比重$\left(即频率 \dfrac{f}{\sum f}\right)$形式表示。因此，加权算术平均数也可以采用相对权数形式计算。其计算公式如下：

$$\bar{x} = \sum x \cdot \frac{f}{\sum f}$$

【例 4-13】 以例 4-11 的资料为例,假设该生产小组的月工资的频率分布如表 4-4 所示。根据资料计算该生产小组工人的平均月工资。

表 4-4　　　　　　　　　　某生产小组工人月工资

按月工资分组(元) x	各组工人数占总人数比重 $\dfrac{f}{\sum f}$	$x \cdot \dfrac{f}{\sum f}$
2 300	10%	230
2 500	25%	625
2 800	40%	1 120
3 000	20%	600
3 500	5%	175
合　计	100%	2 750

解析: 计算平均月工资为:

$$\bar{x} = \sum x \cdot \frac{f}{\sum f} = 2\,300 \times 10\% + 2\,500 \times 25\% + 2\,800 \times 40\% + 3\,000 \times 20\% + 3\,500 \times 5\%$$
$$= 2\,750(元)$$

例 4-13 的计算结果与例 4-11 的计算结果完全一致。可见加权算术平均数的各组变量值(x)和各组频数$\left(\dfrac{f}{\sum f}\right)$对计算结果大小的影响。

(二) 调和平均数

调和平均数是总体各单位标志值倒数的算术平均数的倒数,又称为倒数平均数。在实际工作中,由于掌握资料的不同,调和平均数有两种计算形式,即简单调和平均数和加权调和平均数。

1. 简单调和平均数

简单调和平均数的计算公式如下:

$$\bar{x}_h = \frac{n}{\dfrac{1}{x_1} + \dfrac{1}{x_2} + \cdots + \dfrac{1}{x_n}} = \frac{n}{\sum \dfrac{1}{x}}$$

式中,$\bar{x}_h$——调和平均数。

2. 加权调和平均数

加权调和平均数的计算公式如下：

$$\bar{x}_h = \frac{m_1 + m_2 + \cdots + m_n}{\dfrac{m_1}{x_1} + \dfrac{m_2}{x_2} + \cdots + \dfrac{m_n}{x_n}} = \frac{\sum m}{\sum \dfrac{m}{x}}$$

式中，m——特定权数（即各组标志总量）。

【例 4-14】 某蔬菜批发市场三种蔬菜的有关数据如表 4-5 所示。根据资料计算这三种蔬菜的平均批发价格。

表 4-5　　　　　　　　　某蔬菜批发市场三种蔬菜价格

蔬菜名称	批发价格(元/千克) x	成交额(元) m	m/x
甲	1.20	18 000	15 000
乙	0.50	12 500	25 000
丙	0.80	6 400	8 000
合 计	—	36 900	48 000

解析：三种蔬菜的平均批发价格为：

$$\bar{x}_h = \frac{\sum m}{\sum \dfrac{m}{x}} = \frac{18\,000 + 12\,500 + 6\,400}{\dfrac{18\,000}{1.20} + \dfrac{12\,500}{0.50} + \dfrac{6\,400}{0.80}} = \frac{36\,900}{48\,000} = 0.77(元/千克)$$

计算结果表明，三种蔬菜的平均批发价格为 0.77 元/千克。

3. 调和平均数是加权算术平均数的变形

在社会经济统计中，主要是计算算术平均数，而调和平均数通常是作为加权算术平均数的变形来使用的。

在加权算术平均数的公式 $\bar{x} = \dfrac{\sum xf}{\sum f}$ 中，当只有标志值的资料，而没有次数资料时，在标志总量已知的情况下，显然有：

$$\sum xf = \sum m$$

$$f = \frac{m}{x} = \frac{1}{x} \times m，则 \sum f = \sum \frac{1}{x} \times m$$

代入公式后有：$\bar{x} = \dfrac{\sum xf}{\sum f} = \dfrac{\sum m}{\sum \dfrac{1}{x} \times m}$

调和平均与算术平均的计算只是由于资料不同而出现的差异，其经济含义完全一致。

究竟采用算术平均数还是调和平均数,要根据所掌握资料的条件进行判断。

关键在于以算术平均数的基本公式为依据,如果掌握的权数资料是基本公式的母项数值时,则直接采用加权算术平均数形式;所掌握的权数资料是基本公式的子项数值时,则须采用调和平均数形式。

(三) 几何平均数

几何平均数是 n 个变量值乘积的 n 次方根。在统计中,几何平均数常用于计算平均速度和平均比率。几何平均数也有简单平均和加权平均两种形式。

1. 简单几何平均数

简单几何平均数计算公式为:

$$\bar{x}_G = \sqrt[n]{x_1 \cdot x_2 \cdot x_3 \cdots x_n} = \sqrt[n]{\pi x_i}$$

式中,$\bar{x}_G$ ——几何平均数;

π ——连乘符号;

x_i ——标志值;

n ——变量值个数。

【例 4-15】 某厂产品需经过 4 个流水作业车间,某月 4 个车间的产品合格率分别为 98%、97%、95%、90%。计算这 4 个车间产品的平均合格率。

解析: 这 4 个车间产品的平均合格率为:

$$\bar{x}_G = \sqrt[n]{x_1 \cdot x_2 \cdot x_3 \cdots x_n} = \sqrt[4]{98\% \times 97\% \times 95\% \times 90\%} = 94.95\%$$

计算结果表明,这 4 个车间产品的平均合格率为 94.95%。

在实际计算工作中,由于变量值个数较多,通常要应用对数来进行计算。即:

$$\lg \bar{x}_G = \frac{1}{n}(\lg x_1 + \lg x_2 + \cdots + \lg x_{n-1} + \lg x_n) = \frac{1}{n}\sum \lg x$$

$$\bar{x}_G = 10^{\frac{1}{n}\sum \lg x}$$

由此可见,几何平均数是各个变量值对数的算术平均数的反对数。

2. 加权几何平均数

当各个变量值的次数(权数)不相同时,应采用加权几何平均数。其计算公式为:

$$\bar{x}_G = \sqrt[f_1+f_2+\cdots+f_n]{x_1^{f_1} \cdot x_2^{f_2} \cdots x_n^{f_n}}$$

式中,$\bar{x}_G$ ——几何平均数;

f ——各组次数(即权数);

x_n ——各组标志值。

【例4-16】 某投资银行某笔投资的年利率是按复利计算的利息,25年的年利率分配是:有1年为3%,有4年为5%,有8年为8%,有10年为10%,有2年为15%,试计算25年该笔投资的平均年利率。年平均利率计算表如表4-6所示。

表4-6　　　　　　　　　　某投资年平均利率计算表

利率 x	年数(年) f
103%	1
105%	4
108%	8
110%	10
115%	2
合计	25

解析:该笔投资的平均年利率为:

$$\bar{x}_G = \sqrt[25]{103\%^1 \times 105\%^4 \times 108\%^8 \times 110\%^{10} \times 115\%^2} = 108.6\%$$

计算结果表明,25年的平均年本利率为108.6%,年平均利率即为8.6%。

(四) 众数和中位数

众数和中位数是根据变量值所处的特殊位置确定的平均数,称为位置平均数。其特点是不受极端值的影响;不能进行代数运算,因此其应用受到限制。

1. 众数

众数是指总体中出现次数最多的标志值,它能直观地说明客观现象分配中的集中趋势。

在实际工作中有时可以利用众数代替平均数,用以说明某一数量标志的一般水平。例如,市场上某种商品最普遍的成交价格,多数人的服装和鞋帽尺寸等都是众数。但众数的计算有两个条件:一是总体的单位数足够多或比较多;二是各标志值的次数分布具有明显的集中趋势。

根据所掌握的资料,众数的计算方法有两种:由单项式分配数列计算众数和由组距式分配数列计算众数。

1) 根据单项式分配数列确定众数

根据单项式分配数列计算众数比较简单,出现次数最多的标志值就是众数。

【例4-17】 某商店某月某种商品的价格及销售量资料如表4-7所示,根据资料计算该商品价格的众数。

表 4-7　　　　　　　某商店某月某种商品的价格及销售量

价格(元)	销售数量(千克)
2.00	20
2.40	60
3.00	140
4.00	80
合计	300

解析：从表 4-7 中直接可以看出单价 3.00 元的商品销售数量最多，为 140 千克，所以 3.00 元为众数。

2) 根据组距式分配数列确定众数

先由最多次数来确定众数所在组；然后，利用比例插值法推算众数的近似值。计算公式如下：

下限公式：
$$M_0 = x_L + \frac{\Delta_1}{\Delta_1 + \Delta_2} \cdot d$$

上限公式：
$$M_0 = x_U - \frac{\Delta_2}{\Delta_1 + \Delta_2} \cdot d$$

式中，x_L、x_U——表示众数组的下限、上限；

Δ_1——表示众数组次数与前一组次数之差；

Δ_2——表示众数组次数与后一组次数之差；

d——表示众数组组距。

【例 4-18】 某企业工人日产量资料如表 4-8 所示，根据资料利用比例插值法计算日产量的众数。

表 4-8　　　　　　　　某企业工人日产量资料

按日产量分组(千克)	工人人数(人)
60 以下	10
60~70	19
70~80	50
80~90	36
90~100	27
100~110	14
110 以上	8
合计	164

解析: 表 4-8 中日产量 70~80 千克所在组出现的次数最多,即确定为众数所在组。

下限公式:
$$M_0 = x_L + \frac{\Delta_1}{\Delta_1 + \Delta_2} \cdot d$$

工人日产量众数 $= 70 + \frac{50-19}{(50-19)+(50-36)} \times 10 = 76.89$(千克)

下限公式:
$$M_0 = x_U - \frac{\Delta_2}{\Delta_1 + \Delta_2} \cdot d$$

工人日产量众数 $= 80 - \frac{50-36}{(50-19)+(50-36)} \times 10 = 76.89$(千克)

从例 4-18 的计算结果可见,下限公式和上限公式的计算结果是一致的。因此,在计算组距式分配数列的众数时可选其中一个公式。

2. 中位数

中位数是指将总体各单位的某一数量标志按大小顺序排列,处于中间位置的标志值就是中位数。中位数将总体中的全部标志值分成两部分,一半的标志值比它大,另一半的标志值比它小。由于中位数是位置平均数,不受极端值的影响,在总体标志值差异很大的情况下,中位数具有很强的代表性。

根据所掌握的资料,中位数的计算方法如下:

1)由未分组资料计算中位数

应先确定中位数在数列中的位置,再找对应的标志值,其计算公式如下:

$$中位数的位置 = \frac{n+1}{2}(n 为总体单位数)$$

若 n 为奇数时,则居于中间位置的那个标志值就是中位数。

【例 4-19】 有 5 名工人生产某种产品件数,按序排列如下:23、23、26、29、30。试计算这 5 名工人生产产品数量的中位数。

解析:

$$中位数的位置 = \frac{n+1}{2} = \frac{5+1}{2} = 3$$

即第三位工人生产 26 件产品为中位数。

若 n 为偶数时,则中间位置的两个标志值的算术平均数为中位数。

【例 4-20】 有 6 名工人生产某种产品件数,按序排列如下:23、23、26、29、30、32。试计算这 6 名工人生产产品数量的中位数。

解析:

$$中位数的位置 = \frac{n+1}{2} = \frac{6+1}{2} = 3.5$$

则需要计算第三位、第四位工人生产产品的平均数:

$$M_e = \frac{26+29}{2} = 27.5(件)$$

计算结果表明,这6名工人生产产品数量的中位数为27.5件。

2) 由单项式分配数列确定中位数

单项式分配数列计算中位数的方法分两步:第一步,使用向上累计或向下累计来确定中位数所在组的位置 $\frac{\sum f}{2}$;第二步,将累计次数刚超过中位数的组确定为中位数组,该组的标志值即为中位数。

【例 4-21】 某企业按日产零件分组资料如表 4-9 所示,根据资料计算该企业日产零件数的中位数。

表 4-9　　　　　　　　　某企业按日产零件分组资料

按日产零件分组(件)	工人数(人)	向上累计	向下累计
26	3	3	80
31	10	13	77
32	14	27	67
34	27	54	53
36	18	72	26
41	8	80	8
合　计	80	—	—

解析:

$$中位数位置 = \frac{\sum f}{2} = \frac{80}{2} = 40$$

即累计次数刚好超过40所在组为第四组,则中位数 $M_e = 34$(件)。

3) 由组距式分配数列确定中位数

组距式分配数列计算中位数的方法步骤:第一步,使用向上累计或向下累计来确定中位数所在组的位置 $\frac{\sum f}{2}$;第二步,将累计次数刚超过中位数的组确定为中位数组,该组的标志值可利用下面公式计算而得。中位数计算公式有两个:

下限公式(向上累计时使用):

$$M_e = L + \frac{\frac{\sum f}{2} - S_{m-1}}{f_m} \cdot d$$

式中,L——中位数所在组下限;

S_{m-1}——中位数所在组前一组的向上累计次数;

f_m——中位数所在组的次数;

d——中位数所在组的组距。

上限公式(向下累计时使用):

$$M_e = U - \frac{\frac{\sum f}{2} - S_{m+1}}{f_m} \cdot d$$

式中,U——中位数所在组上限;

S_{m+1}——中位数所在组后一组的向下累计次数;

f_m——中位数所在组的次数;

d——中位数所在组的组距。

【例 4-22】 某企业工人日产量资料如表 4-10 所示,根据资料计算该企业工人日产量的中位数。

表 4-10　　　　　　　　　　某企业工人日产量资料

按日产零件分组(千克)	工人数(人)	较小制累计	较大制累计
50～60	10	10	164
60～70	19	29	154
70～80	50	79	135
80～90	36	115	85
90～100	27	142	49
100～110	14	156	22
110 以上	8	164	8
合　　计	164	—	—

解析: 根据资料可知,中位数在 80～90 千克组内:

$$\text{中位数位置} = \frac{\sum f}{2} = \frac{164}{2} = 82$$

利用下限公式计算如下:

$$M_e = L + \frac{\frac{\sum f}{2} - S_{m-1}}{f_m} \cdot d = 80 + \frac{\frac{164}{2} - 79}{36} \times 10 = 80.83(\text{千克})$$

利用上限公式计算如下：

$$M_e = U - \frac{\frac{\sum f}{2} - S_{m+1}}{f_m} \cdot d = 90 - \frac{\frac{164}{2} - 49}{36} \times 10 = 80.83(千克)$$

同一组距资料，利用上限公式和下限公式的计算结果完全相同。

四、各种平均数之间的相互关系

（一）几何平均数、算术平均数和调和平均数的关系

若用同一资料，则计算结果不同。一般情况下，三者的数量关系为：调和平均数≤几何平均数≤算数平均数。只有在特殊情况下，即所有变量相等时，等号才成立。

在什么情况下选用什么样的平均数，要根据社会经济现象的客观性质和研究目的来确定，不可乱用。

（二）中位数、众数和算术平均数的关系

算术平均数、众数和中位数均可代表总体的一般水平，它们之间存在着一定的数量关系。其大小取决于总体内的次数分布。

正态分布：$M_0 = M_e = \bar{x}$

右偏分布：$M_0 < M_e < \bar{x}$

左偏分布：$M_0 > M_e > \bar{x}$

在次数分配偏斜度不大的情况下，无论左偏还是右偏，中位数到算术平均数的距离大致为众数到算术平均数的距离的1/3，即皮尔逊经验公式。其关系式为：

$$(M_e - \bar{x}) = \frac{1}{3}(M_0 - \bar{x})$$

利用该公式可以从已知的两个平均指标推算另一个平均指标。

五、运用平均指标应注意的问题

平均指标在统计分析中应用十分广泛，要使其充分发挥作用，在应用上必须注意以下问题。

（一）平均指标只能用于同质总体

现象的同质性是指被研究总体的各单位是在某一相同性质基础上结合起来的共同构成体，各单位在某一标志上具有相同的性质。例如，计算农作物总平均面积产量时，绝对不能将粮食单位面积产量、棉花单位面积产量等农作物单位面积产量混合计算。

（二）结合统计分组，用组平均数补充说明总平均数

根据同质总体计算的平均数称为总平均数，可以在一定程度上说明总体的一般水平。但同时也容易掩盖总体内部存在的差异。因此，要充分反映总体的数量特征，特别是反映社

会经济现象内部构成变动对总体平均数的影响,必须结合统计分组,用组平均数补充说明总平均数,从而使要说明的问题更加深入完整。

已知甲、乙两地的粮食产量资料如表 4-11 所示。

表 4-11　　　　　　　　　　两地粮食产量水平比较

按地势分组	甲 地		乙 地	
	播种面积(亩)	平均亩产(千克)	播种面积(亩)	平均亩产(千克)
旱田	190	380	200	320
水田	70	640	300	620
合 计	260	450	500	500

从表 4-11 中可以看出,甲地平均亩产 450 千克,低于乙地平均亩产 500 千克。但甲地无论旱田还是水田的平均亩产量都高于乙地。原因在于水田的产量高于旱田。甲地旱田占总播种面积的 73.08%,水田占 26.92%;乙地旱田占总播种面积的 40%,水田占 60%。要反映甲乙两地粮食产量内部构成变动对总体平均数的影响,必须结合统计分组,用组平均数补充说明总平均数。

(三) 利用分配数列补充说明平均数

平均指标的主要特征是将总体各单位的数量差异抽象化,掩盖了各单位的数量差异及其分布情况,因此,需要用分配数列补充说明平均数。

例如,已知甲乙两个班组工人日产量资料如表 4-12 所示。

表 4-12　　　　　　　　　　两个班组工人日产量

甲班组		乙班组	
日产量(件)	工人人数(人)	日产量(件)	工人人数(人)
3	1	3	0
4	1	4	1
5	5	5	8
6	3	6	1
合 计	10	合 计	10

根据表 4-12 资料分别计算两个小组的加权算术平均数,两组平均日产量相同均为 5 件。但两个小组的日产量分布明显不同,甲小组低于平均水平的占 20%,乙小组仅占 10%。分布结构的不同,反映了现象内部的差异。因此,进行统计分析时,必须用分配数列来补充说明平均数。

第四节 标志变异指标

一、标志变异指标的含义和作用

（一）标志变异指标的含义

在统计研究中，一方面要计算平均指标，用以反映总体各单位标志值的一般水平。但总体中各单位标志值的差异是客观存在的，还需要将总体各单位的差异予以反映，即要测定标志变动度，用以反映总体各单位标志值的差异程度。这样将标志变异指标和平均指标结合运用，会使我们对社会经济现象的认识更为深入、具体和全面。

标志变异指标又称为标志变动度，是指反映总体各单位某一数量标志值之间差异程度大小的综合指标，用以说明标志变异指标的离散程度。

（二）标志变异指标的作用

（1）标志变异指标是衡量平均数代表性的依据。

（2）标志变异指标可用来反映社会生产和其他社会经济活动过程的均衡性或协调性，以及产品质量的稳定程度。

（3）标志变异指标是进行抽样推断、相关分析等统计分析的依据。

二、标志变异指标的种类及计算

测量标志变异的主要指标有全距、平均差、方差、标准差和标志变异系数等。

（一）全距

全距又称为极差，是指总体各单位变量值中的最大值与最小值之差，用以说明变量值变动范围。其计算公式为：

$$R = x_{\max} - x_{\min}$$

全距的特点有：

（1）计算方便，易于理解。

（2）全距只考虑数列两端数值差异，它是测定标志变动度的一种粗略方法，不能全面反映总体各单位标志的变异程度。

（二）平均差

平均差是总体各单位的标志值与其算术平均数的离差绝对值的算术平均数。用以反映总体各单位标志值的变动程度，用 $A.D.$ 表示。其计算有两种形式，即简单平均差和加权平均差。

(1) 简单平均差的计算(适用于未分组资料)公式如下：

$$A.D. = \frac{\sum |x - \bar{x}|}{n}$$

(2) 加权平均差的计算(适用于分组资料)公式如下：

$$A.D. = \frac{\sum |x - \bar{x}| f}{\sum f}$$

计算平均差步骤：首先，计算出总体各单位某一数量标志值的平均数；其次，计算各标志值与算术平均数的离差绝对值之和；最后，除以总体单位数。

【例 4-23】 某企业工人日产量资料如表 4-13 所示，根据资料计算该企业工人日产量的平均数和平均差。

表 4-13　　　　　　　　某企业工人日产量计算表

工人按日产量分组(千克)	工人数(人) f	组中值 x	xf	$|x-\bar{x}|$	$|x-\bar{x}|f$
20~30	5	25	125	17	85
30~40	35	35	1 225	7	245
40~50	45	45	2 025	3	135
50~60	15	55	825	13	195
合计	100	—	4 200	—	660

解析：

$$\bar{x} = \frac{\sum xf}{\sum f} = \frac{4\,200}{100} = 42(千克)$$

$$A.D. = \frac{\sum |x-\bar{x}|f}{\sum f} = \frac{660}{100} = 6.6(千克)$$

计算结果表明，该企业工人日产量的平均数为 42 千克，平均差为 6.6 千克。

(3) 平均差的特点：①平均差是根据全部标志值与平均数离差而计算出来的变异指标，能全面反映标志值的差异程度。②平均差计算有绝对值符号，不适合代数方法的演算，使其应用受到限制。

(三) 方差与标准差

方差和标准差是计算标志变异程度最常用、最重要的指标。方差是指总体各单位变量值与其算术平均数的离差平方和的算术平均数，用符号 σ^2 表示。标准差是指总体各单位标志值与其算术平均数离差平方的算术平均数的平方根,又称均方差,用符号 σ 表示,也是反映标志变动度最合理的指标。

计算标准差的步骤:首先,计算出总体各单位某一数量标志值的平均数;其次,计算各标志值与算术平均数的离差的平方;再次,计算离差平方的算术平均数;最后,将得到的数值开平方,即得到 σ。

标准差计算公式如下:

(1) 简单标准差的计算(适用于未分组资料)公式如下:

$$\sigma = \sqrt{\frac{\sum(x-\bar{x})^2}{n}}$$

(2) 加权标准差的计算(适用于分组资料)公式如下:

$$\sigma = \sqrt{\frac{\sum(x-\bar{x})^2 f}{\sum f}}$$

【例 4-24】 某乡农民的年收入水平资料如表 4-14 所示,根据资料计算该乡农民年收入的平均数和标准差。

表 4-14　　　　　某乡农民的年收入水平计算表

人均年收入(元)	组中值 x	家庭数(户) f	xf	$x-\bar{x}$	$(x-\bar{x})^2 f$
10 000~12 000	11 000	10	110 000	−3 678.57	135 318 772.45
12 000~14 000	13 000	8	104 000	−1 678.57	22 540 777.96
14 000~16 000	15 000	24	360 000	321.43	2 479 613.88
16 000~18 000	17 000	9	153 000	2 321.43	48 501 335.20
18 000~20 000	19 000	5	95 000	4 321.43	93 373 786.22
合　计	—	56	822 000	—	302 214 285.71

解析:

$$\bar{x} = \frac{\sum xf}{\sum f} = \frac{822\,000}{56} = 14\,678.57(元)$$

$$\sigma = \sqrt{\frac{\sum(x-\bar{x})^2 f}{\sum f}} = \sqrt{\frac{302\,214\,285.71}{56}} = 2\,323.08(元)$$

计算结果表明,该乡农民年收入的平均数为 14 678.57 元,标准差为 2 323.08 元。

(3) 标准差的特点：①标准差的意义和平均差基本相同，也是计算总体各单位标志值与其算术平均数的平均离差，能够综合反映总体中所有标志值变动的绝对程度。②标准差适合代数运算，也便于简化运算，其应用范围非常广泛。③标准差用来比较平均水平相同的各组平均指标的代表性，标准差越大，平均数代表性越弱；反之，平均数代表性越强，两者呈反向变动关系。

(四) 标志变异系数

上述全距、平均差和标准差都带有与标志值相同的计量单位，而且平均差和标准差还受平均数的影响。但当总体性质不同，平均数不相等时，对总体差异程度进行比较，就需要计算标志变异系数，以消除不同总体之间在计量单位、平均水平方面的不可比性。

各种标志变异指标都可以计算标志变异系数，分别称为全距系数、平均差系数和标准差系数，其中标准差系数是应用最广的一种。

标准差系数的计算公式为：

$$V_\sigma = \frac{\sigma}{\bar{x}} \times 100\%$$

【例 4-25】 已知某企业甲乙两组不同水平的工人日产量资料如表 4-15 所示，根据该资料比较甲乙两组工人哪一组日产量更稳定。

表 4-15　　　　　某企业甲乙两组不同水平的工人日产量资料

甲组（件）	60	65	70	75	80
乙组（件）	2	5	7	9	12

解析：

$$\bar{x}_甲 = \frac{\sum x}{n} = \frac{350}{5} = 70 (件)$$

$$\sigma_甲 = \sqrt{\frac{\sum (x-\bar{x})^2}{n}} = \sqrt{\frac{250}{5}} = 7.07 (件)$$

$$\bar{x}_乙 = \frac{\sum x}{n} = \frac{35}{5} = 7 (件)$$

$$\sigma_乙 = \sqrt{\frac{\sum (x-\bar{x})^2}{n}} = \sqrt{\frac{58}{5}} = 3.41 (件)$$

因为 $\sigma_甲 > \sigma_乙$ 而断言甲组离散程度大于乙组，或乙组的平均数代表性高于甲组，则是不妥的。因为这两组的平均水平相差悬殊，应当计算标准差系数来进行比较。

$$V_{\sigma甲} = \frac{\sigma}{\bar{x}} \times 100\% = \frac{7.07}{70} \times 100\% = 10.10\%$$

$$V_{\sigma乙} = \frac{\sigma}{\bar{x}} \times 100\% = \frac{3.41}{7} \times 100\% = 48.71\%$$

计算表明,并非甲组离散程度大于乙组,而是乙组离散程度大于甲组。或者说,乙组的平均日产量代表性低于甲组。

课堂测试

班级_____ 姓名_____ 学号_____ 日期_____ 成绩_____

一、单选题(本大题共 8 个小题,每小题 5 分,共 40 分)

1. 某企业某种产品计划规定单位成本降低 5%,实际降低了 7%,则实际生产成本为计划的(　　)。
   A. 97.89%　　　B. 140.00%　　　C. 102.15%　　　D. 2.00%

2. 某月份甲工厂的工人出勤率属于(　　)。
   A. 结构相对数　　B. 强度相对数　　C. 比例相对数　　D. 计划完成相对数

3. 全国人口平均的粮食产量是(　　)。
   A. 平均指标　　B. 强度相对指标　　C. 比较相对指标　　D. 结构相对指标

4. 受极大值影响较大的平均数是(　　)。
   A. 位置平均数　　B. 几何平均数　　C. 算术平均数　　D. 调和平均数

5. 标志变异指标中,由总体中两个极端数值大小决定的是(　　)。
   A. 全距　　B. 平均差　　C. 标准差　　D. 标准差系数

6. 按反映的时间状态,总量指标又可分为(　　)。
   A. 时间指标和时点指标　　　　B. 时点指标和时期指标
   C. 时期指标和时间指标　　　　D. 实物指标与价值指标

7. 众数是总体中下列哪项的标志值(　　)。
   A. 位置居中　　B. 数值最大　　C. 出现次数较多　　D. 出现次数最多

8. 已知甲、乙两班工人的平均日产量分别为 5 件和 7.5 件,其日产量的方差分别为 4 与 9,则(　　)。
   A. 甲班的平均数有较大代表性　　　　B. 甲、乙两班的平均数有同样大的代表性
   C. 乙班的平均数有较大代表性　　　　D. 不可比

二、判断题(本大题共 6 个小题,每小题 5 分,共 30 分)

1. 两个不同时间或空间条件下的总量指标相减的差数不是总量指标,而是相对指标。
   (　　)

2. 某企业 8 月末实有生产设备 2 850 台,这是个时期指标。　　　　　　　　　　(　　)

3. 相对指标都是用无名数形式表现出来的。 （ ）
4. 标志变异指标的数值大小与平均数代表性大小成反比。 （ ）
5. 中位数是总体中排在中间的数，一定是原数列中的某个数。 （ ）
6. 强度相对数的分子一定也可以在分母中找到一个承担者。 （ ）

三、计算题(本大题共 2 个小题，每小题 15 分，共 30 分)

1. 某公司所属三个工业企业 2023 年的有关资料如表 4-16 所示。

表 4-16　　　　　某公司 2023 年所属三个企业有关资料

企业名称	计划		实际		计划完成
	总产值(万元)	比重	总产值(万元)	比重	
甲	100		116		
乙	135				
丙			195		95.12%
合　计			445		

要求：计算并填列表中空格中的数值。

2. 甲企业某月发放奖金资料如表 4-17 所示。

表 4-17　　　　　甲企业某月发放奖金资料

按月奖金分组(元)	工人人数(人)
500 以下	20
500～600	40
600～700	70
700～800	50
800～900	15
合计	195

要求：

(1) 计算甲企业工人的平均奖金和标准差。

(2) 如果乙企业工人平均奖金为 700 元，标准差为 128 元，试比较两个企业平均奖金的代表性。

第五章　抽样与参数估计

知识导航

```
                    ┌─ 抽样推断概述
          抽样推断 ─┼─ 抽样推断的相关概念
                    └─ 抽样的组织形式

                           ┌─ 正态分布
          几种常见的分布 ─┤
                           └─ 由正态分布导出的其他分布

                    ┌─ 抽样分布的概念
                    │─ 大数定律和中心极限定理
          抽样分布 ─┼─ 样本均值的抽样分布
                    │─ 样本比例的抽样分布
                    └─ 样本方差的抽样分布

抽样与参数估计 ─┤
                    ┌─ 抽样误差的含义
          抽样误差 ─┼─ 抽样平均误差
                    └─ 抽样极限误差

                    ┌─ 参数估计的含义
                    │─ 评价估计量的标准
                    │─ 点估计与区间估计
          参数估计 ─┤
                    │─ 总体均值的区间估计
                    │─ 总体比例的区间估计
                    └─ 总体方差的区间估计

                           ┌─ 估计总体均值时样本容量的确定
          样本容量的确定 ─┼─ 估计总体比例时样本容量的确定
                           └─ 确定样本容量应注意的问题
```

学习目标

1. 了解抽样推断的概念和特点。
2. 掌握抽样推断的相关概念及组织形式。
3. 掌握样本均值和样本比例的抽样分布。
4. 掌握抽样平均误差的计算方法。
5. 掌握区间估计的计算方法。
6. 熟悉样本容量的计算方法。

 寓德于教

中国概率统计事业的奠基人——许宝騄

许宝騄教授是 20 世纪最富创造性的统计学家之一,他在奈曼——皮尔逊理论、参数估计理论、多元分析、极限理论等方面取得了卓越成就,是多元统计分析学科的开拓者之一。其研究成果推动了概率论与数理统计的发展。至今,"许方法"(多元分析统计学家谢菲 H. Scheffe 称之为"数学严密性的范本")仍被认为是解决检验问题的最实用方法。抗日战争爆发后,许宝騄教授毅然决然地回到战火纷飞的祖国,为国效劳。他在北大举办了第一个概率统计讲习班,为我国培养了一批概论统计学科的教学和科研人才。他在病重时仍然没有停止教学,一个人领导 3 个讨论班,带领青年人搞科研。他将自己的一切都献给了祖国和科学,这种崇高的精神值得青年一代学习和继承。

资料来源:和乐数学. 中国概率统计事业的奠基人许宝騄[EB/OL]. [2021-08-12]. https://mp. weixin. qq. com/s? __biz＝MzI2NjE0MTY0MA＝＝&mid＝2652629602&idx＝1&sn ＝ 124f92a19db3db1e345cf52b4d827426＆chksm ＝ f17b7ba5c60cf2b305d74812d8de79a0ff0afbe1dfd68d4ed6f1ddf193167fb0741f6cc2ee6f&scene＝27,有删节。

案例导入

一家生产灯泡的企业每天生产约 50 万只灯泡,质量控制部门每天都必须检验该天生产的灯泡的合格情况。这个任务可以通过检验每一只灯泡来完成,但这样做有可能会导致大量灯泡的损坏,增加企业的成本,从而导致灯泡成本价格上升。

思考:通过什么样的方法既可以检验企业产品的质量,又可以避免企业的损失?

第一节 抽样推断

统计研究的目的是分析说明某一现象总体的数量特征。如果我们掌握了所研究的总体的全部数据，那么就可以通过计算总体的平均数、比例、标准差等指标来描述总体的特征，但现实的情形比较复杂，有些现象的范围比较广，不可能对总体中的每个单位都进行测定。这就需要从总体中抽取一个样本作为总体的代表，通过对样本的调查，根据样本的分布原理，进而利用样本资料对总体数量特征进行科学的估计与推断，即抽样推断。

一、抽样推断概述

（一）抽样推断的概念

样本是按照一定的抽样规则从总体中抽取的一部分元素的集合。根据抽取的原则不同，抽样方法有概率抽样和非概率抽样两种。概率抽样是根据一个已知的概率来抽取样本单位，也就是说，哪个单位被抽中与否不取决于研究人员的主观意愿，而是取决于客观的机会——概率。因此，哪个单位被抽中与否完全是随机的。非概率抽样则是研究人员有意识地选取样本单位，样本单位的抽取不是随机的。

抽样推断一般是建立在概率抽样的基础上，利用样本的实际资料计算样本统计量并据以推算总体相应数量特征的一种统计方法。

（二）抽样推断的特点

1. 抽样推断是由部分推断全体的一种认识方法

用部分来推断全体，人们会理性地提出质疑。300多年来，统计学家发现和创立了诸如大数定律、中心极限定理等推断和分布的理论，帮助我们认识到样本统计量和相应的总体参数之间存在着内在联系，两者的误差的分布也是有规律可循的。抽样推断提供了一套利用实际样本资料来估计或检验总体数量特征的方法，使我们有充分理由相信，部分推断总体，只要遵守科学的抽样推断程序，其推断结果不仅可能，而且也是可靠的。

2. 抽样推断坚持随机抽样的原则

抽样推断的基本理论和方法都是建立在随机抽样的基础之上的。随机是指每个单位都有可能被选出来，调查单位的选取不受调查者主观意志的影响，完全是客观的。这一点有别于重点调查和典型调查。尽管事先无法预知哪个单位能够中选，但可以知道被选出来的概率，可以是等概率，也可以是不等概率，无论是哪一种情况，概率都是已知的。

3. 抽样推断是运用概率估计的方法

由于选择样本单位遵循随机原则，样本估计量是一个随机变量，总体参数是一个常数，用一个随机变量去估计一个常数难免有误差，所以抽样推断用的是概率估计的方法，表明用样本统计量推断相应总体参数的可靠程度有多大，即不超过允许误差范围的概率保证程度有多大。

4. 抽样误差可以事先计算并加以控制

抽样调查方式下，不可避免地会产生抽样误差，但这种误差可以通过一定的方式计算出来，在抽样过程中也能通过一定的措施控制误差范围，使得抽样结果更加可靠。

(三) 抽样推断应具备的条件

科学的估计和推断要具备以下三个条件。

1. 要有合适的统计量作为估计量

统计量是样本变量的函数，根据样本变量可以构造很多统计量，但不是所有的统计量都能充当优良的统计量。例如，鞋帽制造商要通过抽样调查确定鞋帽生产的尺寸号码，应以众数作为估计量，取其平均数显然是不合适的。

2. 要有合理的允许误差范围

样本统计量本身是一个随机变量，要想抽样推断完全没有误差几乎是办不到的，只能用概率估计，但如果误差超过一定限度，参数估计就失去了意义。例如，考试成绩 60 分为及格，假定抽样平均数为 75 分，允许误差为 20 分，则估计考试平均成绩在 55～95 分（75±20），该抽样推断导致两种结果，即及格与不及格，这样推断没有任何意义，因为考试结果出现及格或不及格是必然结果。

3. 要有一个可接受的置信水平

一切估计和推断都是要冒风险的，在实际抽样推断中并不能保证被估计的参数都落在允许的误差范围内，如果一种估计和推断的置信水平很低，意味着所冒的风险很大，这就需要确定一个合理的置信水平。置信水平就是被估计参数落在允许误差范围内的概率保证程度。例如，在 100 次抽样推断中有 10 次是错误的，则 10% 为风险，90% 为置信水平。

(四) 抽样推断的内容

抽样推断的两大核心内容是参数估计和假设检验。

参数估计是依据所获得的样本资料对所要研究的总体参数，进行合乎数理逻辑的推断，主要包括确定估计值，求估计值和被估计参数之间的误差范围，计算在一定误差范围内所做推断的可靠程度等。

假设检验是指先对总体的状况作某种假设，然后再依据抽样推断的原理，根据样本资料对所做假设进行检验，来判断这种假设的真伪，以决定我们的行动。

例如，可口可乐公司生产的一种瓶装雪碧，包装上标明其净含量是 500 毫升，你在市场上随机抽取了 50 瓶，测得其平均净含量为 499.5 毫升，标准差为 2.63 毫升。你拿着这些数据需要做两件事：一是做一个估计，该种包装的雪碧平均净含量在 498.77～500.23 毫升，然后向消费者协会写份报告；二是做一个裁决，说"可口可乐公司有欺骗消费者的行为"的证据不足。前者是参数估计，后者是假设检验。本章节重点讲述参数估计，假设检验的内容将在第六章中展开说明。

二、抽样推断的相关概念

(一) 总体与样本

总体（或称母本）是具有某种特定性质的许多个别事物组成的整体，也就是我们所要调查研究的事物或现象的全体。组成总体的每个个别事物称为总体单位。总体单位数通常用 N 表示。

样本又称样本总体,是从总体中按照随机原则抽取的部分单位所组成的集合体。样本中的各个单位称为样本单位。样本单位数的多少称为样本大小,或样本容量,用 n 表示。例如,保险公司要调查全市居民有多少人能投保某一新险种,随机从全市居民中抽选了 1 000 人进行调查,那么全市居民就是总体,随机抽选的 1 000 人就是样本,样本容量为 1 000。

总体和样本,一个是整体,一个是部分。总体是我们的研究内容的对象,因此它是唯一的、确定的;而样本则是建立在随机基础上抽取出来的,每一次选样,都会选出不同的结果,所以它是变动的、不确定的。

(二) 总体参数与样本统计量

抽样推断的主要任务就是用样本统计量推断相应的总体参数,因此准确掌握总体参数和样本统计量的确切含义和计算公式是非常重要的。

1. 总体参数

总体参数又称总体指标,是反映总体数量特征的综合指标。在统计调查中,总体参数主要有:总体平均数 μ,总体方差 σ^2,总体标准差 σ,总体比例 π。在抽样调查中,总体参数是唯一确定的不变量,是需要根据样本统计量进行推断估计的未知数值。

根据总体各单位标志的性质的不同,总体又可以分为变量总体和属性总体。区分变量总体和属性总体对后面的参数估计非常关键。变量总体是指研究总体单位的数量标志时构成的总体,如要研究企业产品的产量时,产量就是数量标志,此时的总体就属于变量总体;属性总体是指研究总体单位的品质标志时构成的总体,如要研究企业产品的合格率时,合格率就是品质标志,此时的总体就属于属性总体。

2. 样本统计量

样本统计量又称样本指标,是根据样本各单位的标志值或标志特征计算的、反映样本数量特征的综合指标。在抽样调查中,样本统计量是根据样本资料计算得来的,主要用于推断总体的数量特征。样本统计量主要有:样本平均数 $\bar{x}$,样本方差 s^2,样本标准差 s,样本比例 p。

设样本中 n 个样本单位某项标志的标志值分别为 $x_1, x_2, \cdots, x_n$,其中具有某种属性的有 n_1 个单位,不具有某种属性的有 n_0 个单位,则主要的样本统计量计算公式如表 5-1 所示。

表 5-1　　　　　　　　　　样本统计量计算公式

	样本平均数		样本标准差	
	简单	加权	简单	加权
变量样本	$\bar{x} = \dfrac{\sum x}{n}$	$\bar{x} = \dfrac{\sum xf}{\sum f}$	$s = \sqrt{\dfrac{\sum(x-\bar{x})^2}{n-1}}$	$s = \sqrt{\dfrac{\sum(x-\bar{x})^2 f}{\sum f - 1}}$
属性样本	样本比例		样本比例的标准差	
	$p = \dfrac{n_1}{n}$		$s_p = \sqrt{p(1-p)}$	

(三) 样本容量与样本个数

样本容量是指一个样本所包含的单位数,用 n 来表示。对比总体单位数 N 来说,n 是个很小的数,它可以是 N 的几十分之一、几百分之一、几千分之一、几万分之一。一般地讲,样本单位数不少于 30 个的样本称为大样本,少于 30 个的样本称为小样本。

样本个数又称样本可能数目,是指在一个抽样方案中总体中所有可能被抽取的样本总数。一个总体可能抽取多少个样本,与样本的容量大小有关,也和抽样的方法有关。

(四) 重复抽样与非重复抽样

重复抽样是从总体中随机抽选一个单位,经观察后放回总体,再从全部总体单位中抽选。按照这种方式抽样,每次都是从 N 个总体单位中抽选,同一单位有多次重复中选。

非重复抽样的抽取方法是,已经抽选出来的单位不再放回去,而从剩下的总体单位中抽选下一个单位。按照这种方式抽样,每个总体单位只能被抽中一次,绝不会被再次抽选出来。

在相同样本容量的条件下,从同一个总体中用不重复抽样方法可能得到的样本个数比重复抽样方法可能得到的样本个数少。由于不重复抽样简便易行,所以在实际工作中经常被采用。

三、抽样的组织形式

概率抽样按其组织方式不同,可分成简单随机抽样、等距抽样、类型抽样、整群抽样。

(一) 简单随机抽样

简单随机抽样(也叫纯随机抽样),是指从总体中不加任何分组、划类、排队等,完全随机地抽取调查单位。简单随机抽样的特点是每个样本单位被抽中的概率相等,样本的每个单位完全独立,彼此间无一定的关联性和排斥性。简单随机抽样是其他各种抽样形式的基础,通常只是在总体单位之间差异程度较小和数目较少时,才采用这种方法。简单随机抽样在实践中具有较大的局限性。首先,当总体范围很大时,对所有总体单位编号实际上是很难办到的,不易构造抽样框;其次,根据这种方法抽出的单位很分散,给实施调查增加了困难;最后,这种方法没有利用其他辅助信息以提高估计的效率,所以,在规模较大的调查中,很少直接采用简单随机抽样,一般是把这种方法和其他抽样方法结合起来使用。

1. 抽签法

抽签法一般是把总体中的 N 个个体编号,把号码写在号签上,将号签放在一个容器中,搅拌均匀后,每次从中抽取一个号签,连续抽取 n 次,就得到一个容量为 n 的样本。

抽签法简单易行,主要适用于总体中个数不多的情况。当总体中的个体数较多时,将总体"搅拌均匀"就比较困难,用抽签法产生的样本代表性差的可能性很大。

2. 随机数法

随机数法,即利用随机数表、随机数骰子或计算机产生的随机数进行抽样。用随机数表抽取样本具体操作步骤如下：

(1) 将总体中所有单位编号。

(2) 根据总体单位的数目和编号，确定使用几位随机号码。

(3) 从随机数表的任意一行的任意一位号码向下数，碰上属于编号内的数字就定下来作为样本单位，直到抽够所要求的 n 个为止。

用这种方法抽样，避免了制作号签和掺匀工作，但仍然需要编号。若总体单位数很大，则编号工作也很繁重。

（二）等距抽样

等距抽样（也叫机械抽样或系统抽样），是指将总体各单位按一定标志或次序排列成为图形或一览表式（也就是通常所说的排队），然后按相等的距离或间隔抽取样本单位。等距抽样的特点是抽出的单位在总体中是均匀分布的，且抽取的样本可少于纯随机抽样。等距抽样既可以用于同调查项目相关的标志排队，也可以用于同调查项目无关的标志排队。等距抽样是实际工作中应用较多的方法，目前我国城乡居民收支等调查，都是采用这种方式。

等距抽样方式相对于简单随机抽样方式最主要的优势就是经济性。等距抽样更为简单，花的时间更少，并且花费也少。使用等距抽样方式最大的缺陷在于总体单位的排列上，一些总体单位数可能包含隐蔽的形态或者是"不合格样本"，调查者可能疏忽，把它们抽选为样本。由此可见，只要抽样者对总体结构有一定了解，充分利用已有信息对总体单位进行排队后再抽样，则可以提高抽样效率。

（三）类型抽样

类型抽样（也叫分层抽样），是指将总体单位按其属性特征分成若干类型或层，然后在类型或层中随机抽取样本单位。类型抽样的特点是由于通过划类分层，增大了各类型中单位间的共同性，容易抽出具有代表性的调查样本。该方法适用于总体情况复杂、各单位之间差异较大、单位较多的情况。

分层抽样的优点包括：①在不增加样本规模的前提下降低抽样的误差，提高抽样的精度。②非常便于了解总体内不同层次的情况，便于对总体不同的层次或类别进行单独研究。

分层的原则如下：

(1) 以调查所要分析和研究的主要变量或相关变量作为分层标准。

(2) 以保证各层内部同质性强和各层之间的异质性强、突出总体内在结构的变量作为分层变量。

(3) 以那些已有明显层次区分的变量作为分层变量。

（四）整群抽样

整群抽样是指从总体中成群成组地抽取调查单位，而不是一个一个地抽取调查样本。整群抽样的特点是调查单位比较集中，调查工作的组织和进行比较方便，但调查单位在总体中的分布不均匀，准确性要差些。因此，在群间差异性不大或者不适宜单个地抽选调查样本的情况下,可采用这种方式。

整群抽样的实施步骤如下:

(1) 确定分群的标注,将总体分成 i 个群。

(2) 总体分成若干个互不重叠的部分,每个部分为一群。

(3) 根据各样本容量,确定应该抽取的群数。

(4) 采用简单随机抽样或系统抽样方法,从 i 群中抽取确定的群数。

与简单随机抽样相比,整群抽样的特点在于:简单随机抽样抽到的单位是总体单位,而整群抽样抽到的是群(或组),每一群中都包括若干总体单位,因此,整群抽样抽到的单位与总体单位不一致。整群抽样和分层抽样也不同,虽然两者都要将总体分为若干群(层),但划分原则上有很大差异:分层抽样的原则是要尽量扩大层间的差异,缩小层内的差异;整群抽样则要求尽量扩大群内的差异,缩小群间的差异。

第二节 几种常见的分布

一、正态分布

(一) 正态分布的概念及图形特点

1. 正态分布的概念

在连续型随机变量中,最重要的一种随机变量是具有钟形概率分布的随机变量,即正态随机变量,相应的概率分布称为正态分布。

如果随机变量 X 的概率密度为:

$$f(x) = \frac{1}{\sigma\sqrt{2\pi}} e^{-\frac{1}{2\sigma^2}(x-\mu)^2}, \quad -\infty < x < +\infty$$

则称 X 服从正态分布,记作 $X \sim N(\mu, \sigma^2)$,其中 $-\infty < \mu < +\infty$,$\sigma > 0$,μ 为随机变量 X 的均值,σ 为随机变量 X 的标准差,它们是正态分布的两个参数。

$X \sim N(\mu, \sigma^2)$ 通常读成随机变量 X 服从均值为 μ、方差为 σ^2 的正态分布。正态分布的概率密度曲线如图 5-1 所示。

正态分布是最重要的一种连续型分布,有着非常广泛的应用。在社会经济问题中,许多随机变量的概率分布都服从正态分布。例如,某地区同年龄组儿童的发育特征,如身高、体重、肺活量;某公司年销售量;在同一条件下产品的质量以平均质量为中心上下波动;特别差的和特别好的都是少数,多数处在中间状

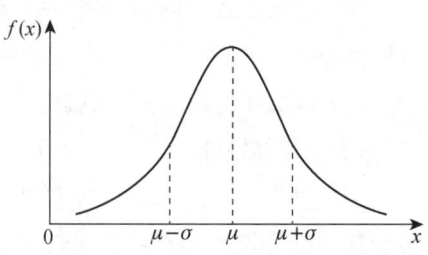

图 5-1 正态分布的概率密度曲线

态;人群中的高个子和矮个子都是少数,而中等身材的人居多等。

2. 正态分布曲线的特点

正态分布密度函数的图形特点如下:

(1) $f(x) \geqslant 0$,即整个概率密度曲线都在 x 轴的上方。

(2) 密度曲线是一个单峰钟形曲线,相对于 $x=\mu$ 对称。

(3) 曲线在 $x=\mu$ 处达到最大值,$f(\mu)=\dfrac{1}{\sqrt{2\pi}\sigma}$。

(4) μ 决定了图形的中心位置,μ 增大时,曲线向右移动;μ 减少时,曲线向左移动。σ 决定了图形中曲线的陡峭程度,σ 越大,曲线越平缓;σ 越小,曲线越陡峭。参数 μ、σ 对曲线位置、形状的影响具体如图 5-2 所示。

(5) 当 x 趋于无穷时,曲线以 x 轴为其渐近线。

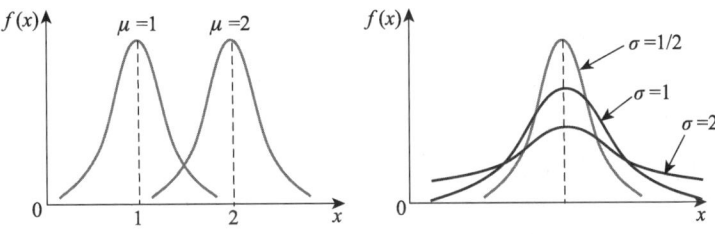

图 5-2 参数 μ 和 σ 对曲线位置、形状的影响

(二) 标准正态分布

当正态分布的参数 $\mu=0$,$\sigma=1$,即 $X \sim N(0,1)$ 时,则称 X 服从标准正态分布。对标准正态分布,通常用 $\varphi(x)$ 表示概率密度函数,用 $\Phi(x)$ 表示分布函数,即:

$$\varphi(x)=\dfrac{1}{\sqrt{2\pi}}\mathrm{e}^{-\dfrac{x^2}{2}}$$

$$\Phi(x)=\int_{-\infty}^{x}\varphi(t)\mathrm{d}t=\int_{-\infty}^{x}\dfrac{1}{\sqrt{2\pi}}\mathrm{e}^{-\dfrac{t^2}{2}}\mathrm{d}t$$

标准正态分布的概率密度函数 $\varphi(x)$ 和分布函数 $\Phi(x)$ 的图形如图 5-3 所示。

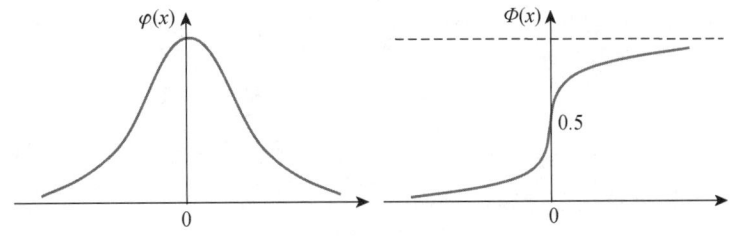

图 5-3 标准正态分布的概率密度函数和分布函数

标准正态分布的重要性在于,任何一个一般的正态分布都可以通过线性变换转化为标准正态分布。

设 $X \sim N(\mu, \sigma^2)$,则 $Z = \dfrac{X - \mu}{\sigma} \sim N(0, 1)$。

这就是将一般正态分布转化为标准正态分布的公式。

二、由正态分布导出的其他分布

在正态总体条件下,主要有 χ^2 分布、t 分布、F 分布,常称为统计三大分布。

1. χ^2 分布

χ^2 分布是由赫尔默特(Helmert)和皮尔逊分别于 1875 年和 1900 年推导出来的。

设随机变量 $X_1, X_2, \cdots X_n$ 相互独立,且 $X_i (i = 1, 2, \cdots n)$ 服从标准正态分布 $N(0, 1)$,则它们的平方和 $\sum\limits_{i=1}^{n} X_i^2$ 服从自由度为 n 的 χ^2 分布。

自由度是统计学中常用的一个概念,它可以解释为独立变量的个数,还可解释为二次型的秩。例如,$Y = X^2$ 是自由度为 1 的 χ^2 分布,$\text{rank}(Y) = 1$;$Z = \sum\limits_{i=1}^{n} X_i^2$ 是自由度为 n 的 χ^2 分布,$\text{rank}(Z) = n$。

关于 χ^2 分布的密度函数较为复杂,非统计专业只关心应用的读者不必了解,所以本书不介绍 χ^2 分布、t 分布、F 分布的密度函数。

下面给出当 $n = 1$,$n = 4$,$n = 10$,$n = 20$ 时,χ^2 分布的概率密度函数曲线,如图 5-4 所示。

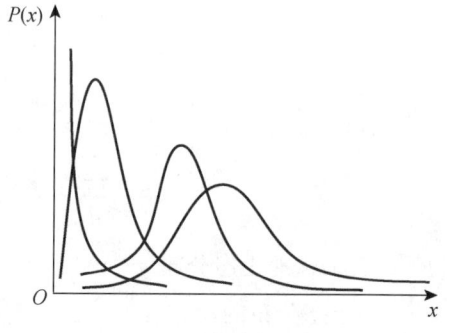

图 5-4 χ^2 分布的示意图

χ^2 分布的数学期望为:

$$E(\chi^2) = n$$

χ^2 分布的方差为:

$$D(\chi^2) = 2n$$

χ^2 分布具有可加性,即若 $\chi_1^2 \sim \chi^2(n_1)$,$\chi_2^2 \sim \chi^2(n_2)$,且独立,则:

$$\chi_1^2 + \chi_2^2 \sim \chi^2(n_1 + n_2)$$

由上图还可以看出,当自由度足够大时,χ^2 分布的概率密度曲线趋于对称。当 $n \to +\infty$ 时,χ^2 分布的极限分布是正态分布。

2. t 分布

t 分布也称为学生氏分布,是戈塞特(W. S. Gosset)于 1908 年在一篇以"student"

(学生)为笔名的论文中首次提出的。

设 $X \sim N(0,1)$，$Y \sim \chi^2(n)$，且 X 与 Y 独立，则称随机变量 $\dfrac{X}{\sqrt{Y/n}}$ 服从自由度为 n 的 t 分布，记为 $t \sim t(n)$，其中，n 为自由度。

$$t = \dfrac{X}{\sqrt{Y/n}}$$

当 $n \geq 2$ 时，t 分布的数学期望 $E(t)=0$。

当 $n \geq 3$ 时，t 分布的方差 $D(t) = \dfrac{n}{n-2}$。

t 分布的密度函数是偶函数，如图 5-5 所示。

由图 5-5 可以看出，t 分布的密度函数曲线与标准正态分布 $N(0,1)$ 的密度函数曲线非常相似，都是单峰偶函数。只是 $t(n)$ 的密度函数的两侧尾部要比 $N(0,1)$ 的两侧尾部粗一些。$t(n)$ 的方差比 $N(0,1)$ 的方差大一些。

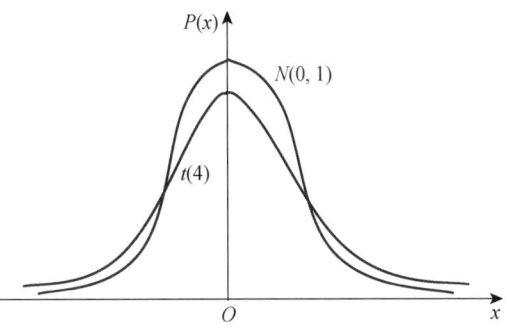

图 5-5 t 分布的示意图

随着自由度 n 的增加，t 分布的密度函数越来越接近标准正态分布的密度函数。实际应用中，一般当 $n \geq 30$ 时，t 分布与标准正态分布就非常接近。

3. F 分布

F 分布是统计学家费希尔首先提出的。F 分布有着广泛的应用，在方差分析、回归方程的显著性检验中有重要的地位。

设随机变量 Y 与 Z 相互独立，且 Y 和 Z 分别服从自由度为 m 和 n 的 χ^2 分布，则 $X = \dfrac{Y/m}{Z/n}$，其分布称为第一自由度为 m，第二自由度为 n 的 F 分布，记为 $F(m,n)$，简记 $X \sim F(m,n)$。

F 分布的密度函数的图形如图 5-6 所示。

设随机变量 $X \sim F(m,n)$，则数学期望和方差分别为：

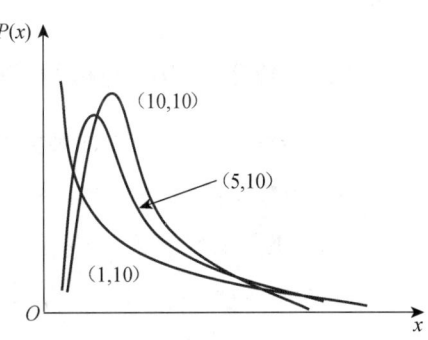

图 5-6 F 分布的密度函数示意图

$$E(X) = \dfrac{n}{n-2}, \quad n > 2$$

$$D(X) = \dfrac{2n^2(m+n-2)}{m(n-2)^2(n-4)}, \quad n > 4$$

F 分布的 p 分位数可查 F 分布表获得,且

$$F_p(v_1, v_2) = \frac{1}{F_p(v_2, v_1)}$$

由此可知,在 F 分布中,两个自由度的位置不可互换。这一性质在查 F 分布表时有重要应用。

F 分布与 t 分布还存在如下关系:如果随机变量 X 服从 $t(n)$ 分布,则 $X^2 \sim F(1, n)$。这在回归分析的回归系数显著性检验中有用。

第三节 抽样分布

一、抽样分布的概念

抽样分布是指样本统计量的概率分布,即在重复选取容量为 n 的样本时,由样本统计量的所有可能取值形成的相对频数分布。由于现实中不可能将所有可能的样本都抽取出来,所以,统计量的概率分布实际上是一种理论分布。

根据统计量来推断总体参数具有某种不确定性,但我们可以给出这种推断的可靠性,而度量这种可靠性的依据正是抽样分布,并且我们确知这种分布的某些性质。因此,抽样分布提供了该统计量长远而稳定的信息,这构成了参数估计、假设检验等内容的理论基础。

二、大数定律和中心极限定理

大数定律和中心极限定理是描述抽样分布的两个重要定律。

(一) 大数定律

设独立的随机变量 $x_1, x_2, \cdots, x_n$ 具有相同的分布,并且存在着有限的期望值 μ 和方差 σ^2,则对于任意小的正数 ε,有:

$$\lim_{n \to \infty} p\{|\bar{x} - \mu| < \varepsilon\} = 1$$

大数定律说明,当样本容量充分大的时候,抽样的均值依概率收敛于总体的均值,与总体的分布无关,也就是说,样本的均值具有稳定性。该定律为使用样本的均值估计总体的均值提供了理论依据。

(二) 中心极限定理

设独立的随机变量 $x_1, x_2, \cdots, x_n$ 具有相同的分布,并且存在着有限的期望值 μ 和方

差 σ^2，当样本容量 $n \to \infty$ 时，抽样均值趋向于均值为 μ、方差为 $\dfrac{\sigma^2}{n}$ 的正态分布，即：

$$\bar{x} \sim N\left(\mu, \dfrac{\sigma^2}{n}\right)$$

中心极限定理说明，不管总体服从什么分布，只要样本容量充分大，抽样均值的极限分布就是正态分布。该定理为参数估计和假设检验构造估计量和统计量提供了理论依据。

三、样本均值的抽样分布

样本均值的抽样分布，是指在重复选取样本容量为 n 的样本时，由样本均值的所有可能取值形成的相对频数分布，即如果按照相同的样本容量，相同的抽样方式，反复地抽取样本，每个样本可以计算一个平均数，所有可能样本的平均数所形成的分布，就是样本均值的抽样分布。

假设总体服从正态分布，那么根据一组来自总体的样本计算出来的样本均值还是服从正态分布；如果总体不是正态分布，或者总体服从的分布不可知，那么根据中心极限定理，当样本容量 n 充分大（通常要求 $n \geqslant 30$）时，样本均值仍然可以看成是正态分布。

设总体共有 N 个单位，其均值为 μ，方差为 σ^2，从中抽取样本容量为 n 的样本，样本均值的数学期望（即样本均值的均值）记为 $E(\bar{x})$，样本均值的方差记为 $\sigma_{\bar{x}}^2$。则：

(1) 样本均值的数学期望等于总体均值。

$$E(\bar{x}) = E\left(\dfrac{1}{n}\sum x_i\right) = \dfrac{1}{n}\sum E(x_i) = \dfrac{1}{n} \times n\mu = \mu$$

(2) 样本均值的方差与抽样方法有关。在重复抽样下，$x_1, x_2, \cdots, x_n$ 相互独立，因此有：

$$\sigma_{\bar{x}}^2 = \sigma^2\left(\dfrac{1}{n}\sum x_i\right) = \dfrac{1}{n^2}\sum \sigma^2(x_i) = \dfrac{1}{n^2} \times n\sigma^2 = \dfrac{1}{n}\sigma^2$$

即 $\bar{x} \sim N\left(\mu, \dfrac{\sigma^2}{n}\right)$。等价地，有 $\dfrac{\bar{x} - \mu}{\sigma/\sqrt{n}} \sim N(0, 1)$。

在不重复抽样的条件下，经过计算可以得到下式：

$$\sigma_{\bar{x}}^2 = \dfrac{\sigma^2}{n} \cdot \dfrac{N-n}{N-1}$$

当总体单位数 N 很大时，上式可近似地表示为：

$$\sigma_{\bar{x}}^2 = \dfrac{\sigma^2}{n} \cdot \left(1 - \dfrac{n}{N}\right)$$

式中，$\dfrac{N-n}{N-1}$ 和 $1 - \dfrac{n}{N}$ 为修正系数。

上面的计算说明了如果用抽样均值作为总体均值的一个估计量，那么这种估计是无偏的，而且可以看出，估计量的方差随着样本容量的增加而减少，估计值会更加集中在总体均值的周围。

四、样本比例的抽样分布

样本比例的抽样分布，是指在重复选取样本容量为 n 的样本时，由样本比例的所有可能取值形成的相对频数分布。在实际中，很多情形要用到比例估计，也就是用样本比例去推断总体比例。例如，一个班级的学生按性别分为男、女两类，男生人数与总人数之比就是比例，女生人数与总人数之比是另外一个比例。

当样本容量很大时，样本比例 p 的抽样分布可用正态分布近似。对于一个具体的样本比例 p，若 $np \geqslant 5$ 和 $n(1-p) \geqslant 5$，就可以认为样本容量足够大。

同样，对于 p 的分布，我们也需要知道 p 的数学期望（p 的所有可能值的均值）和方差。

(1) p 的数学期望 $E(p)$ 等于总体的比例 π，即：

$$E(p) = \pi$$

(2) p 的方差与抽样方法有关。设 p 的抽样方差为 σ_p^2，则：

重复抽样条件下，有：

$$\sigma_p^2 = \frac{\pi(1-\pi)}{n}$$

即 $p \sim N\left(\pi, \dfrac{\pi(1-\pi)}{n}\right)$。等价地，有 $\dfrac{p-\pi}{\sqrt{\pi(1-\pi)/n}} \sim N(0,1)$。

不重复抽样下，p 的方差也要乘上修正系数，即：

$$\sigma_p^2 = \frac{\pi(1-\pi)}{n} \cdot \frac{N-n}{N-1}$$

当总体单位数 N 很大时，上式可近似地表示为：

$$\sigma_p^2 = \frac{\pi(1-\pi)}{n}\left(1 - \frac{n}{N}\right)$$

五、样本方差的抽样分布

样本方差的分布与总体的分布有关，比较复杂。对于来自正态总体的简单随机样本，$(n-1)s^2/\sigma^2$ 服从自由度为 $n-1$ 的 χ^2 分布，即：

$$\chi^2 = \frac{(n-1)s^2}{\sigma^2} \sim \chi^2(n-1)$$

第四节 抽样误差

一、抽样误差的含义

抽样误差是样本统计量与总体参数之间的离差,是由于抽样随机性而产生的误差。它不包括因登记、汇总等原因而产生的登记性误差,也不包括违背随机原则而产生的代表性误差,用公式可以表示为:

$$平均数的抽样误差 = |\bar{x} - \mu|$$
$$比例的抽样误差 = |p - \pi|$$

抽样误差虽然可以表示为样本统计量与总体参数的离差,但要依据上述公式计算抽样误差是不可能的。事实上,由于总体参数的真实值是未知的,所以抽样误差的确切数值也是无从知道的,我们只能用一定的方法去估计它,并可采取相应的措施对它加以控制。

二、抽样平均误差

(一) 抽样平均误差的含义

抽样平均误差,是根据随机原则抽样时,所有可能出现的样本统计量的标准差。它概括地反映了样本统计量与总体参数的平均误差。抽样平均误差的理论公式为:

$$\sigma_{\bar{x}} = \sqrt{\frac{\sum(\bar{x}-\mu)^2}{M}}$$

$$\sigma_p = \sqrt{\frac{\sum(p-\pi)^2}{M}}$$

式中,$\sigma_{\bar{x}}$——样本均值的抽样平均误差;

σ_p——样本比例的抽样平均误差;

M——所有可能的样本个数。

上述从理论上说明了抽样平均误差的计算,但由于总体平均数和总体比例是未知的,而且也不可能计算出全部的样本统计量,所以按上述公式来计算抽样平均误差是不可能的。在实际工作中,通常采用其他的公式来计算抽样平均误差。

(二) 抽样平均误差的计算

这里只介绍简单随机抽样下抽样平均误差的计算。

1. 样本均值的抽样平均误差

(1) 重复抽样下,样本均值的抽样平均误差为:

$$\sigma_{\bar{x}} = \frac{\sigma}{\sqrt{n}}$$

由上述公式可以看出,抽样平均误差的大小与总体标准差成正比,而与样本单位数成反比。

(2) 不重复抽样下,样本均值的抽样平均误差为:

$$\sigma_{\bar{x}} = \sqrt{\frac{\sigma^2}{n} \cdot \frac{N-n}{N-1}} \approx \sqrt{\frac{\sigma^2}{n}\left(1 - \frac{n}{N}\right)}$$

从上述计算公式中可以看出,在其他条件不变的情况下,不重复抽样的抽样平均误差要小于重复抽样的抽样平均误差,不重复抽样的样本代表性较大。当总体单位数 N 大时,$\frac{n}{N}$ 很小,而 $1-\frac{n}{N}$ 就接近于 1,在这种情况下,不重复抽样的抽样平均误差实际上也就近似于重复抽样的平均误差,在实际工作中,为减轻计算工作量,不重复抽样有时也采用重复抽样的抽样平均误差公式计算。

在计算抽样平均误差时,通常总体标准差 σ 是未知的,在大样本的情况下,可用样本标准差 s 代替,也可以用历史标准差或实验标准差代替。当有几个替代标准差可供选择时,通常取数值大的标准差。对比例标准差则取最接近于 0.5 的数值。因为标准差大,抽样误差亦随之增大,相应的估计区间也较大,从而能提高总体参数落入区间估计的可能性。

【例 5-1】 对某市 1 500 名消费者进行购物消费支出调查,随机抽取其中 5% 的消费者作为样本,调查所得的资料如下:样本单位数为 75 人,平均每人购物消费支出为 434.4 元。购物消费的标准差为 46.8 元。请计算样本均值的抽样平均误差。

解析: 已知,$N=1\,500$,$n=75$,$\sigma=46.8$,则样本均值的抽样平均误差为:

(1) 重复抽样:

$$\sigma_{\bar{x}} = \frac{\sigma}{\sqrt{n}} = \frac{46.8}{\sqrt{75}} = 5.40(元)$$

(2) 不重复抽样下:

$$\sigma_{\bar{x}} = \sqrt{\frac{\sigma^2}{n}\left(1 - \frac{n}{N}\right)} = \sqrt{\frac{46.8^2}{75}(1-5\%)} = 5.27(元)$$

计算结果表明,重复抽样下样本均值的抽样平均误差为 5.40 元,不重复抽样下样本均值的抽样平均误差为 5.27 元。

2. 样本比例的抽样平均误差

(1) 重复抽样下,样本比例的抽样平均误差为:

$$\sigma_p = \sqrt{\frac{\pi(1-\pi)}{n}}$$

(2) 不重复抽样下,样本比例的抽样平均误差为:

$$\sigma_p = \sqrt{\frac{\pi(1-\pi)}{n} \cdot \frac{N-n}{N-1}} \approx \sqrt{\frac{\pi(1-\pi)}{n}\left(1-\frac{n}{N}\right)}$$

当总体比例的方差 $\pi(1-\pi)$ 未知时,可用样本比例的方差 $p(1-p)$ 代替。

(三) 影响抽样平均误差的因素

根据抽样平均误差公式,可以分析影响抽样平均误差的因素主要有以下四个方面。

(1) 总体方差或标准差。总体方差或标准差描述了总体各单位标志值的变异程度。如果总体变异性小,那么所抽取的各样本的统计量与总体参数的离差也是较小的,再求其平均而得到的抽样平均误差也较小。因而,抽样平均误差与总体方差成正比例关系。

(2) 样本容量。如果样本容量越小,那么它对总体的代表性越差,这意味着抽样平均误差越大,因而抽样平均误差与样本容量成反比例关系。

(3) 抽样方法。在其他条件(如总体方差、样本容量等)相同时,不重复抽样的抽样平均误差一般小于重复抽样的抽样平均误差。这是因为不重复抽样下对已抽过的总体单位不再放回参加下一次抽选,从而避免了重复中选,因此,不重复抽样的样本比重复抽样的样本更能反映总体的结构,故抽样平均误差会较小些。

(4) 抽样调查的组织形式。在相同的总体方差、样本容量和抽样方法下,不同的抽样组织形式有不同的抽样平均误差,这是因为按不同组织形式所抽取的样本对于总体的代表性是不同的,所以,其抽样平均误差也就不同。

三、抽样极限误差

抽样极限误差是从另一个角度来考虑抽样误差问题的。用样本统计量推断总体参数时,要想达到完全准确和毫无误差,几乎是不可能的。样本统计量和总体参数之间总会有一定的差距,所以在估计总体参数时,就必须同时考虑误差的大小。我们不希望误差太大,因为这会影响样本资料的价值。误差越大,样本资料的价值便越小,当误差超过一定限度时,样本资料也就毫无价值了。所以在进行抽样推断时,应该根据所研究对象的变异程度和分析任务的需要确定允许的误差范围,在这个范围内的数字就算是有效的。这就是抽样极限误差的问题。

抽样极限误差是调查者根据抽样推断结果的精确度及可靠性要求确定的样本统计量和总体参数之间的最大允许范围,也称为允许误差或容许误差。由于总体参数是一个确定的数,而样本统计量则是围绕着总体参数左右变动的量,它与总体参数可能产生正离差,也可能产生负离差,样本统计量变动的上限和下限与总体参数之差的绝对值就可以表示抽样误差的可能范围,用 Δ 表示。

$$抽样平均数的允许误差 \Delta_{\bar{x}} = |\bar{x} - \mu|$$
$$抽样比例的允许误差 \Delta_p = |p - \pi|$$

就是说，根据推断结果精确度的要求，应事先确定样本统计量与总体参数之间误差的最大允许值。如果抽样误差超过此值，就达不到既定的精确度要求了。由于总体参数是未知的，所以样本统计量与总体参数之间的误差是否不超过既定的允许误差，也无从可知。因此，上述等式只是用来表明极限误差含义的定义公式，在实际工作中无法用来计算允许误差。但是，我们可以将其变换为如下完全等值的不等式：

$$\bar{x} - \Delta_{\bar{x}} \leqslant \mu \leqslant \bar{x} + \Delta_{\bar{x}}$$

$$p - \Delta_p \leqslant \pi \leqslant p + \Delta_p$$

由此可见，确定极限误差 Δ，实际上是希望以样本统计量（$\bar{x}$ 或 p）为中心，长度为 Δ 的区间能够包含总体参数（μ 或 π）。只要总体参数被包含在该区间内，样本统计量与总体参数之间的误差就不会超过极限误差 Δ，抽样推断就符合既定的精确度要求。

第五节 参数估计

一、参数估计的含义

参数估计是抽样推断的重要内容之一。它是在抽样及抽样分布的基础上，根据样本统计量来推断总体参数。例如，用样本均值 $\bar{x}$ 估计总体均值 μ，用样本比例 p 估计总体比例 π，用样本方差 s^2 估计总体方差 σ^2 等。如果将总体参数笼统地用一个符号 θ 来表示，而用于估计总体参数的统计量用 $\hat{\theta}$ 表示，参数估计就是如何用 $\hat{\theta}$ 来估计 θ。本章主要介绍总体均值和总体比例的参数估计问题。

在参数估计中，用来估计总体参数的统计量称为估计量。样本均值、样本比例、样本方差等都可以是一个估计量。根据一个具体的样本计算出来的估计量的具体数值，称为估计值。估计量是样本的函数，可以看成是一种估计的方法，而估计值是由这种方法计算出来的某一个具体的数值。运用同一个估计量对总体的参数进行估计，对于不同的样本来说，具体估计值可能是不同的。例如，要估计一个班学生考试的平均分数，从中抽取一个随机样本，全班的平均分数是不知道的，称为参数，根据样本计算的平均分数 $\bar{x}$ 就是一个估计量，假定计算出来的样本平均分数为 80 分，这个 80 分就是估计量的具体数值，称为估计值。

二、评价估计量的标准

实际上，用于估计 θ 的估计量有很多，对于同一个样本，用不用的方法来推断，可能得到不同的估计量。究竟用样本的哪种估计量，要看估计的效果。衡量一种估计量是否优良，不是看某一个具体的估计值，而是要看这个估计量所具有的特征。评价估计量的标准主要有以下三种。

1. 无偏性

无偏性是指估计量抽样分布的数学期望等于被估计的总体参数。设总体参数为 θ，样本统计量为 $\hat{\theta}$，如果 $E(\hat{\theta})=\theta$，则称 $\hat{\theta}$ 为 θ 的无偏估计量。

根据抽样分布可知：$E(\bar{x})=\mu$，$E(p)=\pi$，$E(s^2)=\sigma^2$，因此 $\bar{x}$，p，s^2 分别是总体均值 μ，总体比例 π，总体方差 σ^2 的无偏估计量。

2. 有效性

有效性是指对同一总体参数的两个无偏估计量，有更小标准差的估计量更有效。假定有两个用于估计总体参数的无偏估计量，分别用 $\hat{\theta}_1$ 和 $\hat{\theta}_2$ 表示，它们的抽样分布的方差分别用 $D(\hat{\theta}_1)$ 和 $D(\hat{\theta}_2)$ 表示，如果 $\hat{\theta}_1$ 的方差小于 $\hat{\theta}_2$ 的方差，即 $D(\hat{\theta}_1)<D(\hat{\theta}_2)$，就称 $\hat{\theta}_1$ 是比 $\hat{\theta}_2$ 更有效的一个估计量。在无偏估计的条件下，估计量的方差越小，估计就越有效。

3. 一致性

一致性是指随着样本容量的增大，样本统计量接近总体参数的可能性越来越大。或者，对于任意给定的偏差控制水平，两者间偏差高于此控制水平的可能性越来越小，接近于 0。用公式表示就是：

$$\lim_{n\to\infty} p\{|\hat{\theta}-\theta|<\varepsilon\}=1$$

公式中，ε 为一任意小的数。上式说明，当 n 充分大时，$\hat{\theta}$ 与 θ 之间的偏差，可以有很大的把握被控制在任意给定的范围之内。当 n 趋于无穷大时，估计量 $\hat{\theta}$ 依概率收敛于 θ。

由中心极限定理我们知道，抽样平均数是总体平均数的一致估计。因此，样本平均是总体平均的一个无偏、有效且满足一致性要求的估计量；因为比例是一个特殊的平均数，该结论对比例估计也成立。

三、点估计与区间估计

参数估计的方法有点估计和区间估计两种。

1. 点估计

点估计就是用样本统计量 $\hat{\theta}$ 的某个取值直接作为总体参数 θ 的估计值。例如，用样本均值 $\bar{x}$ 直接作为总体均值 μ 的估计值，用样本比例 p 直接作为总体比例 π 的估计值，用样本方差 s^2 直接作为总体方差 σ^2 的估计值等。例如，要估计一个班学生考试成绩的平均分数，根据抽出的一个随机样本计算的平均分数为 80 分，用 80 分作为全班平均考试分数的一个估计值，这就是点估计。再如，要估计一批产品的合格率，抽样结果表明合格率为 96%，将 96% 直接作为这批产品合格率的估计值，这也是一个点估计。

点估计的方法虽然简单，但由于样本是随机的，抽出一个具体的样本得到的估计值很可能不同于总体真值。在用点估计值代表总体参数值的同时，还必须给出点估计值的可靠性，也就是说,必须能说出点估计值与总体参数的真实值接近的程度。但一个点估计值的可靠性是由它的抽样标准误差来衡量的,这表明一个具体的点估计值无法给出估计的可靠性的度量,因此就不能完全依赖于一个点估计值,而是围绕点估计值构造总体参数的一个区间,这就是区间估计。

2. 区间估计

区间估计是在点估计的基础上,给出总体参数估计的一个区间范围,并要求给出区间估计成立的概率值。这个区间范围又称为置信区间,其区间的上、下限分别称为置信上限和置信下限。

区间估计时应考虑以下两个要求:

(1) 估计的精确度要求。精确度就是估计误差的最大范围,即误差的最大值,可通过极限误差来反映,用 Δ 表示。

(2) 估计的可靠性要求。可靠性是指估计结果正确的概率大小,是抽样估计本身正确性的一个概率保证,通常称为估计的置信水平或置信度,一般用 $1-\alpha$ 表示。

在抽样估计时,我们当然希望估计的精确度尽量高,也希望估计的可靠性尽量大。但这两个愿望是矛盾的。利用一个样本对总体进行估计时,若提高了估计的精确度,必然会降低估计的可靠性,所以,一般情况下只能满足其中一个要求。

在构造置信区间时,可以用所希望的任意值作为置信水平。比较常用的置信水平及正态分布曲线下右侧面积为 $\alpha/2$ 时的 z 值($z_{\alpha/2}$),如表 5-2 所示。

表 5-2　　　　　　　　常用置信水平的 $z_{\alpha/2}$ 值

置信水平	α	$\alpha/2$	$z_{\alpha/2}$
90%	0.10	0.050	1.645
95%	0.05	0.025	1.960
99%	0.01	0.005	2.580

四、总体均值的区间估计

研究一个总体时,所关心的参数主要有总体均值、总体比例和总体方差等。本章主要介绍一个总体均值、总体比例和总体方差的区间估计。在对总体均值进行区间估计时,需要考虑总体是否为正态分布、总体方差是否已知、用于构造估计量的样本是大样本还是小样本等几种情形。

1. 正态总体、方差已知,或非正态总体、大样本

当总体服从正态分布且 σ^2 已知时,或者总体不是正态分布但为大样本时,样本均值 $\bar{x}$ 的抽样分布均为正态分布,$\bar{x} \sim N(\mu, \sigma_{\bar{x}}^2)$。而样本均值经过标准化以后的随机变量则服从

从标准正态分布,即:

$$z = \frac{\bar{x} - \mu}{\sigma_{\bar{x}}} \sim N(0, 1)$$

根据上式和正态分布的性质可以得出总体均值 μ 在 $1-\alpha$ 置信水平下的置信区间为:

$$\bar{x} \pm z_{\alpha/2} \sigma_{\bar{x}}$$

式中,$\bar{x} - z_{\alpha/2}\sigma_{\bar{x}}$ 为置信下限,$\bar{x} + z_{\alpha/2}\sigma_{\bar{x}}$ 为置信上限;α 是事先确定的一个概率值,也称为风险值,它是总体均值不包括在置信区间内的概率;$z_{\alpha/2}$ 是正态分布的临界值,通过查标准正态分布表得到;$z_{\alpha/2}\sigma_{\bar{x}}$ 是估计总体均值时的极限误差(即 Δ)。

【例5-2】 为了检测一家食品公司生产的袋装食品的重量,现采用不重复抽样方式从一批8 000袋食品中抽取25袋,测得重量如表5-3所示。已知每袋规定的重量是100克,总体服从正态分布,标准差为10克。试以95%的置信水平估计这批产品平均重量的置信区间。

表5-3　　　　　　　　　　抽样检测每袋食品重量情况　　　　　　　　　　单位:克

序号	重量	序号	重量	序号	重量	序号	重量	序号	重量
1	112.5	6	101.0	11	103.0	16	102.0	21	100.5
2	102.6	7	107.5	12	95.0	17	108.8	22	115.6
3	100.0	8	123.5	13	102.0	18	101.6	23	102.2
4	116.6	9	95.4	14	97.5	19	108.6	24	105.0
5	136.8	10	102.8	15	101.5	20	98.4	25	93.3

解析:已知 $\sigma = 10$,$n = 25$,$1-\alpha = 0.95$,根据表5-3中的数据,样本均值为:

$$\bar{x} = \frac{\sum x}{n} = \frac{2\,634}{25} = 105.36(克)$$

对于不重复抽样,样本均值的抽样平均误差为:

$$\sigma_{\bar{x}} = \sqrt{\frac{\sigma^2}{n}\left(1 - \frac{n}{N}\right)} = \sqrt{\frac{10^2}{25}\left(1 - \frac{25}{8\,000}\right)} = 1.997$$

对于置信水平 $1-\alpha = 0.95$,查正态分布表,可知 $z_{\alpha/2} = 1.96$。则总体均值的置信区间为:

$$\bar{x} \pm z_{\alpha/2}\sigma_{\bar{x}} = 105.36 \pm 1.96 \times 1.997 = 105.36 \pm 3.91$$

即在95%的置信水平下,这批产品平均重量的置信区间为101.45~109.27克。

【例5-3】 承接[例5-2]资料,假定其他条件不变,只是将抽样方法变为重复抽样,抽样结果不变。试计算置信区间。

解析：重复抽样下样本均值的抽样平均误差为：

$$\sigma_{\bar{x}} = \frac{\sigma}{\sqrt{n}} = \frac{10}{\sqrt{25}} = 2$$

则总体均值的置信区间为：

$$\bar{x} \pm z_{\alpha/2}\sigma_{\bar{x}} = 105.36 \pm 1.96 \times 2 = 105.36 \pm 3.92$$

即在95%的置信水平下，这批产品平均重量的置信区间为 101.44～109.28 克。

2. 正态总体、方差未知、小样本

当总体服从正态分布但方差未知，且在小样本情形下，则需要用样本方差 s^2 代替总体方差 σ^2。这时样本均值经过标准化以后的随机变量服从自由度为 $n-1$ 的 t 分布，即：

$$t = \frac{\bar{x} - \mu}{\sigma_{\bar{x}}} \sim t(n-1)$$

因此，需要采用 t 分布来建立总体均值 μ 的置信区间。根据 t 分布建立的总体均值 μ 在 $1-\alpha$ 置信水平下的置信区间为：

$$\bar{x} \pm t_{\alpha/2}(n-1)\sigma_{\bar{x}}$$

式中，$t_{\alpha/2}(n-1)$ 是自由度为 $n-1$ 时，t 分布临界值，可通过查 t 分布表得到。

(1) 重复抽样下：

$$\sigma_{\bar{x}} = \frac{s}{\sqrt{n}}$$

(2) 不重复抽样下：

$$\sigma_{\bar{x}} = \sqrt{\frac{s^2}{n} \cdot \frac{N-n}{N-1}} \approx \sqrt{\frac{s^2}{n}\left(1 - \frac{n}{N}\right)}$$

【例5-4】 已知某种电子元件的寿命服从正态分布，现从一批电子元件中按照重复抽样随机抽取16个，测得其平均寿命为 1 490 小时，标准差为 24.77 小时。试以95%的置信水平估计该批电子元件平均寿命的置信区间。

解析：已知 $\bar{x} = 1\,490$ 小时，$s = 24.77$ 小时，$n = 16$，由于总体方差未知，所以用样本方差代替。

根据 $\alpha = 0.05$，查 t 分布表得 $t_{\alpha/2}(n-1) = t_{0.025}(15) = 2.131$，所以该批电子元件平均寿命的置信区间是：

$$\bar{x} \pm t_{\alpha/2}(n-1)\frac{s}{\sqrt{n}} = 1\,490 \pm 2.131 \times \frac{24.77}{\sqrt{16}}$$
$$= (1\,476.80,\ 1\,503.20)$$

计算结果表明,以 95% 的置信水平,该批电子元件平均寿命在 1 476.80 小时到 1 503.20 小时之间。

在不同情况下,总体均值的区间估计如表 5-4 所示,这里主要列示重复抽样下的区间估计。

表 5-4　　　　　　　　　　不同情况下总体均值的区间估计

总体分布	样本容量	方差已知	方差未知
正态分布	大样本 ($n \geqslant 30$)	$\bar{x} \pm z_{\alpha/2} \dfrac{\sigma}{\sqrt{n}}$	$\bar{x} \pm z_{\alpha/2} \dfrac{s}{\sqrt{n}}$
	小样本 ($n < 30$)	$\bar{x} \pm z_{\alpha/2} \dfrac{\sigma}{\sqrt{n}}$	$\bar{x} \pm t_{\alpha/2} \dfrac{s}{\sqrt{n}}$
非正态分布	大样本 ($n \geqslant 30$)	$\bar{x} \pm z_{\alpha/2} \dfrac{\sigma}{\sqrt{n}}$	$\bar{x} \pm z_{\alpha/2} \dfrac{s}{\sqrt{n}}$

五、总体比例的区间估计

根据抽样分布理论,在大样本($np \geqslant 5$ 和 $n(1-p) \geqslant 5$)情况下,样本比例的抽样分布可以用正态分布近似,由前述可知,$p \sim N(\pi, \sigma_p^2)$。则对于置信水平 $1-\alpha$,样本比例的置信区间为:

$$p \pm z_{\alpha/2} \sigma_p$$

【例 5-5】 某厂在某时期内生产了 10 万个零件,按不重复抽样方法从中随机抽取了 2 000 个零件进行检验,得知其中合格品有 1 900 个。试以 95% 的置信水平估计全部零件合格率的区间。

解析: $N = 100\,000$,$n = 2\,000$,则:

$$p = \frac{1\,900}{2\,000} \times 100\% = 95\%$$

$$\sigma_p = \sqrt{\frac{p(1-p)}{n}\left(1 - \frac{n}{N}\right)} = \sqrt{\frac{95\%(1-95\%)}{2\,000}\left(1 - \frac{2\,000}{100\,000}\right)} = 0.48\%$$

根据 $\alpha = 0.05$,查正态分布表,可知 $z_{\alpha/2} = 1.96$,则零件合格率的置信区间是:

$$p \pm z_{\alpha/2} \sigma_p = 95\% \pm 1.96 \times 0.48\% = 95\% \pm 0.94\% = (94.06\%, 95.94\%)$$

计算结果表明,在 95% 的置信水平下,该批零件合格率区间为 94.06%~95.94%。

六、总体方差的区间估计

在实际问题中,要考虑精度或稳定性时,需要对正态总体的方差 σ^2 进行区间估计。根据样本方差的抽样分布可知,样本方差 s^2 服从自由度为 $n-1$ 的 χ^2 分布,且 s^2 是总体方差 σ^2 的无偏估计。因此,对于给定的显著性水平 α,可以用 χ^2 分布构造总体方差 σ^2 的置信区间。

总体方差 σ^2 在 $1-\alpha$ 置信水平下的置信区间为:

$$\frac{(n-1)s^2}{\chi^2_{\alpha/2}} \leqslant \sigma^2 \leqslant \frac{(n-1)s^2}{\chi^2_{1-\alpha/2}}$$

【例 5-6】 承接[例 5-2]的数据。请以 95% 的置信水平建立总体重量标准差的置信区间。

解析: 根据样本数据计算的样本方差为:

$$s^2 = \frac{\sum(x_i - \bar{x})}{n-1} = \frac{2\,237.02}{25-1} = 93.21$$

根据显著性水平 $\alpha = 0.05$,查 χ^2 分布表得:

$\chi^2_{\alpha/2}(n-1) = \chi^2_{0.025}(25-1) = 39.364\,1$

$\chi^2_{1-\alpha/2}(n-1) = \chi^2_{0.975}(25-1) = 12.401\,1$

所以,总体方差的置信区间为:

$$\frac{(25-1) \times 93.21}{39.364\,1} \leqslant \sigma^2 \leqslant \frac{(25-1) \times 93.21}{12.401\,1}$$

即 $56.83 \leqslant \sigma^2 \leqslant 180.39$。总体标准差的置信区间则为 $7.54 \leqslant \sigma \leqslant 13.43$。该企业生产的食品总体重量标准差的 95% 的置信区间为 7.54~13.43 克。

第六节 样本容量的确定

在进行参数估计之前,首先应该确定一个适当的样本容量。样本容量越大,抽样估计的精确度和可靠性就越高,但同时所投入的人力、费用和时间也越多;样本容量越小,投入的人力、费用和时间也越少,但精确度和可靠性也会随之越低。为解决这个矛盾,一般原则是在保证抽样估计精确度和可靠性的条件下,使样本容量尽量少。抽样估计的精确度和可靠性与样本容量之间存在着一定的数量关系,运用这种关系可以计算出抽样所需要的最低样本容量。

一、估计总体均值时样本容量的确定

由于样本容量是抽样极限误差公式的组成部分,所以可以根据抽样极限误差公式推导

出样本容量的公式。下面以简单随机抽样为例,介绍样本容量的计算方法。

(1) 重复抽样下,其计算公式为:

$$\Delta_{\bar{x}} = Z_{\alpha/2}\sigma_{\bar{x}} = Z_{\alpha/2}\frac{\sigma}{\sqrt{n}}$$

由此,可以推导出样本容量计算公式为:

$$n = \frac{Z_{\alpha/2}^2 \sigma^2}{\Delta_{\bar{x}}^2}$$

(2) 不重复抽样下,其计算公式为:

$$\Delta_{\bar{x}} = Z_{\alpha/2}\sigma_{\bar{x}} = Z_{\alpha/2}\sqrt{\frac{\sigma^2}{n}\left(1-\frac{n}{N}\right)}$$

由此,可以推导出样本容量计算公式为:

$$n = \frac{NZ_{\alpha/2}^2 \sigma^2}{N\Delta_{\bar{x}}^2 + Z_{\alpha/2}^2 \sigma^2}$$

二、估计总体比例时样本容量的确定

估计总体比例时样本容量的确定与估计总体均值时样本容量的确定类似,但上述公式中的 $\sigma^2 = \pi(1-\pi)$。

(1) 重复抽样下,样本容量的计算公式为:

$$n = \frac{Z_{\alpha/2}^2 \pi(1-\pi)}{\Delta_p^2}$$

(2) 不重复抽样下,样本容量的计算公式为:

$$n = \frac{NZ_{\alpha/2}^2 \pi(1-\pi)}{N\Delta_p^2 + Z_{\alpha/2}^2 \pi(1-\pi)}$$

在实际应用中,如果总体比例 π 不知道,可以用样本比例代替。

三、确定样本容量应注意的问题

在确定样本容量时,可能会遇到一些应用性问题,应注意以下几个方面。

(一) 总体参数未知的问题

在计算样本容量时,总体方差与总体比例一般都是未知的,一般可以利用历史资料或实验性数据来代替。若遇到有不止一个经验数据或样本数据时,宜选择最大的一个。

(二) 估计对象不同导致要求的样本容量不相等的问题

对于同一资料既要估计平均数又要估计比例时,根据这两种估计所求的样本容量可能不相等,这时应选择其中样本容量较大的进行抽样,以保证抽样推断的精确性和可靠性。

(三) 抽样方法不同导致样本容量不相等的问题

按重复抽样公式计算的样本容量要比按不重复抽样公式确定的样本容量大。在条件允许的情况下,为保证抽样推断的精确度和可靠程度,原则上,一切抽样调查在计算样本容量时,都可采用重复抽样公式计算。

(四) 计算结果出现小数的问题

公式的计算结果如果带小数,样本容量不按四舍五入法则取整数,而是取比这个数大的最小整数。例如,计算得到 $n=89.23$,那么样本容量应该是 90,而不是 89。

【例 5-7】 某企业对产品进行包装重量检验,该批产品共 10 万袋,规定平均每袋重量的误差范围不超过 10 克,合格率的允许误差不超过 2%。根据以往资料,产品每袋重量的标准差为 65 克,产品包装重量的合格率为 98%。请问在 95% 的置信水平下,采用不重复抽样方法,至少应抽查多少袋产品进行重量检验?

解析: 已知 $\sigma=65$, $\pi=98\%$, $Z_{\alpha/2}=1.96$, $\Delta_{\bar{x}}=10$, $\Delta_p=2\%$, $N=100\,000$,则:

(1) 估计总体均值时的样本容量为:

$$n=\frac{NZ_{\alpha/2}^2\sigma^2}{N\Delta_{\bar{x}}^2+Z_{\alpha/2}^2\sigma^2}=\frac{100\,000\times1.96^2\times65^2}{100\,000\times10^2+1.96^2\times65^2}=162.04\approx163(袋)$$

(2) 估计总体比例时的样本容量为:

$$n=\frac{NZ_{\alpha/2}^2\pi(1-\pi)}{N\Delta_p^2+Z_{\alpha/2}^2\pi(1-\pi)}=\frac{100\,000\times1.96^2\times98\%\times(1-98\%)}{100\,000\times0.02^2+1.96^2\times98\%\times(1-98\%)}=187.88\approx188(袋)$$

为满足均值和比例两种推算的共同需要,至少应抽查 188 袋产品。

课堂测试

班级＿＿＿＿＿ 姓名＿＿＿＿＿ 学号＿＿＿＿＿ 日期＿＿＿＿＿ 成绩＿＿＿＿＿

一、单选题（本大题共 5 个小题,每小题 5 分,共 25 分）

1. 能够事先加以计算和控制的误差是（　　）。
   A. 抽样误差　　　　　B. 登记误差　　　　C. 系统性误差　　　D. 测量误差

2. 为了调查某校学生的购书费用支出,从男生中抽取 60 名学生调查,从女生中抽取 40 名学生调查,这种调查方法是（　　）。
   A. 简单随机抽样　　　B. 整群抽样　　　　C. 系统抽样　　　　D. 分层抽样

3. 置信区间的大小表明了区间估计的（　　）。
   A. 可靠性　　　　　　B. 精确性　　　　　C. 显著性　　　　　D. 及时性

4. 从 2 000 名学生中按不重复抽样方法抽取了 100 名进行调查,其中有女生 45 名,则样本比例的抽样平均误差为（　　）。
   A. 0.24%　　　　　　B. 4.85%　　　　　　C. 4.97%　　　　　　D. 以上都不对

5. 在重复抽样下,如果总体方差保持不变,要使抽样平均误差降低为原来的一半,那么样本容量必须（　　）。
   A. 缩小到原来的 1/2　　　　　　　　　　B. 缩小到原来的 1/4
   C. 扩大到原来的 2 倍　　　　　　　　　　D. 扩大到原来的 4 倍

二、判断题（本大题共 5 个小题,每小题 5 分,共 25 分）

1. 抽样推断是利用样本资料对总体的数量特征进行估计的一种统计分析方法,因此不可避免的会产生误差。　　　　　　　　　　　　　　　　　　　　　　　　　　（　　）
2. 从全部总体单位中按照随机原则抽取部分单位组成样本,只可能组成一个样本。
　　　　　　　　　　　　　　　　　　　　　　　　　　　　　　　　　　　　（　　）
3. 在总体容量充分大时,重复抽样和不重复抽样的估计误差相差无几。　　　（　　）
4. 点估计就是用样本的实际值直接作为总体参数的估计值。　　　　　　　（　　）
5. 在抽样调查的实践中,为降低抽样误差,可以考虑缩小总体方差或扩大样本容量。
　　　　　　　　　　　　　　　　　　　　　　　　　　　　　　　　　　　　（　　）

三、简答题(本大题共 1 个小题,共 25 分)

某企业为检查产品质量,在 24 小时中每隔 30 分钟取一分钟的产品进行全部检查,最终抽取了 2 000 件产品进行检查,结果如下:合格品有 1 900 个,样本合格率为 95%,平均误差为 0.48%,如果要求置信水平为 95.45%,请回答以下问题。

(1) 抽样极限误差为＿＿＿＿＿＿＿＿＿＿

(2) 上述抽样方法是＿＿＿＿＿＿＿＿＿＿

(3) 该企业产品合格率估计区间的上限是＿＿＿＿＿＿＿＿＿＿

(4) 下限是＿＿＿＿＿＿＿＿＿＿

(5) 该估计方法称为＿＿＿＿＿＿＿＿＿＿

四、计算题(本大题共 1 个小题,共 25 分)

某企业生产的袋装食品采用自动打包机包装,每袋的标准重量为 100 克。该企业从某天生产的一批食品中按重复抽样随机抽取 100 包进行检查,测得每包的重量(克)如表 5-5 所示。

表 5-5　　　　　　　　　100 包食品的重量统计表

每包重量(克)	包数(包)
96～98	3
98～100	5
100～102	70
102～104	14
104～106	8
合　计	100

要求:

(1) 计算样本的平均重量及标准差。

(2) 已知食品重量服从正态分布,当置信水平为 95% 时,计算该食品平均重量的置信区间。

第六章 假设检验

> **知识导航**
>
> 假设检验
> ├─ 假设检验概述
> │   ├─ 假设检验的基本思想
> │   ├─ 原假设与备择假设
> │   ├─ 假设检验的基本形式
> │   ├─ 假设检验的两类错误与显著性水平
> │   └─ 假设检验的步骤
> ├─ 总体均值的假设检验
> │   ├─ 大样本情形下总体均值的检验
> │   └─ 小样本情形下总体均值的检验
> ├─ 总体比例的假设检验
> └─ 总体方差的假设检验

学习目标

1. 理解假设检验的基本思想。
2. 掌握原假设与备择假设的建立方法。
3. 理解并掌握两类错误及显著性水平。
4. 掌握一个总体参数下总体均值和总体比例的假设检验。

寓德于教

LTCM 破产案例

美国长期资本管理公司(Long-Term Capital Management，LTCM)是一家主要从事采用高杠杆的绝对收益交易策略的对冲基金公司。LTCM 的核心交易策略是"收敛套利交易"，利用两种相似金融工具之间价差的变化趋势来盈利。LTCM 将金融市场历史交易资料、已有的市场理论、学术研究报告和市场信息有机结合在一起，形成了一套较完整的电脑数学自动投资模型。他们利用计算机处理大量历史数据，通过连续而精密的计算得到两种不同金融工具间的正常历史价格差，然后结合市场信息分析它们之间的最新价格差。如果两者出现偏差,并且该偏差正在放大,电脑立即建立起庞大的债券和衍生工具组合,大举套利入市投资;经过市场一段时间调节,放大的偏差会自动恢复到正常轨迹上,此时电脑指令平仓离场,获取偏差的差值。

LTCM 的数学模型建立在历史数据的基础上。在数据的统计过程中,一些小概率事件常常被忽略掉,因此,埋下了隐患——一旦这个小概率事件发生,其投资系统将产生难以预料的后果。

1998 年,金融危机降临亚洲金融市场,LTCM 模型认为:发展中国家债券和美国政府债券之间利率相差过大,LTCM 预测的结果是:发展中国家债券利率将逐渐恢复稳定,两者之间差距会缩小。同年 8 月,小概率事件真的发生了,由于国际石油价格下滑,俄罗斯国内经济不断恶化,俄政府宣布卢布贬值,停止国债交易,投资者纷纷从发展中市场退出,转而持有美国、德国等风险小、质量高的债券品种。LTCM 所沽空的德国债券价格上涨,做多的意大利债券等证券价格下跌,它所期望的正相关变为负相关,结果两头亏损。它的电脑自动投资系统面对这种原本可忽略不计的小概率事件,错误地不断放大金融衍生品的运作规模。到 8 月底,LTCM 的资本降到了 23 亿美元,失去了年初时超过半数的股权资本。

资料来源:雨非林. LTCM 破产案例分析[EB/OL]. [2017-11-28]. https://www.weivol.cn/2017/11/ltcm/,有删节。

请思考:

1. 小概率事件原理是假设检验的基本原理,生活中你是否遇到过小概率事件?举例说明。

2. 结合小概率事件,谈谈你的看法。

案例导入

(1) 330 毫升罐装的可口可乐外包装上标明:每百毫升中钠的含量为 12 毫克。

(2) 一种果汁饮料的外包装上标明:每 100 毫升中果汁的含量大于等于 30%。

(3) 随机抽取 20 人,调查他们对某项公共交通改革措施的看法,结果是 95% 的人支持该项改革。

思考:你相信上述的说法及结果吗?如何判断其真伪?

第一节 假设检验概述

一、假设检验的基本思想

假设检验是抽样推断的另一种方式,是先对总体参数提出某种假设,然后利用样本信息判断假设是否成立的统计分析方法。假设检验的基本思想是"小概率事件"原理,其统计推断方法是带有某种概率性质的反证法。小概率原理是指小概率事件在一次试验中基本上不会发生。反证法思想是先提出检验假设,再用适当的统计方法,利用小概率原理,确定假设是否成立,即为了检验一个假设是否正确,首先假定该假设正确,然后根据样本对假设做出接受或拒绝的决策。如果样本观察值导致了"小概率事件"发生,就应拒绝假设,否则应接受假设。

假设检验中的"小概率事件",并非逻辑中的绝对矛盾,而是基于人们在实践中广泛采用的原则,即小概率事件在一次试验中是几乎不发生的,但概率小到什么程度才能算作"小概率事件",这没有绝对的标准,一般我们以一个显著性水平 α（$0 < \alpha < 1$）作为小概率的界限,而 α 的取值与实际问题的性质有关。

二、原假设与备择假设

在假设检验中,首先需要提出两种假设,即原假设和备择假设。

1. 原假设

原假设也称零假设,它通常是研究者想收集证据予以推翻的假设,用 H_0 表示。原假设所表达的含义是参数没有发生变化或变量之间没有关系,因此符号"="总是放在原假设上,以总体均值的检验为例。设总体参数的假设值为 μ_0,原假设总是写成 $H_0: \mu = \mu_0$, $H_0: \mu \geq \mu_0$ 或 $H_0: \mu \leq \mu_0$。原假设最初被假设是成立的,之后根据样本数据确定是否有足够的证据拒绝原假设。

2. 备择假设

备择假设通常是指研究者想收集证据予以支持的假设,用 H_1 表示。备择假设所表达的含义是总体参数发生了变化或变量之间有某种关系,如果以总体均值假设检验为例,备择假设的形式总是 $H_1: \mu \neq \mu_0$, $H_1: \mu < \mu_0$ 或 $H_1: \mu > \mu_0$。备择假设通常用于表达研究者自己倾向于支持的看法,然后就是想办法收集证据拒绝原假设,以支持备择假设。

原假设和备择假设是一个完备事件组,而且相互对立。这意味着,在一项假设检验中,原假设和备择假设必有一个成立,而且只有一个成立。在建立假设时,通常是先确定备择假设,然后再确定原假设。这样做的原因是备择假设是我们所关心的,是想予以支持或证实的,因而比较清楚,容易确定。由于原假设和备择假设是对立的,只要确定了备择假设,原假设就很容易确定出来。

【例 6-1】 一种零件的生产标准是直径应为 10 cm,为对生产过程进行控制,质量监测人员定期对一台加工机床检查,确定这台机床生产的零件是否符合标准要求。如果零件的平均直径大于或小于 10 cm,则表明生产过程不正常,必须进行调整。请建立用于检验的原假设和备择假设。

解析:设这台机床生产的所有零件平均直径的真值为 μ。如果 $\mu = 10$ 表明生产过程正常,如果 $\mu \neq 10$,则表明生产过程不正常,研究者要检测这两种可能情形中的任何一种。根据原假设和备择假设的定义,研究者想收集证据予以证明的假设应该是"生产过程不正常",因为如果研究者事先认为生产过程正常,他也就没有必要去进行检验了。所以建立的原假设和备择假设应为:

$$H_0: \mu = 10 \text{(生产过程正常)}$$

$$H_1: \mu \neq 10 \text{(生产过程不正常)}$$

【例6-2】 某品牌洗涤剂的产品说明书中声称:平均净含量不少于500克。从消费者的利益出发,有关研究人员要通过抽检其中的一批产品来验证该产品制造商的说明是否属实。请建立用于检验的原假设与备择假设。

解析:设该品牌洗涤剂平均净含量的真值为 μ。 如果抽检的结果发现 $\mu < 500$,则表明该产品说明书中关于其净含量的内容是不真实的,有关部门应对其采取相应的措施。一般来说,研究者抽检的意图是倾向于证实这种洗涤剂的平均净含量并不符合说明书中的陈述,因为这会损害消费者的利益,如果研究者对产品说明丝毫没有质疑,也就没有抽检的必要了。所以 $\mu < 500$ 是研究者想要收集证据支持的观点。所以,建立的原假设与备择假设应为:

$$H_0: \mu \geqslant 500 \text{(净含量符合说明书说法)}$$

$$H_1: \mu < 500 \text{(净含量不符合说明书说法)}$$

【例6-3】 一家研究机构估计,某城市中家庭拥有汽车的比例超过30%。为验证这一估计是否正确,该研究机构随机抽取了一个样本进行检验。请建立用于检验的原假设与备择假设。

解析:设该城市中家庭拥有汽车的比例真值为 π。 显然,研究者想收集证据予以支持的假设是"该城市中家庭拥有汽车的比例超过30%"。因此建立的原假设与备择假设应为:

$$H_0: \pi \leqslant 30\% \text{(家庭拥有汽车的比例不超过30%)}$$

$$H_1: \pi > 30\% \text{(家庭拥有汽车的比例超过30%)}$$

原假设与备择假设的确定实际上带有一定的主观色彩,因为所谓的"研究者想收集证据予以支持的假设"和"研究者想要收集证据予以反对的假设",显然最终仍取决于研究者本人的意向。所以,在面对某一实际问题时,由于不同的研究者有不同的研究目的,即使对同一问题也可能提出截然相反的原假设和备择假设,这是十分正常的,也不违背关于原假设与备择假设的最初定义。无论怎样确定假设的形式,只要它们符合研究者的最终目的,便是合理的。通常情形下,由于检验的目的不同,原假设可以根据三种情形来确定:①如果检验的目的是确定参数是否已经发生变化,这时,原假设的值可以根据过去的经验、对过程的了解情形来确定。②如果检验的目的是证明某种理论或模型是否正确,原假设的值可以通过有关这个过程的一些理论或模型来确定;③如果检验的目的是检验是否符合某种特定标准,原假设的值可以根据事先设计的标准或合同的要求来确定。

三、假设检验的基本形式

由于备择假设的不同,假设检验分为单侧(边、尾)检验和双侧(边、尾)检验。

(1) 如果备择假设具有特定的方向性,并含有符号">"或"<",这样的假设检验称为单侧(边、尾)检验。在单侧检验中,由于研究者感兴趣的方向不同,又可分为左侧检验和右侧检验。如果研究者感兴趣的备择假设的方向为"<",称为左侧检验;如果研究者感兴趣的备择假设的方向为">",称为右侧检验。例如,例6-2属于左侧检验,而例6-3则属于右侧检验。

(2) 如果备择假设没有特定的方向性,并含有符号"≠",这样的假设检验称为双侧(边、尾)检验。

设 μ 为总体参数(这里代表总体均值),μ_0 为假设的总体参数的具体数值,可将假设检验的基本形式总结如表6-1所示。

表6-1　　　　　　　　　　假设检验的基本形式

假设	双侧检验	单侧检验	
		左侧检验	右侧检验
原假设	$H_0: \mu = \mu_0$	$H_0: \mu \geq \mu_0$	$H_0: \mu \leq \mu_0$
备择假设	$H_1: \mu \neq \mu_0$	$H_1: \mu < \mu_0$	$H_1: \mu > \mu_0$

四、假设检验的两类错误与显著性水平

假设检验的目的是要根据样本信息做出决策,也就是做出是否拒绝原假设而倾向于备择假设的决策。显然,研究者总是希望能做出正确的决策,但由于决策是建立在样本信息的基础之上,而样本又是随机的,因而就有可能犯错误。如前所述,原假设与备择假设不能同时成立,即要么拒绝原假设 H_0,要么不拒绝。此时希望的情形是:当原假设 H_0 正确时没有拒绝它,当原假设 H_0 不正确时拒绝它。但很难保证不犯错误,假设检验过程中可能发生以下两类错误。

(1) 当原假设正确时拒绝原假设,所犯的错误称为第Ⅰ类错误,又称弃真错误。犯第Ⅰ类错误的概率通常记为 α,因此也被称为 α 错误。

(2) 当原假设错误时没有拒绝原假设,所犯的错误称为第Ⅱ类错误,又称取伪错误。犯第Ⅱ类错误的概率通常记为 β,因此也被称为 β 错误。

假设检验中的结果有四种情形,如表6-2所示。

表 6-2　　　　　　　　　　　假设检验的四种可能结果

决策结果	实际情形	
	H_0 正确	H_0 不正确
未拒绝 H_0	正确决策	第Ⅱ类错误 β
拒绝 H_0	第Ⅰ类错误 α	正确决策

在假设检验中,我们很难保证上述两类错误都不犯。这两类错误的概率之间存在这样的关系:在样本容量一定的情况下,要减少 α 就会使 β 增大,而要减少 β 又会使 α 增大,两类错误就像一个跷跷板。人们自然希望犯两类错误的概率都尽可能小,但实际很难做到,要使 α 和 β 同时减小的唯一办法是增加样本容量。但样本容量的增加又会受许多因素的限制,所以只能在两类错误的发生概率之间进行平衡,以使 α 和 β 控制在能够接受的范围内。

由于犯第Ⅰ类错误的概率是可以由研究者控制的,因此在假设检验中,人们往往先控制第Ⅰ类错误的发生概率。假设检验中,犯第Ⅰ类错误的概率称为显著性水平,记为 α。它是事先规定的犯第Ⅰ类错误概率的最大允许值。显著性水平 α 越小,犯第Ⅰ类错误的可能性就越小,但犯第Ⅱ类错误的可能性就随之增大。实际应用中,究竟确定一个多大的 α 合适呢?一般情况下,人们认为犯第Ⅰ类错误的后果更严重一些,因此通常会取一个较小的 α。英国著名的统计学家罗纳德·费希尔在他的研究中把小概率的标准定为 0.05,所以人们通常选择显著性水平为 0.05 或比 0.05 更小的概率,当然也可以取其他值,实际中常用的显著性水平有 0.01、0.05、0.1 等。

五、假设检验的步骤

(一) 建立原假设与备择假设

假设检验的首要一步是建立两类假设:原假设和备择假设。在建立假设时,通常是先确定备择假设,然后再确定原假设。如果原假设被拒绝了,就等于接受了备择假设。

(二) 确定适当的检验统计量,并计算其数值

在参数的假设检验中,如同在参数估计中一样,要借助样本统计量进行统计推断,这个统计量称为检验统计量。选择哪个统计量作为检验统计量需要考虑许多因素。例如,检验的是什么参数,总体的分布形状是否已知,进行检验的样本是大样本还是小样本,总体标准差 σ 已知还是未知等。这些因素与参数估计中确定统计量所考虑的因素相同。常用的检验统计量有 z 统计量、t 统计量、F 统计量等。

检验统计量实际上是总体参数的点估计量,但点估计量并不能直接作为检验统计量,只有将其标准化后,才能用于度量它与原假设的参数值之间的差异程度。假设检验中所用的检验统计量都是标准化检验统计量,它反映了点估计量与假设的总体参数相比相差多少个标准差。对于总体均值和总体比例的检验,标准化检验统计量可表示为:

$$\text{标准化检验统计量} = \frac{\text{点估计量} - \text{假设值}}{\text{点估计量的抽样标准差}}$$

(三)确定显著性水平 α,确定拒绝区域

对于显著性水平 α,通常取 0.01、0.05 或 0.1。显著性水平的大小应根据研究问题所需的精确度而定,对于接受备择假设而言,如果要求结论比较精确,显著性水平 α 应该小一些;反之,要求结论不太精确,显著性水平 α 可稍大一些。

确定显著性水平 α 之后,拒绝区域也随之确定。能够拒绝原假设的检验统计量的所有可能取值的集合,称为拒绝区域。拒绝区域就是由显著性水平 α 所围成的区域。如果利用样本观测结果计算出来的检验统计量的具体数值落在了拒绝区域内,就拒绝原假设,否则就不拒绝原假设。拒绝区域的边界值称为临界值。

(四)进行统计决策

进行统计决策时可以采用两种方法:临界值法和 P 值法。临界值和 P 值是用于确定是否拒绝原假设的两个重要工具。

1. 临界值法

临界值法是将计算出的检验统计量的值与临界值比较,从而判定接受或拒绝原假设,完成假设检验。临界值是根据给定的显著性水平 α 确定的拒绝域的边界值。

假设检验的接受区域与拒绝区域,如图 6-1 所示。

(1)双侧检验:|统计量的值|>临界值,拒绝原假设 H_0。
(2)左侧检验:统计量的值<-临界值,拒绝原假设 H_0。
(3)右侧检验:统计量的值>临界值,拒绝原假设 H_0。

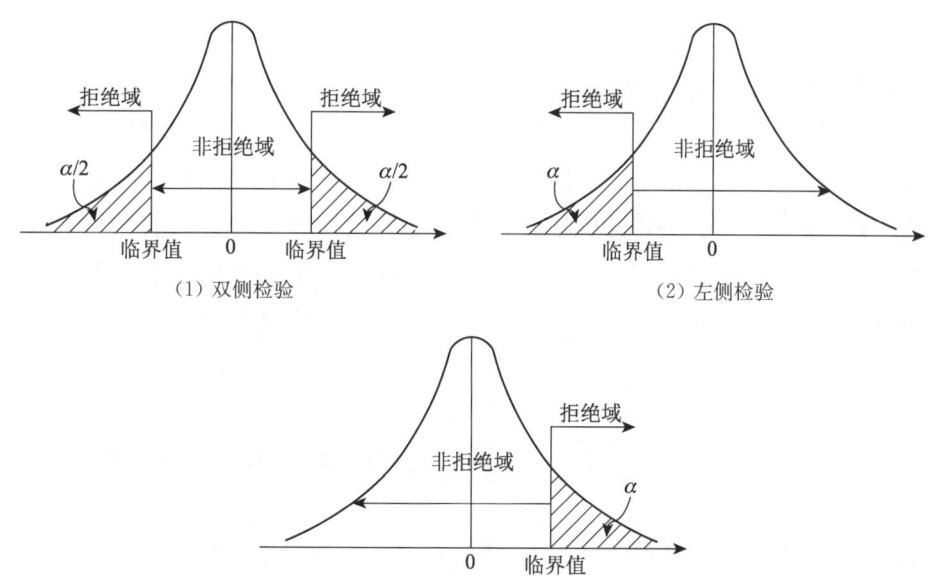

图 6-1 假设检验的接受区域与拒绝区域

2. P 值法

显著性水平 α 是在检验之前确定的,这也就意味着事先确定了拒绝域。这样,不论检验统计量的值是大还是小,只要它的值落入拒绝域就拒绝原假设,否则就不拒绝原假设。这种固定的显著性水平 α 对检验结果的可靠性起一种度量作用。但不足的是,α 是犯第一类错误的上限控制值,它只能提供检验结论可靠性的一个大致范围,而对于一个特定的假设检验问题,却无法给出观测数据与原假设之间不一致程度的精确度量。也就是说,仅从显著性水平来比较,如果选择的 α 值相同,所有检验结论的可靠性都一样。要测量出样本观测数据与原假设中假设的值的偏离程度,则需要计算 P 值。

在假设检验中,P 值是一个经常用到的统计学指标。P 值是指当原假设为真时,检验统计量超出具体样本观测值的概率,也称为观察到的显著性水平。

P 值与原假设的对或错的概率无关,它是关于数据的概率。P 值表明在某个总体的许多样本中,某一类数据出现的频繁程度。也就是说,P 值是当原假设正确时,得到所观测的数据的概率。如果原假设是正确的话,P 值告诉我们这样的观测数据会有多么的不可能得到。相当不可能得到的数据,就是原假设不对的合理证据。对总体来说,我们永远也不会知道,原假设是否正确。如果取显著性水平 α 为 5%,我们只能说:如果原假设为真,这样的数据只有 5% 的可能性会发生。P 值是反映实际观测到的数据与原假设之间不一致程度的一个概率值。P 值越小,说明实际观测到的数据与原假设之间不一致的程度就越大,检验的结果也就越显著。

利用 P 值进行决策的规则十分简单。在已知 P 值的条件下,将其与给定的显著性水平 α 值进行比较,就可以确定是否应该拒绝原假设。用 P 值进行决策的准则具体为:

(1) 如果 P 值 $<\alpha$,则在显著性水平 α 下拒绝原假设。

(2) 如果 P 值 $>\alpha$,则在显著性水平 α 下接受原假设。

P 值计算可以通过查表来求得,计算机的应用使得 P 值的计算十分容易,多数统计软件都能够输出有关假设检验的主要计算结果,其中就包括 P 值。可以说,P 值的应用几乎取代了传统的统计量检验方法,它不仅得到与统计量检验相同的结论,而且给出了统计量检验不能给出的信息。利用统计量根据显著性水平 α 做出决策,如果拒绝原假设,也仅仅是知道犯错误的可能性是 α 那么大,但究竟是多少却不知道,而 P 值则能给出犯错误的实际概率。

第二节 总体均值的假设检验

在对总体均值进行假设检验时,采用什么检验步骤和检验统计量取决于所抽取的样本是大样本 ($n \geqslant 30$) 还是小样本 ($n < 30$)。此外,还需要区分总体是否服从正态分布、总体标准差是否已知等几种情形。

一、大样本情形下总体均值的检验

假设检验的重要一步是确定适当的检验统计量。根据抽样分布的知识,在大样本情形下,样本均值的抽样分布近似服从正态分布,这时可以使用 z 统计量(z 分布)作为检验统计量。

(1) 总体标准差 σ 已知时,其计算公式为:

$$z = \frac{\bar{x} - \mu_0}{\sigma/\sqrt{n}}$$

(2) 总体标准差 σ 未知时,可以用样本标准差 s 代替,上式可以写为:

$$z = \frac{\bar{x} - \mu_0}{s/\sqrt{n}}$$

在大样本情形下,一个总体均值假设检验的假设形式及检验统计量如表 6-3 所示。

表 6-3   大样本情形下一个总体均值的检验方法

影响因素	双侧检验	左侧检验	右侧检验
假设形式	$H_0: \mu = \mu_0$ $H_1: \mu \neq \mu_0$	$H_0: \mu \geq \mu_0$ $H_1: \mu < \mu_0$	$H_0: \mu \leq \mu_0$ $H_1: \mu > \mu_0$
检验统计量	σ 已知: $z = \frac{\bar{x}-\mu_0}{\sigma/\sqrt{n}}$; σ 未知: $z = \frac{\bar{x}-\mu_0}{s/\sqrt{n}}$		
α 与拒绝域	$\|z\| > z_{\alpha/2}$	$z < -z_\alpha$	$z > z_\alpha$
P 值决策	$P < \alpha$,拒绝 H_0		

【例 6-4】 某机床厂加工一种零件,根据经验知道,该厂加工零件的椭圆度渐近服从正态分布,其总体均值为 0.081 mm,今另换一种新机床进行加工,取 200 个零件进行检验,得到椭圆度均值为 0.076 mm,样本标准差为 0.025 mm。设定显著性水平 $\alpha = 0.05$,试检验新机床加工零件的椭圆度总体均值与以前有无显著差别。

解析:

(1) 根据题意,提出原假设和备择假设:

$$H_0: \mu = 0.081$$
$$H_1: \mu \neq 0.081$$

(2) 确定检验统计量并计算其数值。已知 $\mu_0 = 0.081$ mm,$s = 0.025$ mm,$\bar{x} = 0.076$ mm。因为 $n > 30$,故选用 z 统计量。

$$z = \frac{\bar{x} - \mu_0}{s/\sqrt{n}} = \frac{0.076 - 0.081}{0.025/\sqrt{200}} = -2.83$$

(3) 根据给定的显著性水平 $\alpha=0.05$,确定临界值。拒绝区域的概率为 0.05,所以接受区域的概率为 $1-\alpha=0.95$,查正态分布表得 $z_{\alpha/2}=1.96$。

(4) 进行决策判断。

因为 $|z|=2.83>z_{\alpha/2}=1.96$,拒绝原假设 H_0。因此,可以认为新机床加工零件的椭圆度总体均值与以前有显著差别。

【例 6-5】 某饮料加工厂加工的一种饮料瓶口尺寸的绝对平均误差为 1.35 mm。生产厂家现采用一种新的加工方式进行加工,以期进一步降低误差。为检验新生产方式下加工的饮料瓶口的平均误差与旧加工方式相比是否有显著降低,从某天生产的饮料瓶中随机抽取 50 个进行检验,得到 50 个饮料瓶口的平均误差为 1.22 mm,标准差为 0.37 mm。设定显著性水平 $\alpha=0.01$,请检验新生产方式下加工的饮料瓶口的平均误差与旧加工方式加工的饮料瓶口相比是否有显著降低?

解析:

(1) 根据题意,提出原假设和备择假设:

$$H_0: \mu \geqslant 1.35$$
$$H_1: \mu < 1.35$$

(2) 确定检验统计量并计算其数值。已知 $\mu_0=1.35$ mm,$s=0.37$ mm,$\bar{x}=1.22$ mm。因为 $n>30$,故选用 z 统计量。

$$z=\frac{\bar{x}-\mu_0}{s/\sqrt{n}}=\frac{1.22-1.35}{0.37/\sqrt{50}}=-2.48$$

(3) 根据给定的显著性水平 $\alpha=0.01$,确定临界值。由于单侧概率要求 $\alpha=0.01$,则双侧概率应为 0.02,查正态分布表得 $-z_\alpha=-2.33$。

(4) 进行决策判断。

因为 $z=-2.48<-z_\alpha=-2.33$,拒绝原假设 H_0。因此,可以认为新生产方式下加工的饮料瓶口的平均误差与旧加工方式加工的饮料瓶口相比有显著降低。

【例 6-6】 某公司年度财务报表的附注中声明,其应收账款的平均计算误差不超过 50 元。审计师从该公司年度内应收账款账户中随机抽取 36 笔进行调查,经计算得到 36 笔应收账款的平均计算误差为 56 元,标准差为 8 元。设定显著性水平 $\alpha=0.05$,请检验该公司应收账款的平均计算误差是否超过 50 元。

解析:

(1) 根据题意,提出原假设和备择假设:

$$H_0: \mu \leqslant 50$$
$$H_1: \mu > 50$$

(2) 确定检验统计量并计算其数值。已知:$\mu_0=50$ 元,$s=8$ 元,$\bar{x}=56$ 元。因为 $n>30$,故选用 z 统计量。

$$z = \frac{\bar{x} - \mu_0}{s/\sqrt{n}} = \frac{56 - 50}{8/\sqrt{36}} = 4.5$$

(3) 根据给定的显著性水平 $\alpha=0.05$，确定临界值。由于是右侧概率，根据给定的 α，查正态分布表得 $z_\alpha = 1.64$。

(4) 进行决策判断。

因为 $z=4.5 > z_\alpha = 1.64$，拒绝原假设 H_0。因此，可以认为该公司应收账款的平均计算误差超过 50 元。

二、小样本情形下总体均值的检验

在小样本情形下，检验统计量的选择与总体是否服从正态分布、总体标准差是否已知有着密切联系。本节的内容都是先以总体服从正态分布为假定前提的，而后再依照总体标准差是否已知来选择合适的检验统计量。

当总体方差已知时，即使是在小样本情形下，样本均值标准化后仍然服从标准正态分布，因而仍可按照大样本情形下给出的检验统计量对总体均值进行检验，检验的程序与大样本时完全相同，此处不再赘述。这里着重介绍小样本情形下总体标准差未知时总体均值的检验方法。

对于小样本，当总体标准差未知时，需要用样本标准差代替，此时需要采用 t 分布来检验总体均值，通常称为"t 检验"。检验统计量的计算公式为：

$$t = \frac{\bar{x} - \mu_0}{s/\sqrt{n}} \sim t(n-1)$$

在小样本情形下，一个总体均值假设检验的假设形式及检验统计量如表 6-4 所示。

表 6-4　　　　　　　小样本情形下一个总体均值的检验方法

	双侧检验	左侧检验	右侧检验
假设形式	$H_0: \mu = \mu_0$ $H_1: \mu \neq \mu_0$	$H_0: \mu \geq \mu_0$ $H_1: \mu < \mu_0$	$H_0: \mu \leq \mu_0$ $H_1: \mu > \mu_0$
检验统计量	σ 已知：$z = \frac{\bar{x} - \mu_0}{\sigma/\sqrt{n}}$；$\sigma$ 未知：$t = \frac{\bar{x} - \mu_0}{s/\sqrt{n}}$；		
α 与拒绝域	σ 已知：$\|z\| > z_{\alpha/2}$ σ 未知：$\|t\| > t_{\frac{\alpha}{2}}(n-1)$	σ 已知：$z < -z_\alpha$ σ 未知：$t < -t_\alpha(n-1)$	σ 已知：$z > z_\alpha$ σ 未知：$t > t_\alpha(n-1)$
P 值决策	$P < \alpha$，拒绝 H_0		

【例 6-7】 某乳制品厂的一种盒装鲜奶产品的标准质量是 495 g,但是在生产过程中不可避免地出现质量不足的现象。为了控制产品合格率,随机抽取 10 盒鲜奶进行检查,计算得到 10 盒鲜奶的平均质量为 493.8 g,标准差为 6.01 g。请以 5% 的显著性水平判断这批产品的质量是否合格。

解析:

(1) 根据题意,提出原假设和备择假设:

$$H_0: \mu = 495$$
$$H_1: \mu \neq 495$$

(2) 确定检验统计量并计算其数值。已知 $\mu_0 = 495$ g, $s = 6.01$ g, $\bar{x} = 493.8$ g。由于 $n < 30$,是小样本,且总体方差未知,故选用 t 统计量。

$$t = \frac{\bar{x} - \mu_0}{s/\sqrt{n}} = \frac{493.8 - 495}{6.01/\sqrt{10}} = -0.63$$

(3) 根据给定的显著性水平 $\alpha = 0.05$,确定临界值。当 $\alpha = 0.05$,自由度 $n-1 = 9$ 时,查 t 分布表得 $t_{\frac{\alpha}{2}}(n-1) = t_{0.025}(9) = 2.26$。

(4) 进行决策判断。

因为 $|t| = 0.63 < t_{\frac{\alpha}{2}}(n-1) = 2.26$,不能拒绝原假设 H_0。因此,在 0.05 的显著性水平下,没有证据表明这批产品不符合质量要求。

第三节 总体比例的假设检验

总体比例是指总体中具有某种相同特征的个体所占的比例。在实际问题中,常常需要检验总体比例是否为某个假设值。例如,某个企业会宣称,他们公司某种产品的市场占有率为 30%。用统计术语来讲,该企业只是提出了总体比例的一种假设。这一假设是否真实,需要用统计数据来加以证实。这就是关于一个总体比例的假设检验问题。

总体比例的检验与前面介绍的总体均值检验基本上是相同的,区别只在于参数和检验统计量的形式不同。所以,总体均值检验的整个程序都可以作为总体比例检验的参考,甚至有很多内容完全可以套用。本节只介绍大样本情形下一个总体的比例检验方法。

用字母 π 表示总体比例,π_0 表示对总体比例的某一假设值,用 p 表示样本比例。与总体均值检验的假设形式类似,总体比例检验的三种基本假设形式为:

(1) 双侧检验:$H_0: \pi = \pi_0$;$H_1: \pi \neq \pi_0$。

(2) 左侧检验:$H_0: \pi \geq \pi_0$;$H_1: \pi < \pi_0$。

(3) 右侧检验:$H_0: \pi \leq \pi_0$;$H_1: \pi > \pi_0$。

在构造检验统计量时,仍然利用样本比例 p 与总体比例 π 之间的距离等于多少个标准差 σ_p 来衡量。由于在大样本情形下,统计量 p 近似服从正态分布,而统计量 p 标准化后则近似服从标准正态分布,总体比例的检验统计量的计算公式为:

$$z = \frac{p - \pi_0}{\sqrt{\dfrac{\pi_0(1-\pi_0)}{n}}}$$

在大样本情形下,一个总体比例假设检验的假设形式及检验统计量如表 6-5 所示。

表 6-5　　　　　　　大样本情形下一个总体比例的检验方法

影响因素	双侧检验	左侧检验	右侧检验
假设形式	$H_0: \pi = \pi_0$ $H_1: \pi \neq \pi_0$	$H_0: \pi \geqslant \pi_0$ $H_1: \pi < \pi_0$	$H_0: \pi \leqslant \pi_0$ $H_1: \pi > \pi_0$
检验统计量	$z = \dfrac{p - \pi_0}{\sqrt{\dfrac{\pi_0(1-\pi_0)}{n}}}$		
α 与拒绝域	$\lvert z \rvert > z_{\alpha/2}$	$z < -z_\alpha$	$z > z_\alpha$
P 值决策	$P < \alpha$,拒绝 H_0		

【例 6-8】　　一项统计结果声称,某市老年人口(年龄在 65 岁以上)所占的比例为 14.7%,该市老年人口研究会为了检验该项统计是否可靠,随机抽选了 400 名居民,发现其中有 57 人年龄在 65 岁以上。请以 5% 的显著性水平判断调查结果是否支持该市老年人口比例为 14.7% 的看法。

解析:

(1) 根据题意,提出原假设和备择假设:

$$H_0: \pi = 14.7\%$$
$$H_1: \pi \neq 14.7\%$$

(2) 确定检验统计量并计算其数值。由于 $n\pi_0 = 400 \times 14.7\% = 58.8$,$n(1-\pi_0) = 400 \times (1-14.7\%) = 341.2$,均大于 5,所以选用 z 统计量。

$$p = \frac{57}{400} \times 100\% = 14.25\%$$

$$z = \frac{p - \pi_0}{\sqrt{\dfrac{\pi_0(1-\pi_0)}{n}}} = \frac{0.1425 - 0.147}{\sqrt{\dfrac{0.147 \times (1-0.147)}{400}}} = -0.25$$

(3) 根据给定的显著性水平 $\alpha = 0.05$,确定临界值。当 $\alpha = 0.05$ 时,查正态分布表得临界值 $z_{\alpha/2} = 1.96$。

(4) 进行决策判断。

因为 $|z|=0.25<z_{\alpha/2}=1.96$，不能拒绝原假设 H_0。所以，在 0.05 的显著性水平下，没有证据表明调查结果不支持该市老年人口所占比例为 14.7% 的看法。

【例 6-9】 某番茄酱生产厂向供应商购一批西红柿，规定若优质西红柿的比例在 40% 及以上，按一般市场价格收购，若达不到此标准，应低于市场价格收购。现随机抽取了 100 个西红柿检验，只有 34 个优质西红柿，样本比例 34%，因而欲按低于市场价格收购，但供应商认为样本比例不到 40%，是随机原因引起的。请以 5% 的显著性水平进行检验并加以说明。

解析：

(1) 根据题意，提出原假设和备择假设：

$$H_0: \pi \geqslant 40\%$$
$$H_1: \pi < 40\%$$

(2) 确定检验统计量并计算其数值。由于 $n\pi_0=100\times 40\%=40$，$n(1-\pi_0)=100\times(1-40\%)=60$，均大于 5，所以选用 z 统计量。

$$z=\frac{p-\pi_0}{\sqrt{\frac{\pi_0(1-\pi_0)}{n}}}=\frac{0.34-0.4}{\sqrt{\frac{0.4\times(1-0.4)}{100}}}=-1.22$$

(3) 根据给定的显著性水平 $\alpha=0.05$，确定临界值。当 $\alpha=0.05$ 时，查正态分布表得临界值 $-z_\alpha=-1.64$。

(4) 进行决策判断。

因为 $z=-1.22>-z_\alpha=-1.64$，不能拒绝原假设 H_0。所以，在 0.05 的显著性水平下，没有足够的证据证明优质西红柿的比例显著低于 40%，仍应按一般市场价格收购。

第四节 | 总体方差的假设检验

在生产和生活的许多领域，仅仅保证所观测到的样本均值维持在特定水平范围内并不意味着整个过程就是正常的，方差的大小是否适度是需要考虑的另一个重要因素。产品方差大，自然意味着其质量或性能不稳定。相同均值的产品，方差小的自然要好些。凡与均值有关的指标，通常也与方差有关，方差从另一个方面说明研究现象的状况。对方差关注的例子比比皆是。例如，居民的平均收入说明了收入达到的一般水平，是衡量经济发展阶段的一个重要指标；而收入的方差则反映了收入分配的差异情况，可以用来评价收入的合理性。

对方差进行检验的程序，与均值检验、比例检验是一样的，它们之间的主要区别是所使用的检验统计量不同。方差检验所使用的是 χ^2 统计量。此外,进行总体方差的检验,不论样本量 n 是大还是小,都要求总体服从正态分布,这是由检验统计量的抽样分布决定的。

假定总体方差的某一取值为 σ_0^2,检验的统计量为:

$$\chi^2 = \frac{(n-1)s^2}{\sigma_0^2}$$

一个总体方差假设检验的假设形式及检验统计量如表 6-6 所示。

表 6-6　　　　　　　　　　　　一个总体方差的检验方法

	双侧检验	左侧检验	右侧检验
假设形式	$H_0: \sigma^2 = \sigma_0^2$ $H_1: \sigma^2 \neq \sigma_0^2$	$H_0: \sigma^2 \geqslant \sigma_0^2$ $H_1: \sigma^2 < \sigma_0^2$	$H_0: \sigma^2 \leqslant \sigma_0^2$ $H_1: \sigma^2 > \sigma_0^2$
检验统计量		$\chi^2 = \frac{(n-1)s^2}{\sigma_0^2}$	

【例 6-10】　某厂商生产出一种新型的饮料装瓶机器,按设计要求,该机器装一瓶 1 000 ml 的饮料,误差上下不超过 1 ml。如果达到设计要求,表明机器的稳定性非常好。现从该机器装完的产品中随机抽取 25 瓶,分别进行测定(用样本观测值分别减 1 000 ml),结果如表 6-7 所示。试以 $\alpha = 0.05$ 的显著性水平检验该机器的性能是否达到了设计要求。

表 6-7　　　　　　　　　　　　25 瓶饮料容量测试结果　　　　　　　　　　　　单位:ml

序号	容量差异	序号	容量差异	序号	容量差异	序号	容量差异	序号	容量差异
1	0.3	6	−0.4	11	−0.7	16	1.4	21	−0.6
2	−0.3	7	−1.5	12	0.6	17	−0.9	22	1.3
3	−1.3	8	0.7	13	1.0	18	−0.5	23	0.0
4	−0.6	9	0.7	14	−1.5	19	−0.2	24	−1.9
5	−0.5	10	1.0	15	−0.2	20	−0.6	25	1.1

解析:

(1) 根据题意,提出原假设和备择假设。

$$H_0: \sigma^2 \leqslant 1$$
$$H_1: \sigma^2 > 1$$

(2) 确定检验统计量并计算其数值。由样本数据计算可得 $s^2 = 0.866$,则:

$$\chi^2 = \frac{(n-1)s^2}{\sigma_0^2} = \frac{(25-1) \times 0.866}{1} = 20.8$$

(3) 根据给定的显著性水平 $\alpha = 0.05$,确定临界值。当 $\alpha = 0.05$ 时,查 χ^2 分布表得临界

值 $\chi_\alpha^2(n-1)=\chi_{0.05}^2(25-1)=36.415$。由于是右侧检验,如果 $\chi^2>\chi_\alpha^2(n-1)$,则拒绝原假设,否则不能拒绝。

(4) 进行决策判断。

因为 $\chi^2=20.8<\chi_\alpha^2(n-1)=36.415$,不能拒绝原假设 H_0。所以,在 0.05 的显著性水平下,可以认为该机器的性能达到了设计要求。

课堂测试

班级_____ 姓名_____ 学号_____ 日期_____ 成绩_____

一、单选题(本大题共 8 个小题,每小题 5 分,共 40 分)

1. 某贫困地区所估计的营养不良人数高达 20%,然而有人认为这个比例实际上还要高,要检验该说法是否正确,则假设形式为(   )。
   A. $H_0: \pi \leqslant 20\%; H_1: \pi > 20\%$
   B. $H_0: \pi = 20\%; H_1: \pi \neq 20\%$
   C. $H_0: \pi \geqslant 20\%; H_1: \pi < 20\%$
   D. $H_0: \pi < 20\%; H_1: \pi \geqslant 20\%$

2. 在假设检验中,原假设所表达的含义是(   )。
   A. 参数发生了变化
   B. 参数没有发生变化
   C. 变量之间存在某种关系
   D. 参数是错误的

3. 在假设检验中,不拒绝原假设意味着(   )。
   A. 原假设肯定是正确的
   B. 原假设肯定是错误的
   C. 没有证据证明原假设是正确的
   D. 没有证据证明原假设是错误的

4. 在假设检验中,第 I 类错误是指(   )。
   A. 当原假设正确时拒绝原假设
   B. 当原假设错误时拒绝原假设
   C. 当备择假设正确时没有拒绝原假设
   D. 当备择假设不正确时未拒绝备择假设

5. 下列假设检验中,属于右侧检验的是(   )。
   A. $H_0: \mu = \mu_0; H_1: \mu \neq \mu_0$
   B. $H_0: \mu \geqslant \mu_0; H_1: \mu < \mu_0$
   C. $H_0: \mu \leqslant \mu_0; H_1: \mu > \mu_0$
   D. $H_0: \mu > \mu_0; H_1: \mu \leqslant \mu_0$

6. 下列的陈述中,错误的是(   )。
   A. P 值与原假设的对或错无关
   B. P 值是指样本数据出现的经常程度
   C. 不拒绝原假设就意味着原假设是正确的
   D. 样本越大就越有可能拒绝原假设

7. 容量为 3 升的橙汁容器上的标签标明,该种橙汁的脂肪含量的均值不超过 1 克,在对标签上的说明进行检验时,建立的原假设和备择假设分别为 $H_0: \mu \leqslant 1; H_1: \mu > 1$,该检验所犯的第 I 类错误是(   )。
   A. 实际情形是 $\mu \geqslant 1$,检验认为 $\mu > 1$
   B. 实际情形是 $\mu \leqslant 1$,检验认为 $\mu < 1$
   C. 实际情形是 $\mu \geqslant 1$,检验认为 $\mu < 1$
   D. 实际情形是 $\mu \leqslant 1$,检验认为 $\mu > 1$

8. 在假设检验中,得到的 P 值越大( )。
   A. 拒绝原假设的可能性越小　　　　B. 拒绝原假设的可能性越大
   C. 原假设正确的可能性越大　　　　D. 原假设正确的可能性越小

二、判断题(本大题共 5 个小题,每小题 5 分,共 25 分)

1. 统计检验可以帮助我们否定一个假设,却不能帮助我们肯定一个假设。　　　　(　　)
2. 与原假设相对立的假设是备择假设,用 H_1 表示。　　　　(　　)
3. α 错误又称为显著性水平、I 类错误,即原假设 H_0 为假时,却被我们接受而所犯这类错误的概率。　　　　(　　)
4. 检验的显著性水平(用 α 表示)被定义为能允许犯第一类错误的概率,它决定了拒绝域大小。　　　　(　　)
5. 假设检验中要使 α 和 β 同时减少的唯一方法是减少样本容量。　　　　(　　)

三、计算题(本大题共 2 个小题,第 1 题 15 分,第 2 题 20 分,共 35 分)

1. 某乐器厂以往生产的乐器采用的是一种镍合金弦线,这种弦线的平均抗拉强度不超过 1 035 MPa。产品开发小组现研发了一种新型弦线,他们认为其抗拉强度得到了提高。请问:
   (1) 在对研究小组开发的产品进行检验时,应该采取以下哪种形式的假设?为什么?
       $H_0: \mu \leqslant 1\,035; H_1: \mu > 1\,035$
       $H_0: \mu \geqslant 1\,035; H_1: \mu < 1\,035$
       $H_0: \mu = 1\,035; H_1: \mu \neq 1\,035$
   (2) 如果不能拒绝原假设,应该得出怎样的结论?
   (3) 如果有充足的理由拒绝原假设,结论又如何?
2. 某印刷厂旧机器每台每周的开工成本服从正态分布 $N(100, 25^2)$,现新安装了一台机器,观测到它在 9 周里平均每周的开工成本 $\bar{x} = 75$ 元,假定成本的标准差不变,请问在 $\alpha = 0.01$ 的显著性水平上,该厂机器的平均开工成本是否有所下降?

第七章　方差分析

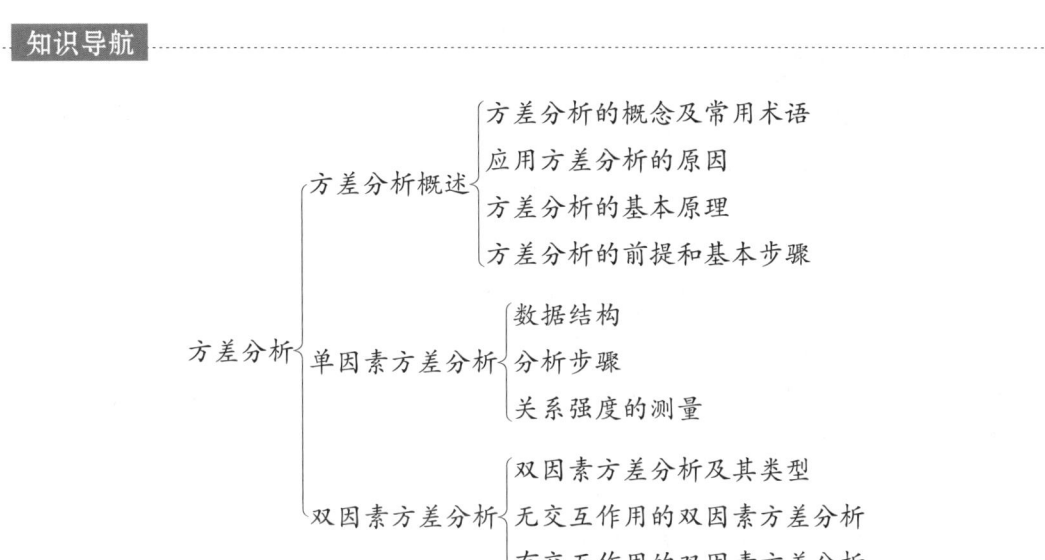

学习目标

1. 熟练掌握方差分析的基本思想和常用术语。
2. 掌握单因素方差分析。
3. 掌握双因素方差分析。

 寓德于教

习近平在党的二十大报告"推进文化自信自强，铸就社会主义文化新辉煌"部分提出：加强青少年体育工作，促进群众体育和竞技体育全面发展，加快建设体育强国。自全民健身上升为国家战略以来，群众体育蓬勃发展。

资料来源：习近平.高举中国特色社会主义伟大旗帜 为全面建设社会主义现代化国家而团结奋斗——在中国共产党第二十次全国代表大会上的报告[EB/OL].[2022-10-16].https://www.gov.cn/xinwen/2022-10/25/content_5721685.htm,有删节。

请思考：

如果我们想了解一下某几个省份的普通民众体育锻炼的情况是否有明显差异，我们可以用什么方法呢？

第一节 方差分析概述

一、方差分析的概念及常用术语

(一) 方差分析的概念

方差分析,又称变异数分析,是 R. A. Fisher 发明的,旨在通过检验多个总体的均值是否相等来判断一个或多个分类型自变量对数值型因变量是否有显著影响。

(二) 方差分析的常用术语

1. 因素

因素是指所要研究的变量,它可能对因变量产生影响。

如果方差分析只针对一个因素进行,称为单因素方差分析。如果同时针对多个因素进行,称为多因素方差分析。本章介绍单因素方差分析和双因素方差分析法,它们在方差分析中最常用。

2. 水平

水平,又称处理,是指各个因素的具体表现。不同的水平代表一类总体。

3. 观测值

在因素的不同水平下得到的具体样本数据为观测值。

4. 交互作用

如果一个因素的效应大小在另一个因素不同水平下明显不同,则称为两个因素之间存在交互作用。当存在交互作用时,单纯研究某个因素的作用是没有意义的,必须在另一个因素的不同水平下研究该因素的作用大小。

表面上看,方差分析是检验多个总体均值是否相等的统计方法,但本质上它所研究的是分类型自变量对数值型因变量的影响,如变量之间有没有关系,关系的强度如何等。方差分析就是通过检验各总体的均值是否相等来判断分类型自变量对数值型因变量是否有显著影响。

下面通过一个例子来说明方差分析的有关概念、术语及方差分析所要解决的问题。

【**例 7-1**】 消费者与产品生产者、销售者或服务提供者之间经常发生纠纷。发生纠纷后,消费者常常会向消费者协会投诉。为了对几个行业的服务质量进行评价,消费者协会在零售业、旅游业、航空业、家电制造业分别抽取了不同的企业作为样本。其中零售业抽取 7 家,旅游业抽取 6 家,航空业抽取 5 家,家电制造业抽取 5 家。每个行业中所抽取的这些企业,假定它们在服务对象、服务内容、企业规模等方面基本上是相同的。然后统计出最近一年中消费者对这 23 家企业投诉的次数,结果如表 7-1 所示。

一般而言,被投诉的次数越多,说明服务的质量越差。消费者协会想知道这几个行业之间的服务质量是否有显著差异。

表 7-1　　　　　　　　　　　四个行业被投诉的次数

零售业	旅游业	航空业	家电制造业
57	68	31	44
66	39	49	51
49	29	21	65
40	45	34	77
34	56	40	58
53	51		
44			

解析:

要分析四个行业之间的服务质量是否有显著差异,实际上也就是要判断行业对被投诉次数是否有显著影响,作出这种判断最终被归结为检验这四个行业被投诉次数的均值是否相等。如果它们的均值相等,就意味着行业对被投诉次数是没有影响的,也就是它们之间的服务质量没有显著差异;如果均值不全相等,则意味着行业对被投诉次数是有影响的,它们之间的服务质量有显著差异。

在方差分析中,所要检验的对象称为因素或因子(factor)。因素的不同表现称为水平或处理(treatment)。在每个因子水平下得到的样本数据称为观测值。例如,在例 7-1 中,要分析行业对被投诉次数是否有显著影响。这里的行业是要检验的对象,称为因素或因子;零售业、旅游业、航空业、家电制造业是行业这一因素的具体表现,称为水平或处理;在每个行业下得到的样本数据(被投诉次数)称为观测值。由于这里只涉及行业一个因素,因此称为单因素 4 水平的试验。因素的每一个水平可以看作一个总体,如零售业、旅游业、航空业、家电制造业可以看作 4 个总体,上面的数据可以看作从这 4 个总体中抽取的样本数据。再如,要在不同的温度下进行一项试验,温度就是一个因素,在 20℃,25℃,30℃,35℃ 4 个温度值下做试验,每个温度值就是一个水平,共有 4 个水平,在每个温度下试验得到的数据就是观测值。

在只有一个因素的方差分析(称为单因素方差分析)中,涉及两个变量:一个是分类型自变量,一个是数值型因变量。例如,在上面的例子中,要研究行业对被投诉次数是否有影响,这里的行业就是自变量,它是一个分类型变量,零售业、旅游业、航空业、家电制造业就是行业这个自变量的具体取值,称为行业这个因素的水平或处理。被投诉次数是因变量,它是一个数值型变量,不同的被投诉次数就是因变量的取值。方差分析要研究的就是行业对被投诉次数是否有显著影响。

二、应用方差分析的原因

假设检验适用于样本平均数与总体平均数及两样本平均数间的差异显著性检验,但在生产和科学研究中经常会遇到比较多个处理优劣的问题,即需进行多个平均数间的差异显著性检验。这时,若仍采用假设检验法就不适宜了。原因有以下几点:

(1) 检验过程烦琐。例如,一试验包含 5 个处理,采用假设检验的 t 检验法要进行 $C_5^2 = 10$ 次两两平均数的差异显著性检验;若有 k 个处理,则要作 $k(k-1)/2$ 次类似的检验。

(2) 无统一的试验误差,误差估计的精确性和检验的灵敏性低。对同一试验的多个处理进行比较时,应该有一个统一的试验误差的估计值。若用假设检验法作两两比较,由于每次比较需计算一个 $s_{\bar{x}_1-\bar{x}_2}$,故使得各次比较误差的估计不统一,同时没有充分利用资料所提供的信息而使误差估计的精确性降低,从而降低检验的灵敏性。例如,试验有 5 个处理,每个处理重复 6 次,共有 30 个观测值。进行 t 检验时,每次只能利用两个处理共 12 个观测值估计试验误差,误差自由度为 10[2×(6−1)];若利用整个试验的 30 个观测值估计试验误差,显然估计的精确性高,且误差自由度为 25[5×(6−1)]。可见,在用 t 检验法进行检验时,由于估计误差的精确性低,误差自由度小,使检验的灵敏性降低,容易掩盖差异的显著性。

(3) 推断的可靠性低,检验的 I 型错误率大。即使利用资料所提供的全部信息估计了试验误差,若用假设检验法进行多个处理平均数间的差异显著性检验,由于没有考虑相互比较的两个平均数的秩次问题,所以会增大犯 I 型错误的概率,降低推断的可靠性。例如,在 4 个总体的情况下,如果 $\alpha=0.05$,即每次犯第 I 类错误的概率都是 0.05,作多次作业会使犯第 I 类错误的概率相应增加,检验完成时,犯第 I 类错误的概率会大于 0.05,即连续作 6 次检验犯第 I 类错误的概率为 $0.265[1-(1-0.05)^6]$,置信水平会降低到 0.735。

综上来说,随着个体显著性检验次数的增加,偶然因素导致差别的可能性也会增加(并非均值真的存在差别)。方差分析方法则是同时考虑所有的样本,因此排除了错误累积的概率,从而避免拒绝一个真实的原假设。

三、方差分析的基本原理

方差分析的基本原理是认为不同处理组的均值之间的差别基本来源有两个:

(1) 实验条件,即不同的水平造成的差异,称为系统性差异。

(2) 随机误差,如测量误差造成的差异或个体间的差异,称为随机性差异。

将两方面的差异用两个方差来度量,一是水平之间的方差,既包括系统性差异,也包括随机性差异;二是水平内部的方差,只包括随机性差异。如果不同的水平对结果没有影响,那么在水平之间的方差中,仅有随机性差异,它与水平内部方差就应该接近,两个方差的比值就会接近于 1;反之,如果不同的水平对结果产生影响,在水平之间的方差中就不仅包括了随机性差异,也包括了系统性差异。这时,该方差就会大于水平内部的方差,两个方差的比值就会比 1 大,当这个比值大到某个程度时,即达到某临界点,我们就作出判断,不同的水平之间存在着显著性差异。

因此,方差分析就是通过对水平之间的方差和水平内部的方差的比较,作出拒绝还是不能拒绝原假设的判断。

下面我们通过一个例子来说明方差分析的基本原理。

【例 7-2】 某公司采用四种方式推销其产品。为检验不同方式推销产品的效果,随机抽样如表 7-2 所示。

表 7-2 某公司产品销售方式所对应的销售量

销售方式	序号					水平均值
	1	2	3	4	5	
方式一	77	86	81	88	83	83
方式二	95	92	78	96	89	90
方式三	71	76	68	81	74	74
方式四	80	84	79	70	82	79
总均值						81.5

要看不同推销方式的效果,其实就归结为一个检验问题,设 μ_i 为第 i($i=1,2,3,4$)种推销方式的平均销售量,即检验原假设 $H_0: \mu_1=\mu_2=\mu_3=\mu_4$ 是否为真。从数值上观察,四个均值都不相等,方式二的销售量明显较大。然而我们并不能简单地根据这种第一印象来否定原假设,而应该分析 μ_1、μ_2、μ_3、μ_4 之间差异的原因。

从表 7-2 可以看到,20 个数据各不相同,这种差异可能是由两方面的原因引起的:一是推销方式的影响,不同的方式会使人们产生不同消费冲动和购买欲望,从而产生不同的购买行动,这种由不同水平造成的差异,我们称为系统性差异;二是随机因素的影响,同一种推销方式在不同的工作日销量也会不同,因为来商店的人群数量不一、经济收入不一、当班服务员态度不一等,这种由随机因素造成的差异,我们称为随机性差异。两个方面产生的差异用两个方差来计量:一是 μ_1、μ_2、μ_3、μ_4 之间的总体差异,即水平之间的方差;二是水平内部的方差。前者既包括系统性差异,也包括随机性差异;后者仅包括随机性差异。如果不同的水平对结果没有影响,如推销方式对销售量不产生影响,那么在水平之间的方差中,也就仅仅有随机性差异,而没有系统性差异,它与水平内部方差就应该接近,两个方差的比值就会接近于 1;反之,如果不同的水平对结果产生影响,在水平之间的方差中就不仅包括了随机性差异,也包括了系统性差异。这时,该方差就会大于水平内部的方差,两个方差的比值就会比 1 大,当这个比值大到某个程度时,即达到某临界点,我们就作出判断,不同的水平之间存在着显著性差异。因此,方差分析就是通过对水平之间的方差和水平内部的方差的比较,作出拒绝还是不能拒绝原假设的判断。

四、方差分析的前提和基本步骤

（一）方差分析的前提

方差分析实质上是对各总体均值相等假设进行检验，为了得到检验统计量的精确分布，要求满足的前提条件如下：

（1）样本是独立的随机样本。

（2）各样本均来自正态总体。

（3）总体方差具有齐性，即各总体方差相等。

一般情况下，以上的假定条件都是能够满足的或近似满足的。

（二）方差分析的基本步骤

方差分析的基本步骤如下：

（1）计算各项平方和与自由度。

（2）列出方差分析表，进行 F 检验。

（3）作出判断。

若希望两两比较，则需要进行多重比较。多重比较的方法有最小显著差数法（LSD 法）和最小显著极差法（LSR 法，包括 q 检验法和新复极差法）。

此外，若需要揭示一些特殊重要问题，多重比较又无法或不能很好地回答这些问题时，则应考虑正交试验设计。

在现实生活中，消费者在购买产品、服务时通常会考虑许多因素，如价格、品牌、款式以及产品的特有功能等。那么在这些因素当中，每个因素对消费者的重要程度如何？在同样的成本下，产品的哪些因素最能赢得消费者的满意？

对于上述问题，我们还需要利用正交试验设计进行分析。正交试验设计（简称正交设计或正交试验）是利用"正交表"进行科学的安排与分析多因素试验的方法。它的优点是能在很多试验方案中挑选出代表性很强的少数试验方案，并通过对这少数方案的试验结果的分析，推断出影响试验结果的主要因素，同时还可做进一步的分析，得到比试验结果本身给出的还要多的有关各因素的信息。

第二节　单因素方差分析

根据所分析的分类型自变量的多少，方差分析可分为单因素方差分析和双因素方差分析。当方差分析只涉及一个分类型自变量时，称为单因素方差分析。

单因素方差分析研究的是一个分类型自变量对一个数值型因变量的影响。例如，在例 7-1 中要检验不同行业被投诉次数的均值是否相等,这里只涉及行业一个因素,因而属于单因素方差分析。

一、数据结构

进行单因素方差分析时,需要得到下面的数据结构,如表 7-3 所示。

表 7-3　　　　　　　　　　　单因素方差分析的数据结构

观测值 (j)	因素			
	A_1	A_2	⋯	A_k
1	x_{11}	x_{12}		x_{1k}
2	x_{21}	x_{22}		x_{2k}
⋮	⋮	⋮		⋮
n	x_{n1}	x_{n2}		x_{nk}

为叙述方便,在单因素方差分析中,用 A 表示因素,因素的 k 个水平(总体)分别用 A_1, A_2, ⋯, A_k 表示,每个观测值用 $x_{ij}(i=1, 2, ⋯, k; j=1, 2, ⋯, n)$ 表示,即 x_{ij} 表示第 i 个水平(总体)的第 j 个观测值。例如, x_{21} 表示第二个水平的第一个观测值。其中,从不同水平中所抽取的样本量可以相等,也可以不相等。

二、分析步骤

为检验自变量对因变量是否有显著影响,需要先提出"两个变量在总体中没有关系"的原假设,然后构造一个用于检验的统计量来检验这一假设是否成立。具体来说,方差分析包括提出假设、构造检验的统计量、作出统计决策等步骤。

(一) 提出假设

在方差分析中,原假设所描述的是在按照自变量的取值分成的类中,因变量的均值相等。因此,检验因素的 k 个水平(总体)的均值是否相等,需要提出如下形式的假设:

$H_0: \mu_1 = \mu_2 = \cdots \mu_i = \cdots \mu_k$　　　　自变量对因变量没有显著影响

$H_1: \mu_i(i=1, 2, \cdots k)$ 不全相等　　　自变量对因变量有显著影响

式中, μ_i 为第 i 个总体的均值。

如果拒绝原假设 H_0,则意味着自变量对因变量有显著影响,也就是自变量与因变量之间有显著关系;如果不拒绝原假设 H_0,则意味着没有证据表明自变量对因变量有显著影响,也就是说,不能认为自变量与因变量之间有显著关系。

(二) 构造检验的统计量

为检验 H_0 是否成立,需要确定检验的统计量。其具体步骤如下。

1. 计算各样本的均值

假定从第 i 个总体中抽取一个容量为 n_i 的简单随机样本,令 $\bar{x}_i$ 为第 i 个总体的样本均值,则有:

$$\bar{x}_i = \frac{\sum_{j=1}^{n_i} x_{ij}}{n_i}, \quad i = 1, 2, \cdots, k$$

式中,n_i 为第 i 个总体的样本量;x_{ij} 为第 i 个总体的第 j 个观测值。

2. 计算全部观测值的总均值

全部观测值的总均值是全部观测值的总和除以观测值总个数的结果。令总均值为 $\bar{\bar{x}}$,则有:

$$\bar{\bar{x}} = \frac{\sum_{i=1}^{k} \sum_{j=1}^{n_i} x_{ij}}{n} = \frac{\sum_{i=1}^{k} n_i \bar{x}_i}{n}$$

式中,$n = n_1 + n_2 + \cdots + n_k$。

3. 计算各误差平方和

为构造检验的统计量,在方差分析中,需要计算三个误差平方和,它们是总平方和、组间平方和(因素平方和)、组内平方和(误差平方和或残差平方和)。

(1) 总平方和 SST。它是全部观测值与总均值的误差平方和,其计算公式为:

$$SST = \sum_{i=1}^{k} \sum_{j=1}^{n_i} (x_{ij} - \bar{\bar{x}})^2$$

(2) 组间平方和 SSA,它是各组均值 $\bar{x}_i (i = 2, \cdots, k)$ 与总均值 $\bar{\bar{x}}$ 的误差平方和,反映各样本均值之间的差异程度,又称为因素平方和。该平方和既包括系统误差,也包括随机误差。其计算公式为:

$$SSA = \sum_{i=1}^{k} n_i (\bar{x}_i - \bar{\bar{x}})^2$$

(3) 组内平方和 SSE。它是每个水平或组的各样本数据与其组均值的误差平方和,反映每个样本各观测值的离散状况,又称为误差平方和。该平方和反映了随机误差的大小,其计算公式为:

$$SSE = \sum_{i=1}^{k} \sum_{j=1}^{n_i} (x_{ij} - \bar{x}_i)^2$$

上述三个平方和之间的关系为:

$$\sum_{i=1}^{k} \sum_{j=1}^{n_i} (x_{ij} - \bar{\bar{x}})^2 = \sum_{i=1}^{k} n_i (\bar{x}_i - \bar{\bar{x}})^2 + \sum_{i=1}^{k} \sum_{j=1}^{n_i} (x_{ij} - \bar{x}_i)^2$$

即: 总平方和(SST) = 组间平方和(SSA) + 组内平方和(SSE)

从上述三个误差平方和可以看出,SSA 是对随机误差和系统误差大小的度量,它反映了自变量(行业)对因变量(被投诉次数)的影响,也称为自变量效应或因子效应;SSE 是对随机误差大小的度量,它反映了除自变量对因变量的影响之外其他因素对因变量的总影响,因此 SSE 也称为残差变量,它所引起的误差称为残差效应;SST 是对全部数据总误差程度的度量,它反映了自变量和残差变量的共同影响,因此等于自变量效应加残差效应。

4. 计算统计量

由于各误差平方和的大小与观测值的多少有关,为了消除观测值多少对误差平方和大小的影响,需要将其平均,也就是用各平方和除以它们所对应的自由度,这一结果称为均方,也称方差。三个平方和所对应的自由度分别为:

SST 的自由度为 $n-1$,其中 n 为全部观测值的个数。

SSA 的自由度为 $k-1$,其中 k 为因素水平(总体)的个数。

SSE 的自由度为 $n-k$。

由于要比较的是组间均方和组内均方之间的差异,所以通常只计算 SSA 的均方和 SSE 的均方。SSA 的均方也称组间均方或组间方差,记为 MSA,其计算公式为:

$$MSA = \frac{\text{组间平方和}}{\text{自由度}} = \frac{SSA}{k-1}$$

SSE 的均方也称为组内均方或组内方差,记为 MSE,其计算公式为:

$$MSE = \frac{\text{组内平方和}}{\text{自由度}} = \frac{SSE}{n-k}$$

将上述 MSA 和 MSE 进行对比,即得到所需要的检验统计量 F。当 H_0 为真时,两者的比值服从分子自由度为 $k-1$、分母自由度为 $n-k$ 的 F 分布,即:

$$F = \frac{MSA}{MSE} \sim F(k-1, n-k)$$

(三) 作出统计决策

如果原假设 $H_0: \mu_1 = \mu_2 = \cdots \mu_i = \cdots \mu_k$ 成立,则表明没有系统误差,组间方差 MSA 与组内方差 MSE 的比值差异就不会太大;如果组间方差显著大于组内方差,说明各水平(总体)之间的差异显然不仅有随机误差,还有系统误差。那么,它们之间的差异大到何种程度才表明有系统误差存在呢?这就需要用检验统计量进行判断。将统计量的值 F 与给定的显著性水平 α 下的临界值 F_α 进行比较,从而作出对原假设 H_0 的决策。

根据给定的显著性水平 α,在 F 分布表中查找与分子自由度 $df_1 = k-1$、分母自由度 $df_2 = n-k$ 相应的临界值 $F_\alpha(k-1, n-k)$。

若 $F > F_\alpha$,则拒绝原假设 $H_0: \mu_1 = \mu_2 = \cdots \mu_i = \cdots \mu_k$,表明 $\mu_i (i=1, 2, \cdots, k)$ 之间

的差异是显著的。

若 $F < F_\alpha$，则不拒绝原假设，没有证据表明 $\mu_i(i=1,2,\cdots,k)$ 之间有显著差异。

【例 7-3】 承接[例 7-1]资料，分析行业对被投诉次数是否有显著影响。

解析：

第一步：提出假设

$H_0: \mu_1 = \mu_2 = \mu_3 = \mu_4$　　　行业对被投诉次数没有显著影响

$H_1: \mu_1, \mu_2, \mu_3, \mu_4$ 不全相等　　行业对被投诉次数有显著影响

第二步：构造检验的统计量

1. 计算各样本的均值

根据表 7-1 中的数据，计算零售业的样本均值为：

$$\bar{x}_1 = \frac{\sum_{j=1}^{n_1} x_{1j}}{n_1} = \frac{57+66+49+40+34+53+44}{7} = 49$$

同样可以得到旅游业、航空业、家电制造业的均值。结果如表 7-4 所示。

表 7-4　　　　　　　　　4 个行业被投诉的次数及均值

零售业	旅游业	航空业	家电制造业
57	68	31	44
66	39	49	51
49	29	21	65
40	45	34	77
34	56	40	58
53	51		
44			
$\bar{x}_1 = 49$	$\bar{x}_2 = 48$	$\bar{x}_3 = 35$	$\bar{x}_4 = 59$
7	6	5	5

$$\bar{\bar{x}} = \frac{57+66+\cdots+77+58}{23} = 47.869\,565$$

2. 计算全部观测值的总均值

在表 7-4 中已经计算出 $\bar{\bar{x}} = 47.869\,565$。

3. 计算各误差平方和

(1) 计算总平方和 SST。

$$SST = (57-47.869\,565)^2 + \cdots + (58-47.869\,565)^2 = 4\,164.608\,696$$

它反映了全部 23 个观测值与这 23 个观测值平均数之间的差异。

(2) 计算组间平方和 SSA。

$$SSA = \sum_{i=1}^{4} n_i (\bar{x}_i - \bar{\bar{x}})^2$$
$$= 7 \times (49 - 47.869\,565)^2 + 6 \times (48 - 47.869\,565)^2 + 5 \times (35 - 47.869\,565)^2 + 5$$
$$\times (59 - 47.869\,565)^2$$
$$= 1\,456.608\,696$$

(3) 计算组内平方和 SSE。

先求出每个行业被投诉次数与其均值的误差平方和,然后将 4 个行业的误差平方和加总,即为 SSE。例如,根据表 7-4 的有关结果,计算误差平方和分别为:

零售业:

$$\sum_{j=1}^{7}(x_{1j} - \bar{x}_1)^2 = (57-49)^2 + (66-49)^2 + \cdots + (44-49)^2 = 700$$

旅游业:

$$\sum_{j=1}^{6}(x_{2j} - \bar{x}_2)^2 = (68-48)^2 + (39-48)^2 + \cdots + (51-48)^2 = 924$$

航空业:

$$\sum_{j=1}^{5}(x_{3j} - \bar{x}_3)^2 = (31-35)^2 + (49-35)^2 + \cdots + (40-35)^2 = 434$$

家电制造业:

$$\sum_{j=1}^{5}(x_{4j} - \bar{x}_4)^2 = (44-59)^2 + (51-59)^2 + \cdots + (58-59)^2 = 650$$

将其加总可以得到:

$SSE = 700 + 924 + 434 + 650 = 2\,708$

通过计算发现 $4\,164.608\,696 = 1\,456.608\,696 + 2\,708$,恰好印证了总平方和(SST)=组间平方和(SSA)+组内平方和(SSE)。

4. 计算统计量

SST 的自由度为 22(23−1),

SSA 的自由度为 3(4−1),

SSE 的自由度为 19(23−4)。

因此计算的 MSA 为：

$$MSA = \frac{\text{组间平方和}}{\text{自由度}} = \frac{SSA}{k-1} = \frac{1\,456.608\,696}{4-1} = 485.536\,232$$

计算的 MSE 为：

$$MSE = \frac{\text{组内平方和}}{\text{自由度}} = \frac{SSE}{n-k} = \frac{2\,708}{23-4} = 142.526\,316$$

计算 F 为：

$$F = \frac{MSA}{MSE} = \frac{485.536\,232}{142.526\,316} = 3.406\,643$$

第三步：作出统计决策

如果行业对被投诉次数没有影响，那么 4 个行业被投诉次数的均值之间的差异与每个行业被投诉次数的内部差异相比，不会相差很大；反之，则意味着行业对被投诉次数有影响。可见，判断因素的水平是否对观测值有显著影响，实际上也就是比较组间方差与组内方差之间差异的大小。

根据上面的计算结果，计算出 $F=3.406\,643$。若取显著性水平 $\alpha=0.05$，根据分子自由度 $df_1=k-1=4-1=3$ 和分母自由度 $df_2=n-k=23-4=19$，查 F 分布表得到临界值 $F_{0.05}(3,19)=3.13$。由于 $F>F_\alpha$，因此拒绝原假设 $H_0:\mu_1=\mu_2=\mu_3=\mu_4$，表明 μ_1，μ_2，μ_3，μ_4 之间有显著差异，即行业对被投诉次数有显著影响。

（四）方差分析表

上面详细介绍了方差分析的计算步骤和过程。为使计算过程更加清晰，通常将上述过程的内容列在一张表内，这就是方差分析表。其一般形式如表 7-5 所示。

表 7-5　　　　　　　　　方差分析表的一般形式

误差来源	平方和 SS	自由度 df	均方	F 值	P 值	F 临界值
组间（因素影响）	SSA	$k-1$	MSA	MSA/MSE		
组内（误差）	SSE	$n-k$	MSE			
总和	SST	$n-1$				

将例 7-3 的计算结果列成方差分析表，如表 7-6 所示。

表 7-6　　　　　　　4 个行业被投诉次数的方差分析表

误差来源	平方和 SS	自由度 df	均方	F 值	P 值	F 临界值
组间（因素影响）	1 456.608 7	3	485.536 2	3.406 6	0.038 8	3.127 4
组内（误差）	2 708	19	142.526 3			
总和	4 164.608 7	22				

(五) 方差分析 Excel 输出结果说明

从上面介绍的分析过程可以看到,进行方差分析需要大量的计算工作,而手工计算是十分烦琐的。幸运的是这些计算工作可以由计算机来完成,目前的统计软件中都有现成的方差分析程序。只要理解了方差分析的基本原理,就可以对计算机输出的结果进行合理的解释和分析。在这里,结合表 7-1 的数据,给出用 Excel 进行方差分析的结果,如表 7-7 所示。

表 7-7　　　　　　　　　　Excel 输出的方差分析结果

SUMMARY

组	计数	求和	平均	方差
列 1	7	343	49	116.666 667
列 2	6	288	48	184.8
列 3	5	175	35	108.5
列 4	5	295	59	162.5

方差分析

差异源	SS	df	MS	F	P-value	F crit
组间(因素影响)	1 456.608 7	3	485.536 2	3.406 6	0.038 8	3.127 4
组内(误差)	2 708	19	142.526 3			
总和	4 164.608 7	22				

从方差分析表可以看到,由于 $F=3.406\,643 > F_{0.05}(3, 19)=3.127\,354$,所以拒绝原假设 H_0,表明 μ_1,μ_2,μ_3,μ_4 之间的差异是显著的,即行业对被投诉次数的影响是显著的。

进行决策时,可以将方差分析表中的 P 值与显著性水平 α 的值进行比较。若 $P<\alpha$,则拒绝 H_0;若 $P>\alpha$,则不拒绝 H_0。在本例中,$P=0.038\,765 < \alpha=0.05$,所以拒绝 H_0。

三、关系强度的测量

例 7-3 的方差分析结果显示,不同行业被投诉次数的均值之间有显著差异,这意味着行业(自变量)与被投诉次数(因变量)之间的关系是显著的。

表 7-7 中给出了组间平方和(组间 SS),它度量了自变量(行业)对因变量(被投诉次数)的影响效应。实际上,只要组间平方和(组间 SS)不等于零,就表明两个变量之间有关系(只是是否显著的问题)。当组间平方和比组内平方和(组内 SS)大,而且大到一定程度时,就意味着两个变量之间的关系显著,大得越多,表明它们之间的关系就越强;反之,当组间平方和比组内平方和小时,就意味着两个变量之间的关系不显著,小得越多,表明它们之间的关系就越弱。

那么,怎样度量它们之间的关系强度呢?可以用组间平方和(SSA)占总平方和

(SST)的比例大小来反映,将这一比例记为R^2,即：

$$R^2 = \frac{SSA(组间\ SS)}{SST(总\ SS)}$$

其平方根R就可以用来测量两个变量之间的关系强度。

例如,根据表 7-7 中的结果计算得：

$$R^2 = \frac{SSA(组间\ SS)}{SST(总\ SS)} = \frac{1\ 456.608\ 696}{4\ 164.608\ 696} = 34.975\ 9\%$$

这表明,行业(自变量)对被投诉次数(因变量)的影响效应占总效应的 34.975 9%,而残差效应则占 65.024 1%。也就是说,行业对被投诉次数差异解释的比例达到近 35%,而其他因素(残差变量)所解释的比例为 65% 以上。尽管R^2并不高,但行业对被投诉次数的影响已经达到统计上显著的程度。

R^2的平方根(类似于相关系数r)可以用来测量自变量与因变量之间的关系强度。例如,根据上面的结果可以计算出$R = 0.591\ 404$,这表明行业与被投诉次数之间有中等以上的关系。

第三节 双因素方差分析

一、双因素方差分析及其类型

单因素方差分析只是考虑一个分类型自变量对数值型因变量的影响。在对实际问题的研究中,有时需要考虑几个因素对试验结果的影响。例如,分析影响彩电销售量的因素时,需要考虑品牌、销售地区、价格、质量等多个因素的影响。当方差分析涉及两个分类型自变量时,称为双因素方差分析。先看下面的例子。

【例 7-4】 有 4 个品牌的彩电在 5 个地区销售,为分析彩电的品牌(品牌因素)和销售地区(地区因素)对销售量的影响,取得以下每个品牌在各地区的销售量数据(单位：台),如表 7-8 所示。试分析品牌和地区对彩电的销售量是否有显著影响($\alpha = 0.05$)。

表 7-8　　　　　　　　　4 个品牌的彩电在 5 个地区的销售量数据　　　　　　　　单位：台

		地区因素				
		地区 1	地区 2	地区 3	地区 4	地区 5
品牌因素	品牌 1	365	350	343	340	323
	品牌 2	345	368	363	330	333
	品牌 3	358	323	353	343	308
	品牌 4	288	280	298	260	298

解析：在上面的例子中，品牌和地区是两个分类型自变量，销售量是一个数值型因变量。同时分析品牌和地区对销售量的影响，分析究竟是一个因素在起作用，还是两个因素都起作用，抑或是两个因素都不起作用，这就是一个双因素方差分析问题。

在双因素方差分析中，由于有两个影响因素，例如，彩电的品牌因素和地区因素，如果品牌和地区对销售量的影响是相互独立的，分别判断品牌和地区对销售量的影响，这时的双因素方差分析称为无交互作用的双因素方差分析，或无重复双因素分析；如果除了品牌和地区对销售量的单独影响，两个因素的搭配还会对销售量产生一种新的影响，例如，某个地区对某种品牌的彩电有特殊偏好，这就是两个因素结合后产生的新效应，这时的双因素方差分析称为有交互作用的双因素方差分析，或可重复双因素分析。

二、无交互作用的双因素方差分析

（一）数据结构

在无交互作用的双因素方差分析中，由于有两个因素，在获取数据时，需要将一个因素安排在"行"(row)的位置，称为行因素；另一个因素安排在"列"(column)的位置，称为列因素。设行因素有 k 个水平，行1，行2，…，行 k；列因素有 r 个水平，列1，列2，…，列 r。行因素和列因素的每一个水平都可以搭配成一组，观察它们对试验数据的影响。共抽取 kr 个观察数据，其数据结构如表7-9所示。

表7-9　　双因素方差分析的数据结构

		列因素(j)				平均值
		列1	列2	…	列 r	
行因素(i)	行1	x_{11}	x_{12}	…	x_{1r}	$\overline{x_{1\cdot}}$
	行2	x_{21}	x_{22}	…	x_{2r}	$\overline{x_{2\cdot}}$
	⋮	⋮	⋮	⋮	⋮	⋮
	行 k	x_{k1}	x_{k2}	…	x_{kr}	$\overline{x_{k\cdot}}$
平均值		$\overline{x}_{\cdot 1}$	$\overline{x}_{\cdot 2}$	…	$\overline{x}_{\cdot r}$	$\overline{\overline{x}}$

表7-9中，行因素共有 k 个水平，列因素共有 r 个水平。每一个观测值 $x_{ij}(i=1,2,\cdots,k;j=1,2,\cdots,r)$ 看作从由行因素的 k 个水平和列因素的 r 个水平所组合成的 $k\times r$ 个总体中抽取的样本量为1的独立随机样本。这 $k\times r$ 个总体中的每一个总体都服从正态分布，且有相同的方差。

表7-9中，$\overline{x_{i\cdot}}$ 是行因素的第 i 个水平下各观测值的平均值，其计算公式为：

$$\bar{x}_{i.} = \frac{\sum_{j=1}^{r} x_{ij}}{r}, \quad i = 1, 2, \cdots, k$$

$\bar{x}_{.j}$ 是列因素的第 j 个水平下各观测值的平均值,其计算公式为:

$$\bar{x}_{.j} = \frac{\sum_{i=1}^{k} x_{ij}}{k}, \quad j = 1, 2, \cdots, r$$

$\bar{\bar{x}}$ 是全部 kr 个样本数据的总平均值,其计算公式为:

$$\bar{\bar{x}} = \frac{\sum_{i=1}^{k}\sum_{j=1}^{r} x_{ij}}{kr}, \quad i = 1, 2, \cdots, k; j = 1, 2, \cdots, r$$

(二) 分析步骤

与单因素方差分析类似,双因素方差分析也包括提出假设、构造检验统计量、作出统计决策等步骤。

1. 提出假设

为了检验两个因素的影响,需要对两个因素分别提出如下假设。

对行因素提出的假设为:

$H_0: \mu_1 = \mu_2 = \cdots \mu_i = \cdots \mu_k$ 行因素(自变量)对因变量没有显著影响

$H_1: \mu_i (i = 1, 2, \cdots k)$ 不全相等   行因素(自变量)对因变量有显著影响

式中,μ_i 为行因素的第 i 个水平的均值。

对列因素提出的假设为:

$H_0: \mu_1 = \mu_2 = \cdots \mu_j = \cdots \mu_r$ 列因素(自变量)对因变量没有显著影响

$H_1: \mu_j (i = 1, 2, \cdots r)$ 不全相等   列因素(自变量)对因变量有显著影响

式中,μ_j 为列因素的第 j 个水平的均值。

2. 构造检验统计量

为检验 H_0 是否成立,需要分别确定检验行因素和列因素的统计量。与单因素方差分析构造统计量的方法一样,这里也需要从总平方和的分解入手。总平方和是全部样本观测值 $x_{ij}(i = 1, 2, \cdots, k; j = 1, 2, \cdots, r)$ 与总的样本均值 $\bar{\bar{x}}$ 的误差平方和,记为 SST,即:

$$SST = \sum_{i=1}^{k}\sum_{j=1}^{r}(x_{ij} - \bar{\bar{x}})^2$$

$$= \sum_{i=1}^{k}\sum_{j=1}^{r}(\bar{x}_{i.} - \bar{\bar{x}})^2 + \sum_{i=1}^{k}\sum_{j=1}^{r}(\bar{x}_{.j} - \bar{\bar{x}})^2 + \sum_{i=1}^{k}\sum_{j=1}^{r}(x_{ij} - \bar{x}_{i.} - \bar{x}_{.j} + \bar{\bar{x}})^2$$

其中,分解后的等式右边的第一项是行因素所产生的误差平方和,记为 SSR,即:

$$SSR = \sum_{i=1}^{k}\sum_{j=1}^{r}(\bar{x}_{i.} - \bar{\bar{x}})^2$$

第二项是列因素所产生的误差平方和，记为 SSC，即：

$$SSC = \sum_{i=1}^{k}\sum_{j=1}^{r}(\bar{x}_{\cdot j} - \bar{\bar{x}})^2$$

第三项是除行因素和列因素之外的剩余因素所产生的误差平方和，称为随机误差平方和，记为 SSE，即：

$$SSE = \sum_{i=1}^{k}\sum_{j=1}^{r}(x_{ij} - \bar{x}_{i\cdot} - \bar{x}_{\cdot j} + \bar{\bar{x}})^2$$

上述各平方和的关系为：

$$SST = SSR + SSC + SSE$$

在上述误差平方和的基础上计算均方，也就是将各平方和除以相应的自由度。与各误差平方和相对应的自由度分别是：

总平方和 SST 的自由度为 $kr-1$；

行因素的误差平方和 SSR 的自由度为 $k-1$；

列因素的误差平方和 SSC 的自由度为 $r-1$；

随机误差平方和 SSE 的自由度为 $(k-1)(r-1)$。

为构造检验统计量，需要计算下列均方：

行因素的均方，记为 MSR，即：

$$MSR = \frac{SSR}{k-1}$$

列因素的均方，记为 MSC，即：

$$MSC = \frac{SSC}{r-1}$$

随机误差项的均方，记为 MSE，即：

$$MSE = \frac{SSE}{(k-1)(r-1)}$$

为检验行因素对因变量的影响是否显著，采用下面的统计量：

$$F_R = \frac{MSR}{MSE} \sim F(k-1, (k-1)(r-1))$$

为检验列因素的影响是否显著，采用下面的统计量：

$$F_C = \frac{MSC}{MSE} \sim F(r-1, (k-1)(r-1))$$

3. 作出统计决策

计算出检验统计量后,根据给定的显著性水平 α 和两个自由度,查 F 分布表得到相应的临界值 F_α,然后将 F_R 和 F_C 与 F_α 进行比较。

若 $F_R > F_\alpha$,则拒绝原假设 $H_0: \mu_1 = \mu_2 = \cdots \mu_i = \cdots \mu_k$,表明 $\mu_i (i=1,2,\cdots,k)$ 之间的差异是显著的;也就是说,所检验的行因素对观测值有显著影响。

若 $F_C > F_\alpha$,则拒绝原假设 $H_0: \mu_1 = \mu_2 = \cdots \mu_j = \cdots \mu_r$,表明 $\mu_j (j=1,2,\cdots,r)$ 之间的差异是显著的;也就是说,所检验的列因素对观测值有显著影响。

为使计算过程更加清晰,通常将上述过程的内容列成方差分析表,其一般形式如表 7-10 所示。

表 7-10　　　　　　　　双因素方差分析表

误差来源	误差平方和 SS	自由度 df	均方	F 值	P 值	F 临界值
行因素	SSR	$k-1$	MSR	F_R		
列因素	SSC	$r-1$	MSC	F_C		
误差	SSE	$(k-1)(r-1)$	MSE			
总和	SST	$kr-1$				

【例 7-5】　根据[例 7-4]中的数据,分析品牌和地区对销售量是否有显著影响($\alpha=0.05$)。

解析: 先对两个因素分别提出如下假设。

行因素(品牌):

$H_0: \mu_1 = \mu_2 = \mu_3 = \mu_4$　　　　　　　　品牌对销售量没有显著影响

$H_1: \mu_1, \mu_2, \mu_3, \mu_4$ 不全相等　　　　　　品牌对销售量有显著影响

列因素(地区):

$H_0: \mu_1 = \mu_2 = \mu_3 = \mu_4 = \mu_5$　　　　　地区对销售量没有显著影响

$H_1: \mu_1, \mu_2, \mu_3, \mu_4, \mu_5$ 不全相等　　　地区对销售量有显著影响

双因素方差分析的计算较复杂,可直接利用 Excel 给出计算结果。表 7-11 就是 Excel 输出的方差分析结果。

表 7-11 中的"行"是指行因素,即品牌因素;"列"是指列因素,即地区因素。根据方差分析表的计算结果得出以下结论:

由于 $F_R = 18.107\,773 > F_\alpha = 3.490\,294$,所以拒绝原假设 H_0,表明 $\mu_1, \mu_2, \mu_3, \mu_4$ 之间的差异是显著的,这说明品牌对销售量有显著影响。

由于 $F_C = 2.100\,846 < F_\alpha = 3.259\,167\,7$,所以不拒绝原假设 H_0,表明 $\mu_1, \mu_2, \mu_3, \mu_4, \mu_5$ 之间的差异不显著,不能认为地区对销售量有显著影响。

直接用 $P\text{-}value$ 进行分析,结论也是一样。用于检验行因素的 $P\text{-}value=9.46515\text{E}-05<\alpha=0.05$,所以拒绝原假设 H_0;用于检验列因素的 $P\text{-}value=0.143665>\alpha=0.05$,所以不拒绝原假设 H_0。

表 7-11　　　　　　　　　　　Excel 输出的方差分析结果

SUMMARY	观测数	求和	平均	方差
行 1	5	1 721	344.20	233.70
行 2	5	1 739	347.80	295.70
行 3	5	1 685	337.00	442.50
行 4	5	1 424	284.80	249.20
列 1	4	1 356	339.00	1 224.666 667
列 2	4	1 321	330.25	1 464.25
列 3	4	1 357	339.25	822.916 666 7
列 4	4	1 273	318.25	1 538.916 667
列 5	4	1 262	315.50	241.666 666 7

方差分析

差异源	SS	df	MS	F	$P\text{-}value$	F crit
行	13 004.55	3	4 334.85	18.107 773 18	9.456 15E−05	3.490 294 821
列	2 011.70	4	502.925	2.100 845 894	0.143 664 887	3.259 166 727
误差	2 872.70	12	239.391 666 7			
总计	17 888.95	19				

(三) 关系强度测量

例 7-5 的方差分析结果显示,不同品牌的销售量均值之间有显著差异,这意味着品牌(行自变量)与销售量(因变量)之间的关系是显著的。而不同地区的销售量的均值之间没有显著差异,表明地区(列自变量)与销售量(因变量)之间的关系是不显著的。那么,两个变量合起来与销售量之间的关系强度究竟如何呢?

表 7-11 中给出了行自变量(品牌)的平方和(行 SS)、列自变量(地区)的平方和(列 SS)、误差平方和(误差 SS)。其中,行平方和度量了品牌这个自变量对因变量(销售量)的影响效应;列平方和度量了地区这个自变量对因变量(销售量)的影响效应。这两个平方和加在一起则度量了两个自变量对因变量的联合效应,联合效应与总平方和的比值定义为

R^2,其平方根 R 则反映了这两个自变量合起来与因变量之间的关系强度,即:

$$R^2 = \frac{联合效应}{总效应} = \frac{SSR + SSC}{SST}$$

例如,根据表 7-11 的输出结果计算,得:

$$R^2 = \frac{联合效应}{总效应} = \frac{SSR + SSC}{SST} = \frac{13\,004.55 + 2\,011.70}{17\,888.95} = 83.94\%$$

这表明,品牌因素和地区因素合起来总共解释了销售量差异的 83.94%,其他因素(残差变量)只解释了销售量差异的 16.06%。而 $R = 0.916\,22$,表明品牌和地区两个因素合起来与销售量之间有较强的关系。

当然,也可以分别考察品牌和地区与销售量之间的关系,这就需要作每个自变量与销售量的单因素方差分析,并分别计算每个 R^2。下面分别给出品牌和地区因素与销售量的单因素方差分析结果,如表 7-12、表 7-13 所示。

通过表 7-12 和表 7-13 可以发现,单因素方差分析与双因素方差分析得出的结论一致。但双因素方差分析中的误差平方和等于 2 872.7,比分别进行单因素方差分析时的任何一个平方和(4 884.40 和 15 877.25)都小,而且 P 值也变得更小了。这是因为在双因素方差分析中,误差平方和不包括两个自变量中的任何一个,因而减少了残差效应。而在分别作单因素方差分析时,将行因素(品牌)作自变量时,列因素(地区)被包括在残差中;同样,将列因素作自变量时,行因素被包括在残差中。因此,对于两个自变量而言,进行双因素方差分析要优于分别对两个因素进行单因素方差分析。

表 7-12 品牌与销售量的单因素方差分析结果

差异源	SS	df	MS	F	P-value	F crit
组间	13 004.55	3	4 334.85	14.199 819 83	8.972 71E−05	3.238 866 952
组内	4 884.40	16	305.275			
总计	17 888.95	19				

表 7-13 地区与销售量的单因素方差分析结果

差异源	SS	df	MS	F	P-value	F crit
组间	2 011.70	4	502.925	0.475 137 382	0.753 443 326	3.055 568 243
组内	15 877.25	15	1 058.483 333			
总计	17 888.95	19				

三、有交互作用的双因素方差分析

在上面的分析中,假定两个因素对因变量的影响是独立的,但如果两个因素搭配在一起会对因变量产生一种新的效应,就需要考虑交互作用对因变量的影响,这就是有交互作用的双因素方差分析。有交互作用的双因素方差分析表的数据结构一般形式如表 7-14 所示。

表 7-14 有交互作用的双因素方差分析表的一般形式

误差来源	平方和 SS	自由度 df	均方 MS	F 值	P 值	F 临界值
行因素	SSR	$k-1$	$MSR = \dfrac{SSR}{k-1}$	$F_R = \dfrac{MSR}{MSE}$		
列因素	SSC	$r-1$	$MSC = \dfrac{SSC}{r-1}$	$F_C = \dfrac{MSC}{MSE}$		
交互作用	SSRC	$(k-1)(r-1)$	$MSRC = \dfrac{SSRC}{(k-1)(r-1)}$	$F_{RC} = \dfrac{MSRC}{MSE}$		
误差	SSE	$kr(m-1)$	$MSE = \dfrac{SSE}{kr(m-1)}$			
总和	SST	$n-1$				

设 x_{ijl} 为对应于行因素的第 i 个水平和列因素的第 j 个水平的第 l 行的观测值;$\bar{x}_{i\cdot}$ 为行因素的第 i 个水平的样本均值;$\bar{x}_{\cdot j}$ 为列因素的第 j 个水平的样本均值;$\bar{x}_{ij}$ 为对应于行因素的第 i 个水平和列因素的第 j 个水平组合的样本均值;$\bar{\bar{x}}$ 为全部 n 个观测值的总均值。

各平方和的计算公式如下:

总平方和(SST):

$$SST = \sum_{i=1}^{k}\sum_{j=1}^{r}\sum_{l=1}^{m}(x_{ijl} - \bar{\bar{x}})^2$$

行变量平方和(SSR):

$$SSR = rm\sum_{i=1}^{k}(\bar{x}_{i\cdot} - \bar{\bar{x}})^2$$

列变量平方和(SSC):

$$SSC = km\sum_{j=1}^{r}(\bar{x}_{\cdot j} - \bar{\bar{x}})^2$$

交互作用平方和（SSRC）：

$$SSRC = m\sum_{i=1}^{k}\sum_{j=1}^{r}(\bar{x}_{ij}-\bar{x}_{i}.-\bar{x}._{j}+\bar{\bar{x}})^2$$

误差平方和（SSE）：

$$SSE = SST - SSR - SSC - SSRC$$

【例 7-6】 城市道路交通管理部门为研究不同的路段和不同的时段对行车时间的影响，让一名交通警察分别在两个路段的高峰期与非高峰期亲自驾车进行试验，通过试验共获得 20 个行车时间（单位：分钟）的数据，如表 7-15 所示。试分析路段、时段以及路段和时段的交互作用对行车时间的影响（$\alpha = 0.05$）。

解析：

设行变量有 k 个水平，例如，表 7-15 中的行变量（时段）有 2 个水平，即高峰期和非高峰期；列变量有 r 个水平，例如，表 7-15 中的列变量（路段）有 2 个水平，即路段 1 和路段 2；行变量中每个水平的行数（Excel 中称为每个样本的行数）为 m，例如，表 7-15 中的行变量的每个水平（即每个样本）的行数各有 5 行；观察数据的总数为 n，例如，表 7-15 中共有 $n = 20$ 个数据。

与无交互作用的方差分析方法类似，有交互作用的双因素方差分析也需要提出假设、构造检验的统计量、作出统计决策等步骤。提出假设时，需要对行变量、列变量和交互作用变量分别提出假设，方法与上述类似，这里不再赘述。

针对本例中提出的问题，直接利用 Excel 给出计算结果，如表 7-16 所示。

表 7-15　　　　　　　　　　不同时段和不同路段的行车时间　　　　　　　　单位：分钟

		路段	
		路段 1	路段 2
时段 （行变量）	高峰期	26	19
		24	20
		27	23
		25	22
		25	21
	非高峰期	20	18
		17	17
		22	13
		21	16
		17	12

表 7-16　　Excel 输出的有交互作用的双因素方差分析结果

SUMMARY	路段 1	路段 2	总计
计数	5	5	10
求和	127	105	232
平均	25.4	21	23.2
方差	1.3	2.5	7.066 7
计数	5	5	10
求和	97	76	173
平均	19.4	15.2	17.3
方差	5.3	6.7	10.233 3
总计			
计数	10	10	
求和	224	181	
平均	22.4	18.1	
方差	12.933 3	13.433 3	

方差分析

差异源	SS	df	MS	F	P-value	F crit
样本	174.050 0	1	174.050 0	44.063 3	0.000 2	4.494 0
列	92.450 0	1	92.450 0	23.405 1	0.000 2	4.494 0
交互	0.050 0	1	0.050 0	0.012 7	0.911 8	4.494 0
内部	63.200 0	16	3.950 0			
总计	329.750 0	19				

由表 7-16 的输出结果可知，用于检验"时段"（行因素，输出表中为"样本"）的 $P\text{-}value = 0.000\ 2 < \alpha = 0.05$，拒绝原假设，表明不同时段的行车时间之间有显著差异，即时段对行车时间有显著影响；用于检验"路段"（列因素）的 $P\text{-}value = 0.000\ 2 < \alpha = 0.05$ 同样拒绝原假

设,表明不同路段的行车时间之间有显著差异,即路段对行车时间也有显著影响;交互作用反映的是时段因素和路段因素联合产生的对行车时间的附加效应,用于检验的 $P\text{-}value = 0.9118 > \alpha = 0.05$,因此不拒绝原假设,没有证据表明时段和路段的交互作用对行车时间有显著影响。

课堂测试

班级_____ 姓名_____ 学号_____ 日期_____ 成绩_____

一、单选题(本大题共 10 个小题,每小题 5 分,共 50 分)

1. 方差分析的主要目的是判断(   )。
   A. 各总体是否存在方差
   B. 各样本数据之间是否有显著差异
   C. 分类型自变量对数值型因变量的影响是否显著
   D. 分类型因变量对数值型自变量的影响是否显著

2. 在方差分析中,检验统计量 F 是(   )。
   A. 组间平方和除以组内平方和   B. 组间均方除以组内均方
   C. 组间平方除以总平方和   D. 组间均方除以总均方

3. 在方差分析中,某一水平下样本数据之间的误差称为(   )。
   A. 随机误差   B. 非随机误差
   C. 系统误差   D. 非系统误差

4. 在方差分析中,衡量不同水平下样本数据之间的误差称为(   )。
   A. 组内误差   B. 组间误差   C. 组内平方   D. 组间平方

5. 组间误差是衡量不同水平下各样本数据之间的误差,其(   )。
   A. 只包括随机误差
   B. 只包括系统误差
   C. 既包括随机误差,也包括系统误差
   D. 有时包括随机误差,有时包括系统误差

6. 组内误差是衡量某一水平下样本数据之间的误差,其(   )。
   A. 只包括随机误差
   B. 只包括系统误差
   C. 既包括随机误差,也包括系统误差
   D. 有时包括随机误差,有时包括系统误差

7. 在下面的假定中,不属于方差分析中的假定的是(   )。
   A. 每个总体都服从正态分布   B. 各总体的方差相等

C. 观测值是独立的 D. 各总体的方差等于 0

8. 在方差分析中,所提出的原假设是 $H_0: \mu_1 = \mu_2 = \cdots = \mu_k$, 备择假设是( )。

A. $\mu_1 \neq \mu_2 \neq \cdots \neq \mu_k$ B. $\mu_1 > \mu_2 > \cdots > \mu_k$

C. $\mu_1 < \mu_2 < \cdots < \mu_k$ D. $\mu_1, \mu_2, \cdots, \mu_k$ 不全相等

9. 在方差分析中,用于检验的统计量是( )。

A. 组间平方和/组内平方和 B. 组间平方和/总平方和

C. 组间方差/组内方差 D. 组间方差/总方差

10. 有交互作用的双因素方差分析是指用于检验的两个因素( )。

A. 对因变量的影响是独立的 B. 对因变量的影响是有交互作用的

C. 对自变量的影响是独立的 D. 对自变量的影响是有交互作用的

二、判断题(本大题共 4 个小题,每小题 5 分,共 20 分)

1. 方差分析旨在于通过检验多个总体的均值是否相等来判断一个或多个分类型自变量对数值型因变量是否有显著影响。 ( )
2. 若检验统计量 F 近似等于 1,说明组间方差中不包含系统因素的影响。 ( )
3. 单因素方差分析的组内误差一定小于组间误差。 ( )
4. 为研究溶液温度对液体植物的影响,将水温控制在三个水平上,则称这种方差分析是三因素方差分析。 ( )

三、计算题(本大题共 1 个小题,共 30 分)

某家电制造公司准备购进一批 5 号电池,现有 A、B、C 3 个电池生产企业愿意供货,为比较它们生产的电池质量,从每个企业各随机抽取 5 只电池,经试验得其寿命数据(单位:小时)如表 7-17 所示。

表 7-17　　　　　　　　3 个企业试验数据统计表　　　　　　　　单位:小时

试验号	电池生产企业		
	A	B	C
1	50	32	45
2	50	28	42
3	43	30	38
4	40	34	48
5	39	26	40

试分析 3 个企业生产的电池的平均寿命之间有无显著差异($\alpha = 0.05$)。

第八章 相关与回归分析

> **知识导航**

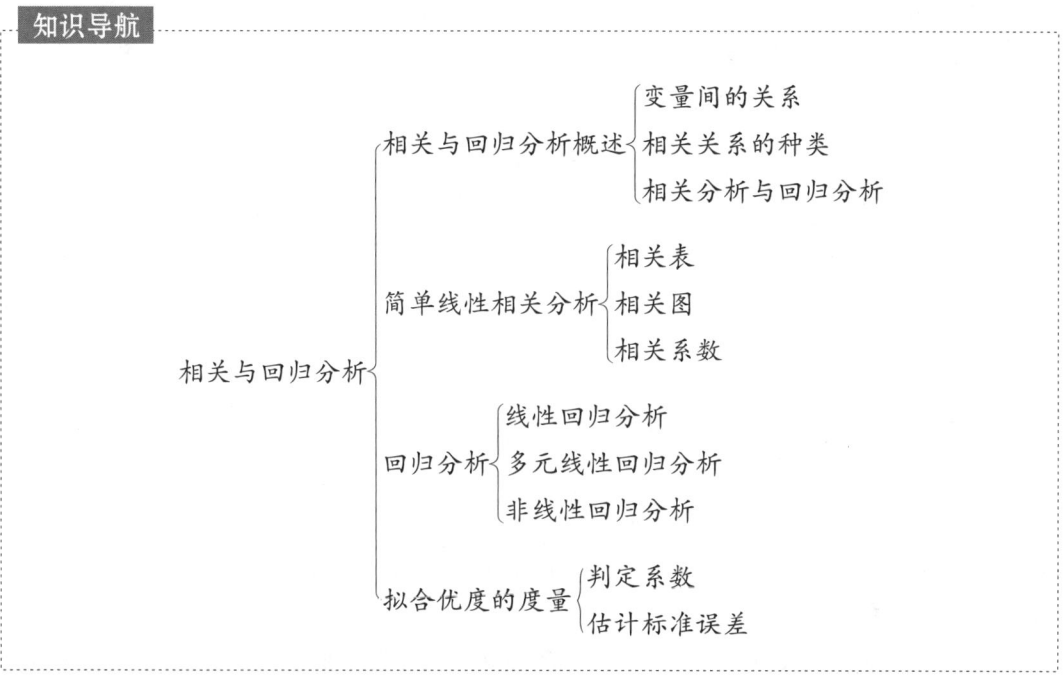

学习目标

1. 理解相关关系的含义和意义。
2. 掌握相关分析和回归分析的方法和步骤。
3. 掌握运用软件进行相关分析和回归分析。

 寓德于教

党的二十大报告中明确指出,把保障人民健康放在优先发展的战略位置,完善人民健康促进政策。报告中同时指出,深化医药卫生体制改革,促进医保、医疗、医药协同发展和治理。创新医防协同、医防融合机制,健全公共卫生体系,提高重大疫情早发现能力,加强重大疫情防控救治体系和应急能力建设,有效遏制重大传染性疾病传播。深入开展健康中国行动和爱国卫生运动,倡导文明健康生活方式。

资料来源:习近平.高举中国特色社会主义伟大旗帜 为全面建设社会主义现代化国家而团结奋斗——在中国共产党第二十次全国代表大会上的报告[EB/OL].[2022-10-16].

https://www.gov.cn/xinwen/2022-10/25/content_5721685.htm，有删节。

请思考："健康中国行动""爱国卫生运动""公共卫生体系"与"人民健康"之间是否存在关系呢？如果存在关系，具体是什么关系呢？

案例导入

从遗传学角度看，子女的身高与其父母身高有很大关系。一般来说，父母较高时，其子女通常也比较高。父母较矮时，其子女通常也较矮。为了研究子女身高与其父母身高间的关系，通过抽样调查，获得部分子女与其父母身高的数据，通过分析，确定他们之间的关系，进而可以通过父母身高预测其子女的身高。

思考：如何通过统计分析确定子女身高与其父母身高间的关系？

第一节 相关与回归分析概述

一、变量间的关系

客观现象总是普遍联系、相互依存、相互制约的，当我们用变量来反映这些现象的特征时，便表现为变量之间的依存关系。变量之间就其关系的变化来说可分为函数关系和相关关系。

（一）函数关系

函数关系是指变量之间存在着严格确定的依存关系，在这种关系中，当一个或几个变量取一定量的值时，另一变量有确定值与之相对应，并且这种关系可以用一个数学表达式反映出来。例如，某种产品的总成本 S 与该产品的产量 Q 以及该产品的单位成本 P 之间的关系可用 $S=P\times Q$ 表达，这就是一种函数关系。通常把作为影响因素的变量称为自变量，把发生相应变化的变量称为因变量。在本例中，S 是因变量，P 与 Q 则是自变量。

（二）相关关系

相关关系是指变量之间存在一定的相依关系，但又不是确定的、严格的依存关系。这类关系中，当一个或几个相互联系的变量取一定数值时，与之相对应的变量就会有若干个数值与之相对应，从而表现出一定的波动性。例如，商品流转规模与流通费用的关系，家庭收入与消费支出的关系，工业劳动生产率与产品成本的关系等都属于相关关系。在统计中所研究的就是这种相关关系。

上述函数关系和相关关系之间并不存在严格的界限。由于有测量误差等原因，函数关系在实际中往往通过相关关系表现出来；反之，当对现象之间的内在联系和规律性了解得更清楚深刻的时候，相关关系也可能转化为函数关系。因此，相关关系通常可以用一定的函数关系表达式去近似地描述。

二、相关关系的种类

客观现象间的相关关系相当复杂,表现为各种形态,可以按不同的标准加以划分。

(一) 按相关关系的程度分为完全相关、不完全相关和不相关

当一种现象的数量变化完全由另一个现象的数量变化所确定时,称这两种现象之间的关系为完全相关。例如,圆的周长决定于它的半径 R。在这种情况下,相关关系即为函数关系,也可以说函数关系是相关关系的一种特例。当两个现象彼此互不影响,其数量变化各自独立时,称这两个现象之间的关系为不相关或零相关。例如,学生的学习成绩与其身高一般认为是不相关的。若两个现象之间的关系介于完全相关和不相关之间,就称为不完全相关,一般的相关现象都是指这种不完全相关,这是相关分析的研究对象。

(二) 按相关形式分为线性相关和非线性相关

当一个变量发生变动,另一个变量随之发生大致均等的变动(增加或减少),从图形上看,其观测点的分布近似地表现为直线形式,就是线性相关。而当一个变量发生变动,另一个变量也随之发生变动(增加或减少),但是这种变动不是均等的,从图形上看,其观察点的分布表现为各种不同的曲线形式,这种相关关系称为非线性相关。

(三) 按相关的方向分为正相关和负相关

两个相关现象间,当一个变量的数值增加(或减少)时,另一个变量的数值也随之增加(或减少),这种相关称为正相关。例如,家庭消费支出随着收入的增加而增加等。当一个变量的数值增加(或减少)时,而另一个变量的数值相反地呈减少(或增加)趋势变化,称为负相关。例如,劳动生产率愈高,单位产品成本愈低。

(四) 按相关关系涉及的因素多少分为单相关、复相关和偏相关

单相关又称一元相关,是指两个变量之间的相关关系,即仅限于一个变量与另一个变量之间的依存关系。复相关又称多元相关,是指三个或三个以上变量之间的相关关系。例如,家庭的消费支出与家庭收入水平及市场价格水平之间的关系便是一种复相关。在某一变量与多个变量相关时,当假定其他变量不变,其中两个变量的相关关系称为偏相关。例如,在假定家庭收入水平不变的条件下,市场价格水平与家庭的消费支出的关系就是一种偏相关。

相关分析的主要内容如图 8-1 所示。

三、相关分析与回归分析

(一) 相关分析

相关分析是研究社会经济现象之间相关关系的形态和程度的一种统计分析方法。其目的就是从现象的复杂关系中消除非本质的偶然影响,从而找出现象间相互依存的形式和密切程度以及依存关系变动的规律性。这在实际工作中运用得非常广泛。相关分析的内容包括以下几个方面。

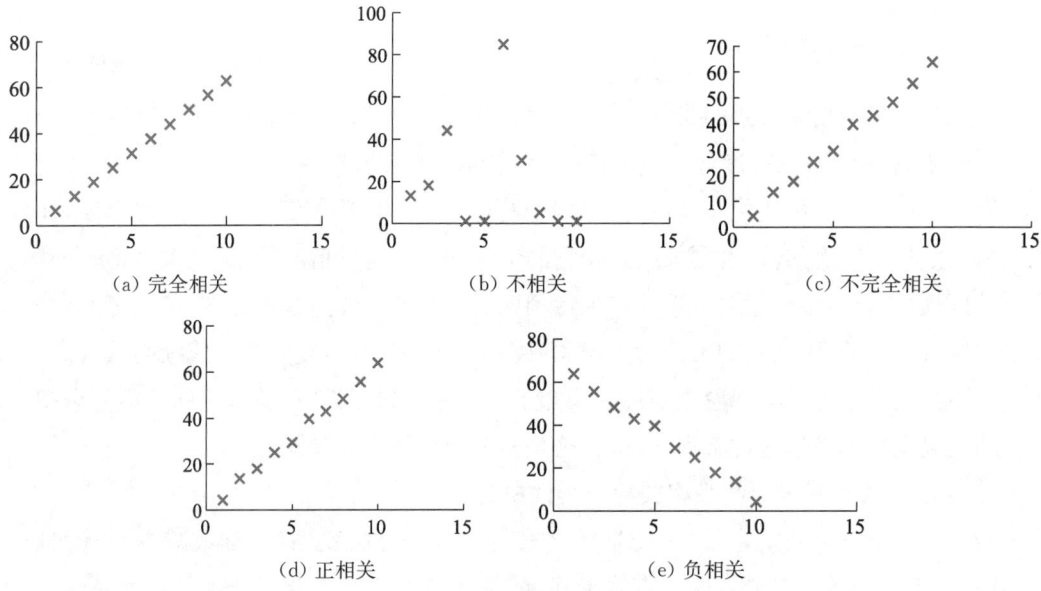

图 8-1 各种相关关系

(1) 判断现象之间是否存在相关关系。即通过定性分析判断现象间是否有关系。这是相关分析的出发点。有相互依存关系才能用相关方法进行分析，没有关系而当作有关系会使认识发生错误。关系表现为什么样的形式就需要使用什么样的方法分析，把曲线相关当作直线相关来进行分析，也会使认识发生偏差。

(2) 分析现象间相关关系的形态特征。即通过散点图确定现象间相关关系的表现形式是线性相关还是非线性相关，变化方向是正相关还是负相关。

(3) 确定相关关系的密切程度。即通过计算相关系数确定相关关系的密切程度，是高度相关、显著相关、低度相关还是微弱相关。

(4) 对总体相关系数进行显著性检验。即通过样本相关系数对总体相关系数进行显著性检验。

(二) 回归分析

1. 回归分析的概念

回归分析是在相关分析的基础上，对具有高度相关关系的变量之间数量变化的一般关系进行测定，确定一个合适的数学模型，用来近似地表示变量间的平均变化关系的一种统计方法。回归分析的内容包括以下几个方面。

(1) 选择回归模型。即根据相关关系的具体形态，选择一个合适的回归模型。

(2) 参数估计。即根据样本观测值对回归模型的参数进行估计，求出具体的回归方程，来近似地表达变量间的平均变化关系。

(3) 拟合优度检验。即对观测值聚焦在回归直线周围的紧密程度进行检验。

(4) 显著性检验。即对回归方程、参数估计值进行显著性检验与校正，以使回归方程或参数更加优良。

(5) 预测和控制。即根据回归方程进行适当的预测和控制,这也是回归分析的最终目的。

2. 回归分析的分类

回归分析可以从不同的角度进行分类,常用的分类具体包括以下几类。

(1) 回归分析按变量的多少,可以分为一元回归分析和多元回归分析。

一元回归分析是根据某因变量与一个自变量之间的相关关系建立的回归模型进行分析。例如,根据耐用消费品销售量与居民收入的相关关系建立一元回归模型,并根据居民收入来预测耐用消费品销售量。

多元回归分析是根据某一因变量与两个或两个以上自变量之间的相关关系建立的回归模型进行分析。例如,根据农作物亩产量与施肥量、降雨量、气温的相关关系建立多元回归模型,并对农作物亩产量进行预测和控制。

(2) 回归分析按相关的形式,可以分为线性回归分析和非线性回归分析。

在线性回归分析中,因变量与自变量的关系是呈直线型的。例如,耐用消费品销售量与居民收入之间可以建立直线模型来进行回归分析。

在非线性回归分析中,因变量与自变量的关系是呈曲线型的。例如,某商店的商品流通费用率与销售额之间可以建立曲线模型来进行回归分析。

(三) 相关分析与回归分析的联系与区别

1. 相关分析与回归分析的联系

相关分析和回归分析是研究现象之间相关关系的两种基本方法,两者有着密切的联系,它们不仅具有共同的研究对象,而且在具体运用时,常常需要互相补充。

(1) 相关分析是回归分析的前提。只有进行相关分析,确定变量之间具有较高的相关程度后,才可进行回归分析。如广告支出与销售额之间就存在着较高的相关关系,就可以对其进行回归分析。如果现象之间不具有相关关系或相关程度不密切,对其进行回归分析就没有实际意义。

(2) 相关分析决定回归分析。现象之间的相关关系是很复杂的,它们以不同的方向、不同的程度、不同的形式等相互作用,表现出不同的类型和形态。但无论现象的相关类型呈何种状态,它对回归分析都起着决定性作用。

第一,相关的形式决定回归的类型。对于线性相关的现象,就只能进行线性回归分析;对于曲线相关的现象,就只能进行曲线回归分析,否则也歪曲了客观事实,这样的回归是没有意义的。

第二,相关的方向决定回归系数的符号。在线性相关的情况下,正相关时回归系数为正号,负相关时回归系数为负号。

第三,相关的密切程度决定回归预测的准确程度。

(3) 回归分析是相关分析的继续和深入。相关分析只能对现象是否相关及相关的密切程度做出说明,而回归分析却能用数学方程的形式拟合回归方程,从而说明现象之间的数量对应规律,并能进行回归预测。可见,相关分析是回归分析的前提和基础,回归分析是相关分析的继续和深入。

2. 相关分析与回归分析的区别

(1) 变量的地位不同。在相关分析中,变量处于平等地位,不必区分自变量和因变量;而在回归分析中,变量处于不平等地位,必须区分自变量和因变量。

(2) 变量的性质不同。在相关分析中,两个变量都是随机变量;在回归分析中,因变量是随机变量,自变量是非随机变量。

(3) 研究的目的不同。相关分析研究变量间相关关系的密切程度和方向,而回归分析研究变量间相关关系的具体形式。

(4) 研究的方法不同。相关分析通过相关图、相关表和相关系数等方法来研究变量间的相关关系,而回归分析通过回归模型来研究变量间的相关关系。

(5) 作用不同。相关分析只能描述变量间相关关系的密切程度和方向,不能由一个变量的变化预测另一个变量的变化情况;回归分析可以揭示自变量对因变量的影响大小,并可根据回归模型进行预测和控制。

第二节 简单线性相关分析

一、相关表

相关表是一种显示变量之间相关关系的统计表。研究现象间的依存关系首先要通过实际调查取得一系列成对的数据,作为相关分析的原始资料。将某一变量按其数值的大小顺序排列,然后再将与其相关的另一变量的对应值平行排列,便可得到简单的相关表,如表 8-1 所示。

表 8-1　　　1990—2008 年全国居民平均消费与职工年平均工资资料　　　单位:元

年份(年)	全国居民年平均消费	全国职工年平均工资
1990	833	2 140
1991	932	2 340
1992	1 116	2 711
1993	1 393	3 371
1994	1 833	4 538

(续表)

年份(年)	全国居民年平均消费	全国职工年平均工资
1995	2 355	5 500
1996	2 789	6 210
1997	3 002	6 470
1998	3 159	7 479
1999	3 346	8 346
2000	3 632	9 371
2001	3 869	10 870
2002	4 106	12 422
2003	4 411	14 040
2004	4 925	16 024
2005	5 463	18 364
2006	6 138	21 001
2007	7 103	24 932
2008	8 183	29 229

以上列出的相关表格也可以被称为简单相关表,即是把某一变量值按照从小到大的顺序排列,并配合另一变量值分组,一一对应陈列出来的统计表。

相应地,有时在某些情形下还可以作分组相关表,更加明显地展示变量间的相关关系。

制作分组相关表,需要科学地确定组距,组距太宽,分组太少,容易损失样本个数,造成后期分析的误差;组距太窄,分组太多,则不易观察,分组便无意义。在表 8-1 中,居民年平均消费最大值是 8 183,从 1 开始分组,组距选择 1 500 元,则可以分为 6 组,较为科学,如表 8-2 所示。

表 8-2　　　　　　　　　　　　　分组相关表　　　　　　　　　　　　单位:元

居民年平均消费分组	数量(个)	各组职工年平均工资的均值
0～1 499	4	2 640.50
1 500～2 999	3	5 416.00
3 000～4 499	7	9 856.90
4 500～5 999	2	17 194.00
6 000～7 499	2	22 966.50
7 500～8 999	1	29 229.00

二、相关图

相关图是用来反映两个变量之间相关关系的图，又称散点图。相关图可以将两种有关的数据成对地以点的形式描在直角坐标图上，以观察与分析两种因素之间的关系，如图8-2所示。

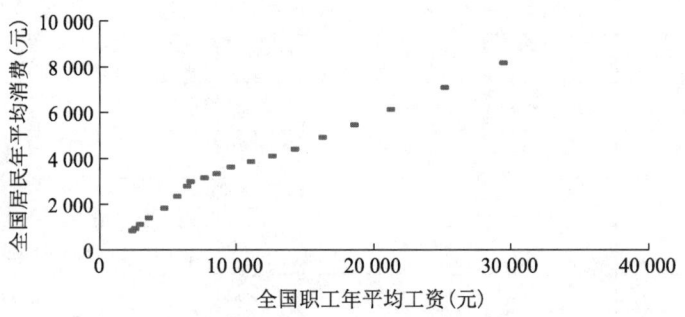

图 8-2 全国职工年平均工资与平均消费相关图

从相关图中可以看出，随着职工年平均工资的增加，居民年平均消费有相应提高的趋势，两变量间存在明显的正相关关系。

三、相关系数

在各种相关中，单相关是基本的相关关系，它是复相关和偏相关的基础。单相关有线性相关和非线性相关两种表现形式。测定线性相关系数的方法是最基本的相关分析，是测定其他相关系数方法的基础。本节首先研究线性的单相关系数——简单相关系数，即在线性条件下说明两个变量之间相关关系密切程度的统计分析指标，简称相关系数，通常用 ρ 来表示总体的相关系数，r 表示样本的相关系数。具体公式如下：

$$\rho = \frac{COV(X,Y)}{\sqrt{VAR(X)} \cdot \sqrt{VAR(Y)}}$$

$COV(X,Y)$ 表示两变量协方差，$VAR(X)$ 表示 X 变量的方差，$VAR(Y)$ 表示 Y 变量的方差。由于我们难以获得变量总体的方差，所以常用样本的估计量代替，得到：

$$r = \frac{\sum(x-\bar{x})(y-\bar{y})}{\sqrt{\sum(x-\bar{x})^2} \cdot \sqrt{\sum(y-\bar{y})^2}}$$

为了方便计算，经过数学推导可以得到：

$$r = \frac{n\sum xy - (\sum x)(\sum y)}{\sqrt{n\sum x^2 - (\sum x)^2}\sqrt{n\sum y^2 - (\sum y)^2}}$$

对样本相关系数 r 的解释如下：

(1) $-1 \leqslant r \leqslant 1$；$0 < r < 1$，正线性相关；$-1 < r < 0$，负线性相关；$r = 0$，线性无关；$r = 1$，完全正线性相关（函数关系）；$r = -1$，完全负线性相关。

(2) r 的绝对值的大小反映了现象之间相关关系的紧密程度，r 的绝对值越大，相关关系越紧密，反之，相关关系越不紧密。$|r| \geqslant 0.8$，强相关（高度相关）；$0.5 \leqslant |r| < 0.8$，中度相关（显著相关）；$0.3 \leqslant |r| < 0.5$，弱相关（低度相关）；$|r| < 0.3$，不相关（无相关）。

(3) r 数值的符号表明该相关关系的正负性。

【例 8-1】 根据表 8-1 中的数据，计算全国居民年平均消费额和职工年平均工资之间的相关系数，并判断其相关关系。

解析： 计算得到表 8-3。

表 8-3　　　　　　　1990—2008 年居民平均消费和年平均工资表　　　　　　　单位：元

年份（年）	居民年平均消费 y	职工年平均工资 x	y^2	x^2	xy
1990	833	2 140	693 889	4 579 600	1 782 620
1991	932	2 340	868 624	5 475 600	2 180 880
1992	1 116	2 711	1 245 456	7 349 521	3 025 476
1993	1 393	3 371	1 940 449	11 363 641	4 695 803
1994	1 833	4 538	3 359 889	20 593 444	8 318 154
1995	2 355	5 500	5 546 025	30 250 000	12 952 500
1996	2 789	6 210	7 778 521	38 564 100	17 319 690
1997	3 002	6 470	9 012 004	41 860 900	19 422 940
1998	3 159	7 479	9 979 281	55 935 441	23 626 161
1999	3 346	8 346	11 195 716	69 655 716	27 925 716
2000	3 632	9 371	13 191 424	87 815 641	34 035 472
2001	3 869	10 870	14 969 161	118 156 900	42 056 030
2002	4 106	12 422	16 859 236	154 306 084	51 004 732
2003	4 411	14 040	19 456 921	197 121 600	61 930 440
2004	4 925	16 024	24 255 625	256 768 576	78 918 200
2005	5 463	18 364	29 844 369	337 236 496	100 322 532
2006	6 138	21 001	37 675 044	441 042 001	128 904 138
2007	7 103	24 932	50 452 609	621 604 624	177 091 996
2008	8 183	29 229	66 961 489	854 334 441	239 180 907
合计	68 588	205 358	325 285 732	3 354 014 326	1 034 694 387

由材料可知 $n=19$,则:

$$r = \frac{19 \times 1\,034\,694\,387 - 205\,358 \times 68\,588}{\sqrt{19 \times 3\,354\,014\,326 - 205\,358^2}\sqrt{19 \times 325\,285\,732 - 68\,588^2}} \approx 0.99$$

因此,可以认为全国居民年均消费额和全国职工年均工资之间有着高度的正相关性。

第三节 回归分析

回归分析按照涉及的自变量的多少,可分为一元回归分析和多元回归分析;按照自变量和因变量之间的关系类型,可分为线性回归分析和非线性回归分析。

本节首先讲解一元线性回归分析和多元线性回归分析,再简单讲解非线性回归分析。

一、线性回归分析

一元线性回归模型又称简单直线回归模型,它是根据两个变量的数据,配合直线方程式,再根据自变量的变动值,来推算因变量估计值的一种统计分析方法。对于所要考察的因变量 y 来说,若其主要影响因素只有一个自变量 x,且 y 与 x 呈线性相关关系。

一元线性回归分析的一般形式为:

$$y_c = a + bx$$

式中, y_c —— 因变量的估计值;

x —— 自变量;

a —— 回归直线在 y 坐标轴上的截距;

b —— 回归直线的斜率,也称回归系数。

对于回归系数 b 的经济含义为:自变量每增加一个单位, y 平均增加(或减少) b 个单位。 b 可为正或负, b 数值的正负性表明 y 与 x 之间相关关系的正负性。

一元线性回归分析的关键在于系数 a,b 数值的确定,通常采用最小平方法拟合估计,使得估计出的因变量的数值与实际数值的差的平方和,即残差平方和 $e^2 = \sum(y-y_c)^2$ 最小。

通过微分的方法可以得到方程组:

$$\begin{cases} \sum y = na + b\sum x \\ \sum xy = a\sum x + b\sum x^2 \end{cases}$$

求解二元一次方程组,可得:

$$\begin{cases} b = \dfrac{n\sum xy - \sum x \sum y}{n\sum x^2 - (\sum x)^2} \\ a = \dfrac{\sum y}{n} - b\dfrac{\sum x}{n} \end{cases}$$

【例8-2】 根据表8-3的资料,又已知2009年全国职工平均工资为32 319元,利用最小平方法估计2009年全国居民年平均消费额。

解析:将表8-3的相关数据代入公式,得:

$$b = \frac{n\sum xy - \sum x \sum y}{n\sum x^2 - (\sum x)^2} = \frac{19 \times 1\ 034\ 694\ 387 - 205\ 358 \times 68\ 588}{19 \times 3\ 354\ 014\ 326 - 205\ 358^2} \approx 0.26$$

$$a = \frac{\sum y}{n} - b\frac{\sum x}{n} = \frac{68\ 588}{19} - 0.26 \times \frac{205\ 358}{19} = 799.73$$

得到回归方程:

$$y_c = 799.73 + 0.26x$$

将2009年的 $x = 32\ 319$ 代入方程:

$$y_c = 799.73 + 0.26 \times 32\ 319 = 9\ 202.67(元)$$

因此,2009年全国居民年平均消费为9 202.67元。

【例8-3】 某公司10个子公司的广告支出和销售收入数据如表8-4所示,请利用回归方程预测,如果某子公司广告支出为10万元,在其他条件相对稳定时,其销售收入为多少?

表8-4　　　　　　　某公司广告支出和销售收入统计表　　　　　　单位:万元

编号	广告支出 x	销售收入 y	x^2	y^2	xy
1	2	50	4	2 500	100
2	2	51	4	2 601	102
3	3	52	9	2 704	156
4	4	53	16	2 809	212
5	5	53	25	2 809	265
6	5	54	25	2 916	270
7	6	55	36	3 025	330
8	6	56	36	3 136	336
9	7	57	49	3 249	399
10	8	58	64	3 346	464
合　计	48	539	268	29 113	2 634

解析：

$$b = \frac{n\sum xy - \sum x \sum y}{n\sum x^2 - (\sum x)^2} = \frac{10 \times 2\,634 - 48 \times 539}{10 \times 268 - 48^2} = 1.244\,7$$

$$a = \frac{\sum y}{n} - b\frac{\sum x}{n} = \frac{539}{10} - 1.244\,7 \times \frac{48}{10} = 47.925\,4$$

得到回归方程：

$$y_c = 47.925\,4 + 1.244\,7x$$

如果某子公司广告支出为 10 万元，在其他条件相对稳定时，其消费支出为：

$$y_c = 47.925\,4 + 1.244\,7 \times 10 = 60.372\,4(万元)$$

计算结果表明，如果某子公司广告支出为 10 万元，在其他条件相对稳定时，其消费支出为 60.372 4 万元。

二、多元线性回归分析

在实际中，影响因变量的因素通常不只一个，而是很多。例如，粮食产量与土壤类型、温度、施肥量、降水量等多个因素相关。研究一个因变量与多个自变量之间关系的回归分析为多元回归分析。多元线性回归分析是指因变量与多个自变量之间回归方程的形式是线性的。多元线性回归分析的步骤、方法和一元线性回归分析基本上是相同的，不过在计算上比较复杂。

设 y 为因变量，$x_1, x_2 \cdots x_n$ 为 n 个自变量，则多元线性回归方程为：

$$y_c = a + b_1 x_1 + b_2 x_2 + b_3 x_3 + \cdots + b_n x_n$$

式中，y_c ——因变量的估计值；

　　　x_i ——自变量；

　　　a ——常数项；

　　　b_i ——偏回归系数，表示当其他自变量固定不变时，自变量 x_i 每变化一个单位，因变量 y 的变动量。

多元线性回归分析参数 a 和 b_i 的确定方法与一元线性回归分析相同，此处不再说明。在实际工作中，一般用统计软件计算确定。

三、非线性回归分析

针对非线性回归分析，通常采取变量代换把预设的非线性方程转化为线性方程，再按照线性回归方法进行计算。

例如，著名的柯布—道格拉斯生产函数：

$$y_c = AL^\alpha K^\beta$$

式中，y_c——产出量；

L——劳动力投入；

K——资金投入；

A、α、β——未知参数。

由于：

$$\ln y_c = \ln A + \alpha \ln L + \beta \ln K$$

所以，令 $y_0 = \ln y_c$，$a_0 = \ln A$，$x_1 = \ln L$，$x_2 = \ln K$

得到方程：

$$y_0 = a_0 + \alpha x_1 + \beta x_2$$

其中 a_0、α、β 是未知参数，可按照二元线性回归的方法求解方程。

第四节 拟合优度的度量

一元线性回归模型在一定程度上描述了变量 x 与 y 之间的关系，根据这一模型，可用自变量 x 的取值来预测因变量 y 的取值。但预测的精度将取决于回归模型对观测数据的拟合程度。如果各观测数据都落在这一直线上，那么这条直线就是对数据的完全拟合，此时用 x 来估计 y 是没有误差的。回归直线与各观测点的接近程度称为回归直线对数据的拟合优度。评价拟合优度的重要统计量是判定系数和估计标准误差。

一、判定系数

一元线性回归模型拟合优度的好坏，实质就是回归模型误差大小的问题。这种误差，从总体上来看，是指所有因变量的实际值 y 与平均值 $\bar{y}$ 的误差平方和，即：

$$\text{总平方和}(SST) = \sum(y - \bar{y})^2$$

将 $\sum(y_c - \bar{y})^2$ 称为回归平方和，记为 SSR；$\sum(y - y_c)^2$ 称为剩余平方和，也叫残差平方和，记为 SSE。三个平方和之间存在这样的关系：

$$SST = SSR + SSE$$

即

$$\sum(y - \bar{y})^2 = \sum(y_c - \bar{y})^2 + \sum(y - y_c)^2$$

回归平方和 SSR 是估计值 y_c 与平均值 $\bar{y}$ 的离差平方和，反映了 y 的总误差中由于 x 与 y 之间的线性关系引起的 y 的变化部分，它是可以由回归模型来解释的 y 的误差部分；残差平方和 SSE 是实际观测值 y 与估计值 y_c 的离差平方和，它是除了 x 对 y 的线性影响之外的其他随机因素对 y 的影响，是不能由回归模型来解释的 y 的误差部分。

回归模型拟合程度的好取决于回归平方和 SSR 占总平方和 SST 的比重。各观测点越靠近直线，SSR/SST 则越大，直线拟合得越好。

回归平方和占总平方和的比重称为判定系数，记为 R^2，其计算公式为：

$$R^2 = \frac{SSR}{SST} = \frac{\sum(y_c - \bar{y})^2}{\sum(y - \bar{y})^2}$$

判定系数测度了回归直线对观测数据的拟合程度。判定系数 R^2 的取值范围是 $[0, 1]$。R^2 越接近于 1，回归直线的拟合程度越好；R^2 越接近于 0，回归直线的拟合程度就越差。如果所有观测点都落在直线上，残差平方和 $SSE = 0$，$R^2 = 1$，拟合是完全的；如果 y 的变化与 x 无关，此时 $y_c = \bar{y}$，则 $R^2 = 0$。

在一元线性回归分析中，相关系数 r 是判定系数的平方根。实际上，相关系数 r 也从另一角度说明了回归直线的拟合优度。$|r|$ 越接近 1，表明回归直线对观测数据的拟合程度就越高。但用 $|r|$ 说明回归直线的拟合优度要慎重，因为 $|r|$ 的值总是大于 R^2 的值（除非 $r = 0$ 或 $|r| = 1$）。比如，当 $r = 0.5$ 时，表面上看似乎有一半相关，但 $R^2 = 0.25$，说明实际上这只能解释总误差的 25%。

二、估计标准误差

（一）估计标准误差的概念

估计标准误差（也称估计标准差、回归标准差），是因变量实际值（y）与所配合直线模型上的理论值（y_c）之间的标准差。用以说明回归方程推算结果的准确程度的统计指标，说明平均线的代表性大小。

（二）估计标准误差的测定

1. 根据因变量实际值和估计值的离差计算

估计标准误差的计算公式如下：

$$S_{yx} = \sqrt{\frac{\sum(y - y_c)^2}{n - 2}}$$

式中，S_{yx}——估计标准误差，其下标 yx 代表 y 依 x 的回归方程；

y——实际值；

y_c——估计值。

【例 8-4】 根据例 8-3 的资料，用估计标准误差评价拟合方程的代表性，相关数据资料如表8-5所示。

表8-5　　　　　　　　某公司广告支出和销售收入统计表　　　　　　　单位:万元

编号	广告支出 x	销售收入 y	x^2	xy	y_c	$(y-y_c)^2$
1	2	50	4	100	50.414 8	0.172 1
2	2	51	4	102	50.414 8	0.342 5
3	3	52	9	156	51.659 5	0.115 9
4	4	53	16	212	52.904 2	0.009 2
5	5	53	25	265	54.148 9	1.320 0
6	5	54	25	270	54.148 9	0.022 2
7	6	55	36	330	55.393 6	0.154 9
8	6	56	36	336	55.393 6	0.367 7
9	7	57	49	399	56.638 3	0.130 8
10	8	58	64	464	57.88 3	0.013 7
合计	48	539	268	2 634	539	2.648 9

解析:

$$b = \frac{n\sum xy - \sum x \sum y}{n\sum x^2 - (\sum x)^2} = \frac{10 \times 2\,634 - 48 \times 539}{10 \times 268 - 48^2} = 1.244\,7$$

$$a = \frac{\sum y}{n} - b\frac{\sum x}{n} = \frac{539}{10} - 1.244\,7 \times \frac{48}{10} = 47.925\,4$$

$$y_c = 47.925\,4 + 1.244\,7x$$

$$S_{yx} = \sqrt{\frac{\sum(y-y_c)^2}{n-2}} = \sqrt{\frac{2.648\,9}{10-2}} = 0.58(万元)$$

估计标准误差的指标数值越大,说明估计值的代表性越小,也就是相关点的离散程度大。反之,该指标数值越小,说明估计值的代表性越大,也就是相关点的离散程度小。

2. 根据 a、b 两参数值计算估计标准误差

根据 a、b 两参数值计算估计标准误差的计算公式如下:

$$S_{yx} = \sqrt{\frac{\sum y^2 - a(\sum y) - b(\sum xy)}{n-2}}$$

【例8-5】仍以表8-4和表8-5的资料为依据,请根据 a、b 两参数值计算估计标准误差。

解析：

$$\sum y = 539, \quad \sum y^2 = 29\ 113, \quad \sum xy = 263\ 4$$
$$a = 47.925\ 4 \quad b = 1.244\ 7$$

则估计标准误差：

$$S_{yx} = \sqrt{\frac{29\ 113 - 47.925\ 4 \times 539 - 1.244\ 7 \times 2\ 634}{10 - 2}} = 0.58(万元)$$

根据例8-4和例8-5的计算结果可知，估计标准误差的两种计算公式都是反映实际观察值与回归估计值离差平方和的均方根；反映实际观察值在回归直线周围的分散状况，也从另一个角度说明了回归直线的拟合程度（指标数值越小，表明实际观察值距估计值很近，回归方程的代表性越大。）如果 $S_{yx}=0$，表明 y 与 y_c 没有差异，从相关图上看，则表明所有的相关点均在 y_c 这条直线上，说明估计值完全准确。

课堂测试

班级_____ 姓名_____ 学号_____ 日期_____ 成绩_____

一、单选题(本大题共 8 个小题,每小题 5 分,共 40 分)

1. 下列现象中,相关密切程度最高的是( )。
   A. 销售量与广告费用之间的相关系数为 0.50
   B. 销售量与产品品牌之间的相关系数为 0.60
   C. 销售量与产品价格之间的相关系数为 -0.80
   D. 销售量与互补产品价格之间的相关系数为 -0.30

2. 下列变量之间关系形态中,不属于相关关系的是( )。
   A. 收入水平与受教育水平　　　　B. 子女身高与父母身高
   C. 农作物单位面积产量与施肥量　D. 股票价格与气温

3. 在回归直线 $y_c = a + bx$ 中,b 表示( )。
   A. x 每增加一个单位,y 平均增加一个单位
   B. x 每增加 b 个单位,y 平均增加一个单位
   C. x 每减少一个单位,y 平均减少 b 个单位
   D. x 每减少一个单位,y 平均减少 a 个单位

4. 相关系数的取值范围( )。
   A. 无任何限制　　　　　　　　　B. 在 0 到 1 之间
   C. 在 -1 到 0 之间　　　　　　D. 在 -1 和 $+1$ 之间

5. 一般把作为影响因素的变量称为( )。
   A. 自变量　　　　　　　　　　　B. 因变量
   C. 相关系数　　　　　　　　　　D. 回归系数

6. 变量之间的函数关系和相关关系( )。
   A. 在一定条件下可以互相转化　　B. 不能互相转化
   C. 可以使用完全相同的分析方法　D. 无条件随时互相转化

7. 下列回归方程中,( )是错误的。
   A. $y = 35 + 0.3x$,$r = 0.8$　　　　B. $y = -124 + 1.4x$,$r = 0.89$
   C. $y = -18 - 2.2x$,$r = 0.74$　　D. $y = -87 - 0.9x$,$r = -0.9$

8. 现象之间相互依存关系的程度越低,则相关系数(　　)。

　　A. 越接近于 0　　　　　　　　　　B. 越接近于 −1

　　C. 越接近于 1　　　　　　　　　　D. 越接近于 0.5

二、判断题(本大题共 6 个小题,每小题 5 分,共 30 分)

1. 如果一个变量减少能引起另一个变量的减少,则两变量呈负相关关系。　　　(　　)
2. 劳动力投入增加所引发的产出增加,这种关系是一种不完全相关。　　　(　　)
3. 回归直线一定经过坐标系的中点。　　　(　　)
4. 相关系数是测定两个变量之间关系密切程度的唯一方法。　　　(　　)
5. 函数关系的范围比相关关系更大,相关关系可以说是函数关系的一个特例。　　　(　　)
6. 当 $S_{yx}=0$,表明 y 与 y_c 没有差异,从相关图上看,则表明所有的相关点均在 y_c 这条直线上,说明估计值完全准确。　　　(　　)

三、计算题(本大题共 1 个小题,共 30 分)

某种产品的产量与单位成本的资料如表 8-6 所示。

表 8-6　　　　　　　　某种产品的产量与单位成本资料

产量(件)	单位成本(元/件)
2 000	73
3 000	72
4 000	71
3 000	73
4 000	69
5 000	68

要求:

(1) 计算两个变量之间的线性相关系数,判断其相关方向和程度。

(2) 建立直线回归方程,并解释回归系数的实际经济意义。

(3) 如果产量为 7 000 件,预测单位成本。

第九章 时间序列分析和预测

知识导航

```
                          ┌─ 时间序列的概念和作用
            时间序列的编制 ─┼─ 时间序列的种类
                          └─ 时间序列的编制原则

                                ┌─ 发展水平
            时间序列水平分析指标 ┼─ 平均发展水平
                                ├─ 增长量
                                └─ 平均增长量

时间序列                        ┌─ 发展速度
分析和预测                      ├─ 增长速度
            时间序列速度分析指标 ┼─ 平均发展速度与平均增长速度
                                ├─ 增长百分之一的绝对值
                                └─ 运用平均发展速度时应注意的问题

                                ┌─ 影响时间序列诸因素的分解
            长期趋势的测定与预测 ┼─ 时间序列分析原理
                                ├─ 长期趋势测定与预测的意义
                                └─ 长期趋势测定方法

            季节变动的测定与预测 ┬─ 简单平均法
                                └─ 移动平均趋势剔除法
```

学习目标

1. 掌握时间序列的种类和编制方法。
2. 掌握并灵活运用时间序列的水平分析指标和速度分析指标。
3. 熟悉静态平均数和动态平均数的区别和联系。
4. 掌握长期趋势预测的最小平方法。

 **寓德于教**

构建新发展格局　经济实力实现历史性跃升

我们提出并贯彻新发展理念,着力推进高质量发展,推动构建新发展格局,实施供给侧结构性改革,制定一系列具有全局性意义的区域重大战略,我国经济实力实现历史性跃升。国内生产总值从五十四万亿元增长到一百一十四万亿元,我国经济总量占世界经济的比重达百分之十八点五,提高七点二个百分点,稳居世界第二位;人均国内生产总值从三万九千八百元增加到八万一千元。谷物总产量稳居世界首位,十四亿多人的粮食安全、能源安全得到有效保障。城镇化率提高十一点六个百分点,达到百分之六十四点七。党的二十大报告中这些振奋人心的数据,隐含了增长量、增长速度等动态分析指标,通过该指标的解读可感悟到十年来我国经济实力实现历史性跃升。

资料来源:习近平. 高举中国特色社会主义伟大旗帜 为全面建设社会主义现代化国家而团结奋斗——在中国共产党第二十次全国代表大会上的报告[EB/OL]. [2022-10-16]. https://www.gov.cn/xinwen/2022-10/25/content_5721685.htm,有删节。

请思考:
1. 上述数据中,属于增长量、增长速度等动态分析指标的有哪些?
2. 计算国内生产总值增长量及增长速度为多少?

案例导入

美国内华达职业健康诊所是一家私人医疗诊所,它位于内华达州的 Sparks 市。这个诊所专攻工业医疗,并且在该地区经营已经超过 15 年。1991 年初,该诊所进入了增长的阶段。在其后的 26 个月里,该诊所每月的账单收入从 57 000 美元增长到超过 300 000 美元。但在 1993 年 4 月 6 日,诊所的主建筑物被大火烧毁了。

该诊所的保险单主要包括实物财产和设备,也包括出于正常商业经营的中断而引起的收入损失。确定实物财产和设备在火灾中的损失额,受理财产的保险索赔要求是一个相对简单的事情。但是确定在重建诊所的 7 个月中的收入的损失额是很复杂的,它涉及业主和保险公司之间的讨价还价。诊所对如果没有发生火灾账单收入"将会有什么变化"的计算。没有预先制定的规则。为了估计失去的收入。诊所采用一种预测方法来测算在 7 个月的停业期间将要实现的营业增长。火灾发生前的实际账单收入资料,为拥有线性趋势和季节趋势的预测模型提供了基础资料。这个预测模型使诊所得到一个准确的收入损失的估计值,这个估计值最终被保险公司所接受。

思考:该诊所在预测重建诊所的 7 个月中收入的损失额时应采用什么样的统计方法?

第一节 时间序列的编制

一、时间序列的概念和作用

(一) 时间序列的概念

时间序列又称时间数列、动态数列,是指将社会经济现象在时间上发展变化的同类指标,按时间先后顺序排列起来所形成的数列。以时间序列为依据,计算分析指标,进行因素分析研究现象发展规律的方法,称为时间序列分析。

时间序列的构成有两个基本要素:一是现象所属时间,通常用 t 来表示;二是各个时间所对应的统计指标值,通常用 a 来表示,如表 9-1 所示。

表 9-1　　　　　2010—2019 年国内生产总值等时间序列

年份 (t)	国内生产总值 (亿元)	年末总人口 (万人)	人口自然增长率	城镇居民人均可支配收入(元)
2010	412 119.3	134 091	4.79‰	18 779.1
2011	487 940.2	134 735	4.79‰	21 426.9
2012	538 580.0	135 404	4.95‰	24 126.7
2013	592 963.2	136 072	4.92‰	26 467.0
2014	643 563.1	136 782	5.21‰	28 843.9
2015	688 858.2	137 462	4.96‰	31 194.8
2016	746 395.1	138 271	5.86‰	33 616.2
2017	832 035.9	139 008	5.32‰	36 396.2
2018	919 281.1	139 538	3.81‰	39 250.8
2019	990 865.1	140 005	3.34‰	42 358.8

现象所属时间 t　　各个时间所对应的统计指标值 a

(二) 时间序列的作用

(1) 反映社会经济现象的发展变化状况,揭示现象发展变化的数量特征。

(2) 揭示社会经济现象的数量变化趋势,进一步研究确定是否有规律性。

(3) 对某些社会经济现象进行动态趋势预测。

(4) 对不同的时间序列进行对比。

二、时间序列的种类

时间序列按统计指标性质的不同,可以分为绝对数时间序列、相对数时间序列和平均数时间序列。其中,绝对数时间序列是基本数列,相对数时间序列和平均数时间序列则是由绝对数时间序列派生而形成的数列。

(一) 绝对数时间序列

由反映事物在不同时间的规模大小、数量多少的绝对数组成,通常由总量指标构成。把一系列的总量指标按照时间先后顺序排列起来所形成的数列称为绝对数时间序列。根据总量指标所属的时间不同,绝对数时间序列可分为时期序列和时点序列。

1. 时期序列

时期序列是由一系列同类的时期指标按时间先后顺序排列起来所形成的绝对数时间序列。其特点是:

(1) 可以累加,并具有一定的经济意义。时期序列中每个指标的数值是表示在一段时期内发展过程的总量,所以相加后就表示现象在更长一段时期内发展过程的总量。

(2) 指标值的大小与时期的长短有关。在时期序列中,每个指标所包括的时间长度称为"时期"。一般来说,每一个指标所属的时间越长,指标值越大;反之,则越小。

(3) 指标值要靠连续不断的登记取得。在时期序列中,各指标值反映现象在一段时间内发展的结果,因此要把该时间段内现象所发生的数量逐一登记,并进行累计,这样才能取得所要的指标值。

2. 时点序列

时点序列是由一系列同类的时点指标按时间先后顺序排列起来所形成的绝对数时间序列。其特点是:

(1) 不可以累加,累加没有经济意义。在时点序列中,各时点上的指标值只表明现象在该时点上的状态,相加以后无法说明属于哪一时点的数量,因而相加是没有意义的。

(2) 指标值的取值大小与时间间隔无关。在时点序列中,两个相邻指标在时间上的距离叫作"间隔"。由于时点序列每个指标数值只表明现象在某一时点上的数量,年末数值可能大于月末数值,也可能小于月末数值,因此,它的指标数值大小与时间间隔长短没有直接联系。

(3) 指标值是间隔一定时期的登记取得的。依据时点序列的性质,某一时点上的资料就代表现象在该时点上的数量水平,不同时点上的资料用来反映现象的发展过程,因此无须对两个时间点所发生的数量逐一登记。

(二) 相对数时间序列

把一系列同类的相对指标按时间先后顺序排列起来所形成的时间序列称为相对数时间序列。相对数时间序列主要用来反映社会经济现象的比例关系、结构、速度的发展变化过程。如表 9-2 中 2015—2019 年轻工业产值占工业产值的比重就是个相对数时间序列。

（三）平均数时间序列

由一系列同类的平均指标按时间先后顺序排列起来所形成的时间序列称为平均数时间序列，用以反映社会经济现象一般水平的发展趋势。表 9-2 中 2015—2019 年平均工资就是一个平均数时间序列。在平均数时间序列中，各指标值一般来说也是不能相加的，因为相加所得的数值没有实际意义。

表 9-2　　　　　　　　　　2015—2019 年某地区几个主要指标

年份（年）	2015	2016	2017	2018	2019
工业产值（亿元）	70 176	91 894	99 595	113 734	119 693
轻工业产值占工业产值的比重	46.3%	47.3%	46.1%	49.0%	49.3%
年末人口数（万人）	119 850	121 121	122 389	123 626	124 810
职工平均工资（元/人）	4 538	5 500	6 210	6 470	7 479

（表中标注：工业产值为"总量指标（时期）"；轻工业产值占工业产值的比重为"相对指标"；年末人口数为"总量指标（时点）"；职工平均工资为"平均指标"）

三、时间序列的编制原则

编制时间序列的目的，是通过各个时期指标值的对比，来研究社会经济现象的发展变化及其规律性。因而各时期指标值的可比性是编制时间序列的基本条件。其可比性具体如下。

1. 时间长短统一

不论时期序列还是时点序列都应尽量保持时间序列的可比性，包括时期序列的时期跨度和时点序列的时点间隔的一致性。否则就很难从数列的指标数值变化上直接做出判断和比较，也很难更准确地反映现象的发展趋势和变化规律。但这个原则不能绝对化，有时在特殊的研究目的下，可以将时期不同的指标编成时间序列进行比较。例如，为反映我国钢产量的发展情况，可以把"六五""七五"计划时期的钢产量同第一个五年计划和 1949 年以前几十年的钢产量总和进行对比分析。

2. 总体范围统一

在同一时间序列中总体范围前后应该一致，若有变化，指标数值就不能直接对比，而必须经过调整后才能进行比较。例如，研究某省人口发展情况，必须注明该省的行政区划有无变动，如有变动，这种变动会使人口数发生变动，这样的资料前后期就不可比，要做出适当调整，使得总体范围一致，才可以对比。

3. 计算方法、价格和计量单位统一

计算方法有时也可以叫作计算口径。例如,要研究企业劳动生产率的变动,产量指标是用实物量指标还是用价值量指标,人数指标是用全部职工人数还是用生产工人数,若进行动态对比,前后应一致。再如,要把不同时期的工业产值进行对比,就要注意到价格水平的变动,是采用不变价格,还是用现行价格,在前后时期对比时,价格应一致。

4. 指标的经济内容应该相同

即使经济指标的名称是相同的,其所包含的经济含义有可能不一样。在实际工作中应注意不同历史时期、不同国家或地区的同一指标的经济内容的一致性。例如,农业总产值指标在1984年前包含村办工业产值,而在1984年以后则不包含这一部分内容。这样1984年后的农业总产值的内容与之前的就不尽相同,在进行动态分析时要注意这一点,对指标适当调整后才可对比。

第二节 时间序列水平分析指标

为研究社会经济现象水平的发展变化和速度,需要计算时间序列分析指标。常用的指标有水平分析指标(发展水平、平均发展水平、增长量和平均增长量)和速度分析指标(发展速度和增长速度、平均发展速度和平均增长速度),在这里水平分析是速度分析的基础,速度分析是水平分析的深化。

一、发展水平

发展水平是指时间序列中的每项具体指标数值。它反映某种经济现象在一定时期或时点上所达到的水平,又称时间序列水平。通常用 a 代表发展水平,下标 $0,1,2,3,\cdots\cdots n$ 表示时间序号,即 $a_0,a_1,a_2,a_3\cdots\cdots a_{n-1},a_n$,其中 a_0 为最初水平,a_n 为最末水平,在最初水平和最末水平中间各项称为中间水平。

在时间序列分析中,当两个发展水平作动态对比时,我们将所要研究时期的水平称为报告期水平,即分子数值,用通式 a_i 表示;将作为比较基础的水平称为基期水平,即分母数值,用通式 a_{i-1} 来表示。

二、平均发展水平

平均发展水平又称作序时平均数或动态平均数,是指将不同时间的发展水平加以平均而得到的平均数。

平均发展水平与前面讲的一般算术平均数都是反映社会经济现象的一般水平,两者既有联系又有区别。两者的联系是:两者都是将社会经济现象的个别数量差异抽象化,概括地反映现象的一般水平。两者的区别在于:第一,计算依据不同。算术平均数是同质总体的标志总量与总体单位总数的比值,是根据变量数列来计算的;动态平均数是同一指标在不同时期上的平均,是根据时间序列来计算的。第二,抽象差异的性质不同。静态平均数是将同一时间、同一总体的某一数量标志在各总体单位之间的数量差异抽象化;动态平均数是将同一指标在不同时间上的数量差异抽象化,它可以解决时间序列中某些可比性问题。

由于时间序列中指标的性质不同,计算方法也不同。基本思路是:第一,判断时间序列的类型;第二,选择具体的计算方法。

(一) 绝对数时间序列序时平均数的计算

由于绝对数时间序列分为时期序列和时点序列,它们性质各不相同,因此计算序时平均数的方法也就不一样。

1. 由时期序列计算序时平均数

由于时期序列具有可加性,其计算序时平均数的方法可以采用简单算术平均法,即将各时期指标数值相加的总和除以时期项数。其计算公式为:

$$\bar{a} = \frac{a_1 + a_2 + a_3 + \cdots + a_n}{n} = \frac{\sum a}{n}$$

式中,$\bar{a}$——序时平均数;

a——各时期发展水平;

n——时期项数。

【例 9-1】 某市某商场 2023 年各月销售额情况如表 9-3 所示,试计算该商场 2023 年月平均销售额。

表 9-3　　　　　某市某商场 2023 年各月销售额　　　　　单位:万元

月份(月)	销售额	月份	销售额
1	200	7	250
2	190	8	270
3	210	9	290
4	150	10	320
5	170	11	330
6	190	12	340

解析:

$$\bar{a} = \frac{a_1 + a_2 + a_3 + \cdots + a_n}{n} = \frac{\sum a}{n} = \frac{2\,910}{12} = 242.50(万元)$$

根据计算,该商场 2023 年月平均销售额为 242.50 万元。

2. 由时点序列计算序时平均数

时点序列都是瞬间资料,在两个时点之间一般都有一定的间隔。所以,时点序列的序时平均数都是假定在某一时间间隔内现象的增减变动比较均匀或波动不大的前提下推算出来的近似值。为使计算结果更接近实际,时点序列的间隔不宜过长。

时间序列的间隔有时是逐日记录而且是逐日排列的,这样的时点序列可以看成连续的时点序列,否则视为间断的时点序列。

1) 由连续时点序列计算序时平均数

(1) 对于逐日登记逐日排列取得资料的时点序列,可看成是间隔相等的连续时点数列。其计算公式为:

$$\bar{a} = \frac{\sum a}{n}$$

【例9-2】 某股票连续5个交易日价格如表9-4所示,试计算该只股票5个交易日的平均收盘价。

表9-4　　　　　　　　某股票连续5个交易日价格　　　　　　　　单位:元

日期	6月1日	6月2日	6月3日	6月4日	6月5日
收盘价	16.20	16.70	17.50	18.20	17.80

解析:

$$\bar{a} = \frac{\sum a}{n} = \frac{16.20 + 16.70 + 17.50 + 18.20 + 17.80}{5} = 17.28(元)$$

根据计算,该只股票5个交易日的平均收盘价为17.28元。

(2) 掌握整个研究时间中每次变动资料不是逐日变动的,可以看成是间隔不等的连续时点序列。以每次变动持续的间隔长度 f 为权数对各时点水平 a 进行加权。其计算公式为:

$$\bar{a} = \frac{\sum af}{\sum f}$$

【例9-3】 某仓库某年12月份的LJ-3零件库存资料如表9-5所示,试计算12月份该仓库LJ-3零件的平均库存。

表9-5　　　　　　某仓库某年12月份的LJ-3零件库存情况

时间	1日	4日	9日	15日	19日	26日	31日
零件数(件)	38	42	39	23	2	16	0

解析：

$$\bar{a} = \frac{\sum af}{\sum f} = \frac{38 \times 3 + 42 \times 5 + 39 \times 6 + 23 \times 4 + 2 \times 7 + 16 \times 5 + 0 \times 1}{31} = 24(件)$$

根据计算，12月份该仓库LJ-3零件的平均库存为24件。

2）由间断时点序列计算序时平均数

(1) 在实际统计工作中，若对各种现象在各个时点上的变动都随时进行登记是很困难的。为简化登记手续，往往每隔一定时间（月初或月末）登记一次。若间隔相等则采用首尾折半法计算。其计算公式为：

$$\bar{a} = \frac{\frac{a_1}{2} + a_2 + a_3 + \cdots + \frac{a_n}{2}}{n-1}$$

【例9-4】 2023年某企业职工人数登记如表9-6，试计算该企业第二季度平均职工人数。

表9-6　　　　　　　　　　2023年某企业职工人数

日期	3月31日	4月30日	5月31日	6月30日
人数（人）	435	452	462	576

解析：

$$\bar{a} = \frac{\frac{a_1}{2} + a_2 + a_3 + \cdots + \frac{a_n}{2}}{n-1} = \frac{\frac{435}{2} + 452 + 462 + \frac{576}{2}}{4-1} = 473(人)$$

根据计算，该企业第二季度平均职工人数为473人。

(2) 在掌握间隔不等的每期期末（或期初）资料的情况下，可用不等的时点间隔长度（f）为权数，采用两两平均法计算加权序时平均数。其计算公式为：

$$\bar{a} = \frac{\frac{a_1+a_2}{2}f_1 + \frac{a_2+a_3}{2}f_2 + \cdots + \frac{a_{n-1}+a_n}{2}f_{n-1}}{\sum_{i=1}^{n-1} f_i}$$

【例9-5】 某种股票2023年各统计时点的收盘价资料如表9-7所示，试计算该股票2023年的平均收盘价。

表9-7　　　　某种股票2023年各统计时点的收盘价金额　　　　单位：元

统计时点	1月1日	3月1日	7月1日	10月1日	12月31日
收盘价	15.20	14.20	17.60	16.30	15.80

解析：

$$\bar{a} = \frac{\frac{a_1+a_2}{2}f_1 + \frac{a_2+a_3}{2}f_2 + \cdots + \frac{a_{n-1}+a_n}{2}f_{n-1}}{\sum_{i=1}^{n-1} f_i}$$

$$= \frac{\left(\frac{15.2+14.2}{2}\right)\times 2 + \left(\frac{14.2+17.6}{2}\right)\times 4 + \left(\frac{17.6+16.3}{2}\right)\times 3 + \left(\frac{16.3+15.8}{2}\right)\times 3}{2+4+3+3}$$

$$= 16(元)$$

根据计算，该股票2023年的平均收盘价为16元。

(二) 相对数时间序列序时平均数的计算

相对数通常是由两个绝对数对比形成的，计算序时平均数时，应先分别求出构成相对数或平均数的分子 a 和分母 b 的平均数，然后再进行对比，即得相对数序列的序时平均数。其计算公式为：

$$\bar{c} = \frac{\bar{a}}{\bar{b}}$$

式中，$\bar{a}$ 和 $\bar{b}$ 可按绝对数时间序列的序时平均数的计算方法求得。

1. 分子、分母均为时期序列时序时平均数的计算

【例9-6】 某地区第三产业构成如表9-8所示，试计算该地区该时间内第三产业平均比重。

表9-8　　　　　　　　某地区第三产业构成情况计算表

年份(年)	2019	2020	2021	2022	2023
国内生产总值(万元)	46 759.4	58 478.1	67 884.6	74 772.4	79 552.8
其中:第三产业(万元)	14 930.0	17 947.2	20 427.5	24 033.3	26 104.3
比　重(%)	31.93	30.69	30.09	32.14	32.81

$$\bar{c} = \frac{\bar{a}}{\bar{b}} = \frac{\sum a/n}{\sum b/n} = \frac{20\,688.46}{65\,489.46} \times 100\% = 31.59\%$$

计算结果表明，该地区2019—2023年第三产业平均比重为31.59%。

2. 分子、分母均为时点序列时序时平均数的计算

【例9-7】 某企业职工人数资料如表9-9所示，试计算该企业该时间内平均每年女工比重。

表 9-9		某企业职工人数统计表		
年份（年末）	2020	2021	2022	2023
女职工人数（人）	100	96	108	155
职工人数（人）	500	600	540	620

解析：

$$\bar{c} = \frac{\frac{\frac{a_1}{2}+a_2+\cdots+a_{n-1}+\frac{a_n}{2}}{n-1}}{\frac{\frac{b_1}{2}+b_2+\cdots+b_{n-1}+\frac{b_n}{2}}{n-1}} = \frac{\left(\frac{100}{2}+96+108+\frac{155}{2}\right)\div 3}{\left(\frac{500}{2}+600+540+\frac{620}{2}\right)\div 3} \times 100\% = 19.5\%$$

根据计算，该企业 2021—2023 年平均女工比重为 19.5%。

【例 9-8】 某企业 2023 年职工人数资料如表 9-10 所示，试计算该企业 2023 年 11 个月生产工人占全部职工人数的平均比重。

表 9-10		某企业 2023 年职工人数		
月份（月末）	1	3	9	12
生产工人数（人）	435	452	462	576
全体职工人数（人）	580	580	600	720
生产工人占全体职工的	75%	77%	77%	80%

解析：

$$\bar{c} = \frac{\bar{a}}{\bar{b}} = \frac{\left(\frac{a_1+a_2}{2}f_1+\frac{a_2+a_3}{2}f_2+\cdots+\frac{a_{n-1}+a_n}{2}f_{n-1}\right)\div\sum f}{\left(\frac{b_1+b_2}{2}f_1+\frac{b_2+b_3}{2}f_2+\cdots+\frac{b_{n-1}+b_n}{2}f_{n-1}\right)\div\sum f}$$

$$= \frac{\left(\frac{435+452}{2}\cdot 2+\frac{452+462}{2}\cdot 6+\frac{462+576}{2}\cdot 3\right)/11}{\left(\frac{580+580}{2}\cdot 2+\frac{580+600}{2}\cdot 6+\frac{600+720}{2}\cdot 3\right)/11} \times 100\% = 77.63\%$$

根据计算，该企业 2023 年 11 个月生产工人占全部职工人数的平均比重为 77.63%。

3. 分子、分母为时期或时点序列时序时平均数的计算

一个时期序列和一个时点序列对比而成的相对数时间序列动态平均数的计算，如分子数列为时期序列，分母数列为时点序列。

【例 9-9】 某企业产值及人数如表 9-11 所示，试计算该企业第二季度平均月劳动生产率。

表 9-11　　　　　　　　　　某企业产值及职工人数

月份(月)	3	4	5	6
总产值(万元)	1 150	1 170	1 300	1 370
月末职工人数(人)	6 500	6 800	7 000	7 200

解析：

$$\bar{c} = \frac{\bar{a}}{\bar{b}} = \frac{\frac{\sum a}{n}}{\frac{\left(\frac{b_1}{2}+b_2+\cdots+b_{n-1}+\frac{b_n}{2}\right)}{n-1}} = \frac{(1\,170+1\,300+1\,375)\times 10\,000/3}{\left(\frac{6\,500}{2}+6\,800+7\,000+\frac{7\,200}{2}\right)/3}$$

$$=1\,861.99(元/人)$$

根据计算，该企业第二季度平均月劳动生产率每人为 1 861.99 元。

(三) 平均数时间序列序时平均数的计算

平均指标时间序列可以分为序时平均数时间序列和一般平均数时间序列。

1. 由序时平均数组成的平均数时间序列计算的序时平均数

(1) 如果数列中各个时期的时间长度相等，可以用简单算术平均数计算。

【例 9-10】 2023 年某煤矿各季度平均月产量资料如表 9-12 所示，试计算该煤矿全年平均月产量。

表 9-12　　　　　　　　2023 年某煤矿各季度平均月产量

季度	一	二	三	四
平均月产量(万吨)	180	220	230	210

解析：

$$\bar{a} = \frac{\sum a}{n} = \frac{180+220+230+210}{4} = \frac{840}{4} = 210(万吨)$$

根据计算，2023 年该煤矿全年平均月产量为 210 万吨。

(2) 如果数列中各个时期的时间长度不等，可以视其长度为权数，用加权算术平均数的方法计算。

【例 9-11】 2023 年某市客运站乘客容量的平均人次数资料如表 9-13 所示，试计算该市客运站全年平均每月人次数。

表 9-13　　　　　　2023 年某市客运站乘客容量的平均人次数

期间(月份)	1～2	3～6	7～9	10～11	12
月平均人次数(万人次)	40	25	30	28	42

解析：

$$\bar{a} = \frac{\sum af}{\sum f} = \frac{40 \times 2 + 25 \times 4 + 30 \times 3 + 28 \times 2 + 42 \times 1}{2 + 4 + 3 + 2 + 1} = \frac{368}{12} = 30.67(\text{万人次})$$

根据计算，该市 2023 年全年平均每月人次数为 30.67 万人。

2. 由一般平均数组成的平均数时间序列计算的序时平均数

由于一般平均数时间序列的分子数列是总体标志总量，属于时期序列；其分母数列是总体单位总量，可能是时点序列，也可能是时期序列。因此，计算这种一般平均数时间序列的序时平均数与相对数时间序列的计算方法相同。分别计算分子数列和分母数列的序时平均数，然后再用分子数列的序时平均数比上分母数列的序时平均数即可。

【例 9-12】 某厂 2023 年上半年工人劳动生产率资料如表 9-14 所示，试计算该厂上半年平均每人劳动生产率。

表 9-14　　　　　　　某厂 2023 年上半年工人劳动生产率

月份(月)	1	2	3	4	5	6
工业总产值(元)	330 000	396 500	394 400	441 000	468 000	483 000
平均人数(人)	60	65	68	70	72	70

解析：

$$\bar{c} = \frac{\bar{a}}{\bar{b}} = \frac{\dfrac{\sum a}{n}}{\dfrac{\sum b}{n}} = \frac{\dfrac{330\,000 + 396\,500 + 394\,400 + 441\,000 + 468\,000 + 483\,000}{6}}{\dfrac{60 + 65 + 68 + 70 + 72 + 70}{6}}$$

$$= 6\,204.69(\text{元／人})$$

根据计算，该厂 2023 年上半年平均每人劳动生产率为 6 204.69 元。

三、增长量

增长量是指时间序列中两个不同时期的发展水平之差，用以描述现象在观察期内报告期比基期增长的绝对数量。其计算公式为：

$$\text{增长量} = \text{报告期水平} - \text{基期水平}$$

由于采用的基期不同，可以分成逐期增长量与累计增长量。

（1）逐期增长量。

$$\text{逐期增长量} = \text{报告期水平} - \text{前期水平}$$
$$(a_1 - a_0), (a_2 - a_1), (a_3 - a_2), \cdots, (a_n - a_{n-1})$$

(2) 累计增长量。

$$累计增长量 = 报告期水平 - 固定基期水平$$
$$(a_1-a_0),(a_2-a_0),(a_3-a_0),\cdots,(a_n-a_0)$$

(3) 逐期增长量与累计增长量之间的关系。

一定时期累计增长量等于该时期逐期增长量之和。

$$(a_1-a_0)+(a_2-a_1)+\cdots+(a_n-a_{n-1})=(a_n-a_0)$$

相邻两期累计增长量之差等于相应的逐期增长量。

$$(a_n-a_0)-(a_{n-1}-a_0)=(a_n-a_{n-1})$$

(4) 年距增长量。

为消除季节变动的影响,在实际工作中,常计算年距增长量。通常又称作同期增减或同比增减。

$$年距增长量 = 报告期水平 - 上年同期水平$$

【例 9-13】 某地区 2023 年第一季度粮食产量为 500 万吨,2022 年第一季度为 450 万吨,计算年距增长量。

解析: 年距增长量 = 500 - 450 = 50(万吨)

计算结果说明,该地区 2023 年第一季度粮食产量比上年同期增产 50 万吨。

四、平均增长量

平均增长量是指时间序列中的各逐期增长量的序时平均数,用以反映现象在某一时期内各期增长绝对数量的一般水平。

$$平均增长量 = \frac{逐期增长量之和}{逐期增长量个数} = \frac{累计增长量}{时间序列项数-1} = \frac{a_n-a_0}{n-1}$$

【例 9-14】 某企业 2018—2023 年的产量资料如表 9-15 所示。试计算该企业该时间段内的平均增长量。

表 9-15　　　　　某企业 2018—2023 年的产量

年份(年)	2018	2019	2020	2021	2022	2023
发展水平:产量(万件)	21	20	18	22	21	23
逐期增长量	—	-1	-2	4	-1	2
累计增长量	—	-1	-3	1	0	2

解析:

$$平均增长量 = \frac{逐期增长量之和}{逐期增长量的个数} = \frac{累计增长量}{时间序列项数 - 1}$$

$$平均增长量 = \frac{(-1)+(-2)+4+(-1)+2}{5} = 0.4(万件)$$

或

$$平均增长量 = \frac{23-21}{6-1} = 0.4(万件)$$

计算结果表明,该企业该时间段内的平均增长量为 0.4 万件。

第三节 时间序列速度分析指标

一、发展速度

发展速度是表明社会经济现象在一定时期内的发展方向及程度的相对指标,是根据两个不同时期发展水平相对比而求得的。一般用百分数或倍数表示,表明报告期水平已发展到基期水平的百分之几或若干倍。用于描述现象在观察期内相对的发展变化程度。其计算公式为:

$$发展速度 = \frac{报告期水平}{基期水平}$$

由于采用的基期不同,可以分为环比发展速度和定基发展速度。

(一) 环比发展速度

环比发展速度是以报告期水平与前一期水平之比计算的发展速度,表示逐期发展变化的程度。其计算公式如下:

$$环比发展速度 = \frac{报告期水平}{前期水平}$$

用符号表示为:

$$\frac{a_1}{a_0}, \frac{a_2}{a_1}, \frac{a_3}{a_2}, \cdots, \frac{a_n}{a_{n-1}}$$

(二) 定基发展速度

定基发展速度是指报告期水平与某一固定基期水平(通常是最初水平)之比计算的发展速度,表明在 n 期内总的发展变化情况,又称之为"总速度"。其计算公式如下:

$$定基发展速度 = \frac{报告期水平}{最初水平}$$

用符号表示为：

$$\frac{a_1}{a_0}, \frac{a_2}{a_0}, \frac{a_3}{a_0}, \cdots, \frac{a_n}{a_0}$$

(三) 定基发展速度与环比发展速度的关系

(1) 定基发展速度等于环比发展速度的连乘积。

$$\frac{a_n}{a_0} = \frac{a_1}{a_0} \times \frac{a_2}{a_1} \times \frac{a_3}{a_2} \times \cdots \times \frac{a_n}{a_{n-1}}$$

(2) 两个相邻时期的定基发展速度之比等于他们的环比发展速度。

$$\frac{a_n}{a_0} \div \frac{a_{n-1}}{a_0} = \frac{a_n}{a_{n-1}}$$

【例 9-15】 某自行车厂 2019—2023 年自行车产量如表 9-16 所示，计算定基发展速度和环比发展速度。

表 9-16　　　　某自行车厂 2019—2023 年自行车产量

年份(年)	2019	2020	2021	2022	2023
产量(万辆)	20	22	24	25	40
定基发展速度(%)	100	110	120	125	200
环比发展速度(%)	—	110.00	109.09	104.17	160.00

解析：

定基发展速度：$\frac{a_4}{a_0} = 200\% = 110.00\% \times 109.09\% \times 104.17\% \times 160.00\%$

环比发展速度：

$$\frac{a_4}{a_3} = 200\% \div 125\% = 160.00\%$$

$$\frac{a_3}{a_2} = 125\% \div 120\% = 104.17\%$$

$$\frac{a_2}{a_1} = 120\% \div 110\% = 109.09\%$$

$$\frac{a_1}{a_0} = 110\% \div 100\% = 110.00\%$$

(四) 年距发展速度

类似于年距发展水平指标，对于具有季节变化的一些社会经济现象，为消除季节变动的影响，可以计算年距发展速度，用来说明本期发展水平相对于去年同期发展水平变化的方向与程度。其计算公式为：

$$年距发展速度 = \frac{本年某月（季）发展水平}{去年同月（季）发展水平}$$

【例 9-16】 某地区 2023 年第一季度粮食产量为 500 万吨，2022 年第一季度为 450 万吨，计算年距发展速度。

解析：
$$年距发展速度 = 500 \div 450 = 111.11\%$$

计算结果说明，该地区 2023 年粮食产量已达到上年同期产量水平的 111.11%。

二、增长速度

增长速度是说明社会经济现象的增长程度的相对指标，它是增长量与基期水平的比值，表示报告期水平比基期水平增长（或降低）了百分之几或若干倍。其计算公式为：

$$增长速度 = \frac{增长量}{基期水平} = \frac{报告期水平 - 基期水平}{基期水平}$$

由于采用的基期不同，可以分为环比增长速度和定基增长速度。

（一）环比增长速度

环比增长速度是指报告期逐期增长量与前一期水平之比的相对数。它反映社会经济现象逐期增减的程度。其计算公式为：

$$环比增长速度 = \frac{逐期增长量}{前一期水平} = \frac{报告期水平 - 前一期水平}{前一期水平} = 环比发展速度 - 1$$

用符号表示：

$$\frac{a_i - a_{i-1}}{a_{i-1}} = \frac{a_i}{a_{i-1}} - 1$$

（二）定基增长速度

定基增长速度是指报告期累计增长量与某一固定基期水平之比的相对数。它反映现象在较长时期内总的增减速度。其计算公式为：

$$定基增长速度 = \frac{累计增长量}{某一固定基期水平} = \frac{报告期水平 - 某一固定基期水平}{某一固定基期水平}$$
$$= 定基发展速度 - 1$$

用符号表示：

$$\frac{a_i - a_0}{a_0} = \frac{a_i}{a_0} - 1$$

（三）环比增长速度与定基增长速度的关系

因为环比增长速度的连乘积并不等于定基增长速度，所以不能进行数量上的推算。如果要进行推算，则首先必须将环比增长速度加"1"化为环比发展速度，再将环比发展速度连乘得到定基发展速度,然后将定基发展速度减"1",得到定基增长速度。

(四)年距增长速度

为消除季节变动影响,需计算年距增长速度,以此来说明年距增长量与去年同期发展水平对比达到的相对增长程度。计算公式为:

$$年距增长速度 = \frac{年距增长量}{去年同期发展水平} = 年距发展速度 - 1$$

【例 9-17】 某地区 2023 年第一季度粮食产量为 500 万吨,2022 年第一季度为 450 万吨,计算年距增长速度。

解析:
$$年距增长速度 = 年距发展速度 - 1 = 111.11\% - 1 = 11.11\%$$

计算结果说明,该地区 2023 年第一季度粮食产量比上年同期增长了 11.11%。

三、平均发展速度与平均增长速度

平均发展速度是时间序列中各个环比发展速度的平均数,用以反映社会经济现象在一段较长时间内平均发展变化的程度。平均增长速度是根据平均发展速度来计算的,反映某种现象在一个较长时期中逐期平均增长变化的程度。平均发展速度与平均增长速度的关系是:

$$平均增长速度 = 平均发展速度 - 1$$

由于平均发展速度是根据时间序列中前后指标对比而得来的相对数时间序列,不同于由两个总量指标对比所形成的相对数时间序列,不能采用序时平均数的计算方法。实际工作中有两种计算方法。

(一)水平法

水平法又称为几何平均法。对于一个时间序列 $a_0, a_1, a_2, a_3, \cdots, a_n$,设其平均发展速度为 $\bar{x}$,则意味着从最初水平 a_0 出发,以平均发展速度 $\bar{x}$ 代替各环比发展速度 $x_1, x_2, x_3, \cdots, x_n$,在 n 期以后,必须正好达到最末水平 a_n。

$$总速度 = \frac{a_n}{a_0} = \frac{a_1}{a_0} \cdot \frac{a_2}{a_1} \cdot \frac{a_3}{a_2} \cdot \cdots \cdot \frac{a_n}{a_{n-1}}$$

其中:

$$x_1 = \frac{a_1}{a_0}, x_2 = \frac{a_2}{a_1}, x_3 = \frac{a_3}{a_2}, \cdots, x_n = \frac{a_n}{a_{n-1}}$$

则:

$$\frac{a_n}{a_0} = x_1 \cdot x_2 \cdot x_3 \cdot \cdots \cdot x_n$$

即：
$$a_0 \cdot x_1 \cdot x_2 \cdot x_3 \cdot \cdots \cdot x_n = a_n$$

以平均发展速度 $\bar{x}$ 代替各环比发展速度：
$$a_0 \cdot \bar{x} \cdot \bar{x} \cdot \cdots \cdot \bar{x} = a_n \Rightarrow a_0 \cdot \bar{x}^n = a_n \Rightarrow \frac{a_n}{a_0} = \bar{x}^n$$

经过上述推导，可得出平均发展速度计算公式：
$$\bar{x} = \sqrt[n]{\frac{a_1}{a_0} \cdot \frac{a_2}{a_1} \cdot \frac{a_3}{a_2} \cdot \cdots \cdot \frac{a_n}{a_{n-1}}} = \sqrt[n]{\frac{a_n}{a_0}}$$

【例 9-18】 根据第五次、第六次人口普查资料，我国大陆人口 2000 年普查时为 126 583 万人，2010 年普查时为 137 054 万人，计算两次人口普查之间我国人口平均增长速度。

解析：已知 $a_0 = 126\ 583$，$a_n = 137\ 054$，$n = 10$，则：
$$\bar{x} = \sqrt[n]{\frac{a_n}{a_0}} = \sqrt[10]{\frac{137\ 054}{126\ 583}} = \sqrt[10]{1.082\ 720} = 1.007\ 977$$

年平均增长速度为：$(1.007\ 977 - 1) \times 1\ 000‰ = 7.98‰$

根据计算结果，两次人口普查之间我国人口平均增长速度为 7.98‰。

（二）累计法

累计法也称方程式法。其基本思路为：设 $\bar{x}$ 为平均发展速度，每期按固定的平均发展速度发展，各期计算水平的总和应等于各期实际水平的总和。

第一期　$a_1 = a_0 \bar{x}$

第二期　$a_2 = a_0 \bar{x} \cdot \bar{x} = a_0 \bar{x}^2$

第三期　$a_3 = a_0 \bar{x}^2 \cdot \bar{x} = a_0 \bar{x}^3$

　　⋮　　　　⋮　　　　⋮

第 n 期　$a_n = a_0 \bar{x}^{n-1} \cdot \bar{x} = a_0 \cdot \bar{x}^n$

$$a_1 + a_2 + a_3 + \cdots + a_n = a_0(\bar{x} + \bar{x}^2 + \cdots + \bar{x}^n)$$

即：
$$\sum_{i=1}^{n} a_i = a_0(\bar{x} + \bar{x}^2 + \cdots + \bar{x}^n)$$

则：
$$\frac{\sum_{i=1}^{n} a_i}{a_0} = (\bar{x} + \bar{x}^2 + \cdots + \bar{x}^n)$$

求解方程式中 $\bar{x}$ 正根，即为平均发展速度。

累计法平均发展速度的计算比水平法复杂，通常是编制计算机程序进行迭代逼近计算，或查阅《平均增长速度查对表》确定。具体方法如下：

第一步，计算递增或是递减速度 $\dfrac{\sum_{i=1}^{n} a_i}{a_0 \cdot n}$，结果如果大于1，则判断为递增速度，结果如果小于1，则判断为递减速度。利用《平均递增速度查对表》或《平均递减速度查对表》。

第二步，计算总发展速度 $\dfrac{\sum_{i=1}^{n} a_i}{a_0}$ 的数值。

第三步，查表。例如，在递增速度查对表中的年份栏（即 $n=1,2,3,4\cdots\cdots$ 年）查找与 $\dfrac{\sum_{i=1}^{n} a_i}{a_0}$ 数值对应的数值，再查出该数值所在行左边第一栏内百分比，即为所求平均递增速度。

例如，某市对"九五"期间所辖县国内生产总值进行考评，某县"九五"期间（1995—2000年）国内生产总值数据分别为：16 565万元、19 262万元、17 740万元、17 723万元、18 944万元、18 160万元。那么，某县"九五"期间平均发展速度用方程式计算应是第一步所得数554.36%除以5得110.87%，大于100%，表示速度递增，与此例相关的《平均递增速度查对表》资料摘录如表9-17所示。

表9-17   累计法平均递增速度查对表（间隔期1～5年）

平均每年增长	各年发展水平总和为基期的百分比				
	1年	2年	3年	4年	5年
3.3%	103.30%	210.01%	320.24%	434.11%	551.74%
3.4%	103.40%	210.32%	320.88%	435.20%	553.41%
3.5%	103.50%	210.62%	321.49%	436.24%	555.01%
3.6%	103.60%	210.93%	322.12%	437.31%	556.65%

查表9-17可以知道，554.36%介于553.41%和555.01%之间，对应的平均增长速度是3.4%和3.5%，按比例推算，这个县"九五"期间国内生产总值平均增长速度为3.46%，年平均发展速度为103.46%。

四、增长百分之一的绝对值

由于速度指标是一种相对数，具有抽象化的特点，容易掩盖作为比较基础的发展水平，为全面认识现象的发展情况，了解增长速度产生的实际效果，还必须将增长速度与增长量结合起来，计算增长1%的绝对值指标。

增长1%的绝对值是指在报告期水平与基期水平的比较中，报告期比基期每增加1%所

包含的绝对值。其计算公式如下:

$$\text{增长1\%的绝对值} = \frac{\text{增长量}}{\text{增长速度} \times 100} = \frac{\text{基期水平}}{100}$$

若增长速度为环比增长速度,则:

$$\text{增长1\%的绝对值} = \frac{a_n - a_{n-1}}{\frac{a_n - a_{n-1}}{a_{n-1}} \times 100} = \frac{a_{n-1}}{100} = \frac{\text{前期水平}}{100}$$

若增长速度为定基增长速度,则:

$$\text{增长1\%的绝对值} = \frac{a_n - a_0}{\frac{a_n - a_0}{a_0} \times 100} = \frac{a_0}{100} = \frac{\text{最初水平}}{100}$$

【例9-19】 某企业2023年会计年度年末所有者权益总额为1 200万元,年初为1 000万元。其保值增值额200万元(1 200－1 000),计算保值增值率和国有资本增长1%的绝对值。

解析:

$$\text{保值增值率} = \frac{1\,200 - 1\,000}{1\,000} \times 100\% = 20\%$$

$$\text{国有资本增长1\%的绝对值} = \frac{200}{20\% \times 100} = 10(\text{万元})$$

或:

$$\text{国有资本增长1\%的绝对值} = \frac{1\,000}{100} = 10(\text{万元})$$

计算结果表明,保值增值率为20%,国有资本增长1%的绝对值为10万元。

五、运用平均发展速度时应注意的问题

1. 根据统计研究目的选择计算方法

在平均发展速度的两种基本算法中,水平法侧重于考察现象最末期的发展水平,用该方法计算的定基发展速度与实际资料最末期的定基发展速度相一致;而累计法侧重于考察现象在整个发展过程的累积发展总量,该方法计算的各期定基发展速度的总和与实际资料各期定基发展速度的总和相一致。由于两种方法的计算原理不同,对于同一种资料,计算结果会有所差异。另外,两种方法适用的数据特性也不同,累计法对现象各期发展水平之和进行研究,只适用于时期序列;水平法对现象的最末期水平进行研究,既适用于时期序列也适用于时点序列。根据研究对象的性质特点和数据期特点,对于要着重考察各期总和的指标如投资额、造林面积等,宜采用累计法计算;对于要考察最末期水平的指标,如人口、产量等,采用水平法较为合适。

2. 要注意社会经济现象的特点

水平法是计算平均发展速度的常用方法。不过应当注意,如果用前述公式计算,其计算过程只考虑现象的最末水平与最初水平而舍弃了中间各期水平差异造成的影响。如果最末水平与最初水平过高或过低,或者中间各期水平波动很大,都会影响平均速度的代表性甚至使它失去意义。因此,如果现象是稳定地上升或下降,则可采用水平法;如果现象无规律地升降交替,那么累计法则更适合一些。

3. 应采取分段平均速度来补充说明总平均速度

这在分析较长的历史资料尤为重要。例如,要分析我国1949年以来粮食产量的平均发展速度和平均增长速度时,就有必要分别以国民经济恢复时期、各个五年计划时期和各个特定时期等分段计算其平均速度加以补充说明。

4. 平均速度指标要与其他指标结合运用

利用原始时间序列的发展水平、增长量以及计算平均速度所依据的环比速度、定基速度等指标补充说明平均速度本身。

第四节 长期趋势的测定与预测

时间序列分析,主要是将时间序列变动的因素加以分解,研究和测定各种主要构成因素的影响程度及其变动规律。在具体分析中可按影响因素的性质不同加以分类,一般将社会经济现象时间序列的总变动分解为长期趋势、季节变动、循环变动和不规则变动四种主要因素。

一、影响时间序列诸因素的分解

(一) 长期趋势

长期趋势是指现象在较长时期内持续发展变化的一种趋向或状态。长期趋势由影响时间序列的基本因素作用形成,是时间序列中最基本的构成要素,可分为上升趋势、下降趋势、水平趋势,或分为线性趋势和非线性趋势。例如,粮食生产由于受到种植方法的不断改良、日益发达的农田水利等根本因素的影响,从较长时间来看,总趋势是持续增加、向上发展的。

(二) 季节变动

季节变动是指一种使现象以一定时期(如一季、一月、一周等)为一周期呈现较有规律的上升、下降的交替变动。通常表现为现象在一年内随着自然季节的更替而发生的较有规律的增减变化,有旺季和淡季之分,是一种周期性的变化,周期长度小于一年。季节变动的形成原因有自然因素,也有人为因素。例如,铁路、航空等客运量一般在春节旅游旺季呈高峰状况,变动周期比较稳定。

(三) 循环变动

循环变动是指现象呈现出以若干年为一周期、涨落相间、扩张与紧缩、波峰与波谷相交替的波动。它不同于长期趋势，长期趋势表现为单一方向的持续变动，而循环变动表现为波浪式的涨落交替的变动。但也不同于季节变动，首先，它与季节变动的周期长度不同，季节变动通常以一季、一月、一周等为一周期，而循环变动没有固定的循环周期，其变动的周期较长，一般在数年以上。其次，模型识别的难易程度不同。最后，形成原因不同。

(四) 不规则变动

不规则变动包括随机变动和突然变动。随机变动是指现象受到各种偶然因素影响而呈现出方向不定、时起时伏、时大时小的变动。突然变动是指战争、自然灾害或其他社会因素等意外事件引起的变动。影响作用无法相互抵消，影响幅度很大。一般只讨论有随机波动而不含突然异常变动的情况。

时间序列的变动，都是上述因素的全部或部分的影响结果。

二、时间序列分析原理

先剔除其余几种因素影响，测定一种因素变动影响。然后，将各种因素结合起来进行综合分析和测定。各种因素的结合类型有乘法型和加法型两种假设。

其加法模型为：

$$Y = T + C + S + I$$

式中，Y、T 为总量指标；

C、S、I 分别为循环、季节、不规则变动因素对总变动影响的绝对数额。

如果时间序列是年别资料，无季节变动影响时，则其关系式为：

$$Y = T + C + I$$

其乘法模型为：

$$Y = T \cdot C \cdot S \cdot I$$

式中，Y、T 为总量指标；

C、S、I 分别为循环、季节、不规则变动因素对总变动影响的相对量。

进行分析时，一般是先求长期趋势 T，再用 T 去除观察值 Y，即得消除长期趋势影响的时间序列：$Y/T = S \cdot C \cdot I$；然后，求季节变动值 S，再用 S 去除，即得消除长期趋势和季节变动影响的时间序列 $Y/(T \cdot S) = C \cdot I$。

如果时间序列仅受长期趋势和季节变动两种因素影响。则：$Y/(T \cdot S) = 1$。因此，当时间序列消除长期趋势和季节变动影响后，其数值接近于 1 时，则循环变动和不规则变动的影响可忽略不计；如果数值和 1 有较大的离差时，就有必要进一步分析循环变动和不规则变动。

由于长期趋势和季节变动属于常态现象，在实践上往往将长期趋势和季节变动相结合称为标准变动，时间序列剔除长期趋势和季节变动后得到循环变动和不规则变动，两者合称剩余变动。

对于具体的时间序列分析，要分解为几个影响因素，采用何种类型的结构关系式，应根据时间序列变动的性质、研究目的和所掌握的资料来确定。

三、长期趋势测定与预测的意义

第一，长期趋势是现象运动和发展变化的基本态势，这种态势不仅存在于过去，而且还可能延伸到未来。因此，对时间序列长期趋势的研究，可以帮助我们对现象的前景和将来的状况进行预测。

第二，时间序列之所以存在长期趋势，是因为现象受到某些基本的、决定性因素的影响。这些起着支配作用的因素，其影响越强烈，时间序列的长期趋势就越明显。由此，通过对时间序列长期趋势的分析，可以掌握现象发展、变化的内在机理，可以评价过去所采取的方针措施的成效。

第三，测定长期趋势，把它从时间序列中分离出来，有助于更好的研究季节变动、循环变动和不规则变动。

四、长期趋势测定方法

长期趋势的测定方法很多，在实践中经常使用的主要有"时距扩大法""移动平均法"和"数学模型法"。

（一）时距扩大法

时距扩大法的基本思想是通过对原有数列中各期指标值按较长的时距加以归并，形成新的时间序列，以消除偶然因素和季节变动的影响，显示出长期趋势。

【例 9-20】 2020—2023 年某地工业增加值资料，如表 9-18 所示。

表 9-18　　　　　　　　2020—2023 年某地工业增加值　　　　　　　　单位：亿元

年份（年）	季度			
	一	二	三	四
2020	1 382.4	1 584.2	1 533.7	1 631.0
2021	1 548.2	1 761.9	1 751.8	1 903.6
2022	1 903.8	2 178.3	2 057.9	2 111.5
2023	1 987.2	2 294.0	2 230.0	2 446.4

要消除I、S的影响,将时距扩大,以一年为周期。如表9-19所示。

表9-19　　　　　　　2020—2023年某地工业增加值　　　　　单位:亿元

年份(年)	季度	工业增加值	时距扩大后的结果
2020	一	1 382.4	6 131.3
	二	1 584.2	
	三	1 533.7	
	四	1 631.0	
2021	一	1 548.2	6 965.5
	二	1 761.9	
	三	1 751.8	
	四	1 903.6	
2022	一	1 903.8	8 251.5
	二	2 178.3	
	三	2 057.9	
	四	2 111.5	
2023	一	1 987.2	8 957.6
	二	2 294.0	
	三	2 230.0	
	四	2 446.4	

时距扩大法在计算时,如果数列是时期序列,指标值可以直接加总;如果是时点序列,则需计算其序时平均数,然后再汇总。此外,时距扩大法要注意:第一,时距大小的选择要依据数列的特点;第二,信息量损失较大;第三,不易进行外推预测。

(二) 移动平均法

移动平均法的基本思想是对原数列中的指标值按一定时间跨度移动,计算出一系列新的序时平均数,形成时间序列,以消除偶然因素和季节变动的影响,显示出长期趋势。如

表 9-20 所示。

表 9-20　　　　　　　　2020—2023 年某地工业增加值　　　　　　　单位：亿元

年份(年)	季度	工业增加值（亿元）	三项移动平均数	四项移动平均	
				一次移动平均数	二次移动平均数
2020	一	1 382.4			
	二	1 584.2	1 500.1		
				1 532.8	
	三	1 533.7	1 583.0		1 553.6
				1 574.3	
	四	1 631.0	1 571.0		1 594
				1 613.7	
2021	一	1 548.2	1 647.0		1 643.5
				1 673.2	
	二	1 761.9	1 687.3		1 707.3
				1 741.4	
	三	1 751.8	1 805.8		1 535.9
				1 330.3	
	四	1 903.6	1 831.1		1 632.4
				1 934.4	
2022	一	1 903.8	1 995.2		1 972.7
				2 010.9	
	二	2 178.3	2 046.7		2 036.9
				2 062.9	
	三	2 057.9	2 115.9		2 073.3
				2 083.7	
	四	2 111.5	2 052.2		2 098.2
				2 112.7	
2023	一	1 987.2	2 130.9		2 134.2
				2 115.7	
	二	2 294.0	2 170.4		2 197.6
				2 239.4	
	三	2 230.0	2 323.5		
	四	2 446.4			

从表 9-20 中我们可以看出移动平均法的特点：

(1) 移动平均的项数越大，对数列的平滑修匀作用越大。

(2) 平均项数为奇数，只需一次平均；平均项数为偶数，需进行二次平均。

(3) 数列中包含有周期变动，平均项数必须与周期长度相同。

(4) 移动平均后，新数列项数比原数列项数少。奇数平均，首尾各少 $(n-1)/2$ 项，偶数平均,首尾各少 $n/2$ 项。

(5) 由于首尾都损失若干信息量,只可用于观察趋势,但不利于直接向外进行延伸预测。

(三) 数学模型法

对时间序列用数学方法配合一个适当的方程式,是测定长期趋势的有效方法。该方法的基本思想是对时间序列运用理论知识、实际经验进行判断,在确定其性质和特点的基础上,构造一个数学方程是来描述其长期趋势,包括直线模型和曲线模型。

数学模型法的基本程序是:首先判断趋势类型,然后计算待定参数,最后利用方程预测。

1. 判断趋势类型

判断趋势类型的方法有两种,分别是绘制散点图和分析数据特征。下面我们着重介绍分析数据特征这种方法。

(1) 当数据的一阶差分趋近于一个常数时,可以配合直线方程: $y = a + bt$,如表 9-21 所示。

表 9-21　　　　　　　　　　直线方程表

t	y_t	一阶差分 $y_t - y_{t-1}$
1	$a+b$	
2	$a+2b$	b
3	$a+3b$	b
4	$a+4b$	b
⋮	⋮	⋮
n	$a+nb$	b

(2) 当数据的二阶差分趋近于一个常数时,可以配合二次曲线方程: $y = a + bt + ct^2$,如表 9-22 所示。

表 9-22　　　　　　　　　　二次曲线方程表

t	y_t	一阶差分	二阶差分
1	$a+b+c$		
2	$a+2b+4c$	$b+3c$	
3	$a+3b+9c$	$b+5c$	$2c$
4	$a+4b+16c$	$b+7c$	$2c$
⋮	⋮	⋮	⋮
n	$a+nb+2nc$	$b+(2n-1)c$	$2c$

(3) 当数据的环比发展速度趋近于一个常数时,可配合指数曲线方程:$y = ab^t$,如表 9-23 所示。

表 9-23　　　　　　　　　　指数曲线方程表

t	y_t	y_t/y_{t-1}
1	ab	
2	ab^2	b
3	ab^3	b
4	ab^4	b
⋮	⋮	⋮
n	ab^n	b

2. 计算待定参数

1) 直线方程

如果以时间因素为自变量(t),把数列水平作为因变量(y),拟合的直线方程为:

$$y_c = a + bt$$

式中,y_c——时间序列的趋势值;

a、b——直线趋势方程的截距、斜率;

t——时间标号。

2) 最小平方法计算参数

最小平方法计算参数是分析长期趋势较常用的方法。其中心思想是通过数学公式,配合一条理想的趋势线。这条趋势线必须满足两点要求:一是原数列与趋势线的离差平方和为最小;二是原数列与趋势线的离差总和为零。利用这两条数学性质我们可用求偏导数的方法求出:

$$b = \frac{n\sum ty - \sum t \sum y}{n\sum t^2 - (\sum t)^2}$$

$$a = \frac{\sum y}{n} - b\frac{\sum t}{n} = \bar{y} - b\bar{t}$$

【例 9-21】 2018—2023 年某产品产值如表 9-24 所示,请运用最小平方法配合直线模型,预测 2024 年产品产值。

年份(年)	t	y	ty	t^2	y_c	$y-y_c$
2018	1	85.60	85.60	1.00	85.55	0.05
2019	2	91.00	182.00	4.00	90.87	0.13
2020	3	96.10	288.30	9.00	96.19	−0.09
2021	4	101.20	404.80	16.00	101.51	−0.31
2022	5	107.00	535.00	25.00	106.83	0.17
2023	6	112.20	673.20	36.00	112.15	0.05
合计	21	593.10	2 168.90	91.00	593.10	0.00

表 9-24　　　　2018—2023 年某产品产值　　　　单位:万元

$$b = \frac{n\sum ty - \sum t \sum y}{n\sum t^2 - (\sum t)^2} = \frac{6 \times 2\,168.90 - 21 \times 593.10}{6 \times 91 - 21^2} = 5.32$$

$$a = \bar{y} - b\bar{t} = \frac{\sum y}{n} - b\frac{\sum t}{n} = \frac{593.10}{6} - 5.32 \times \frac{21}{6} = 80.23$$

趋势方程为:

$$y_c = 80.23 + 5.32t$$

预测 2024 年产值,则 $t=7$ 代入上式 $y_c = 80.23 + 5.32 \times 7 = 117.47$(万元)。

对时间 t 进行假设有三种方法:

(1) 即上述例题所用方法,对时间 t,可以假设数列第一项为 1,则时间序列为:1,2,3,……

```
2018  2019  2020  2021  2022  2023
 1     2     3     4     5     6
```

(2) 当时间序列的时间项数为奇数时,可以假设 t 的中间项为时间原点 0,例如:

```
2018  2019  2020  2021  2022
 -2    -1    0     1     2
```

这时,时间项数的排列顺序依次为:……,−3,−2,−1,0,1,2,3,……

(3) 当时间序列的时间项数为偶数时,可以假设正中间相邻两个时间的中点为时间的原点 0,例如:

```
2018  2019  2020  2021  2022  2023
 -5    -3    -1    1     3     5
```

这时,时间项数的排列顺序依次为:……,−5,−3,−1,0,1,3,5,……

上述(2)、(3)两种假设使时间 t 的取值正负抵消,使 $\sum t = 0$,是简捷法计算,则基本联立方程可以简化为:

$$b = \frac{n\sum ty - \sum t \sum y}{n\sum t^2 - (\sum t)^2}, \sum t = 0 \Rightarrow b = \frac{\sum ty}{\sum t^2}$$

$$a = \frac{\sum y}{n} - b\frac{\sum t}{n}, \sum t = 0 \Rightarrow a = \frac{\sum y}{n}$$

【例 9-22】 接[例 9-21],简捷法趋势方程计算表如表 9-25 所示。

表 9-25　　　　　　　　简捷法趋势方程计算表　　　　　　　　单位:万元

年份(年)	t	y	t^2	ty
2018	−5	85.60	25	−428.00
2019	−3	91.00	9	−273.00
2020	−1	96.10	1	−96.10
2021	1	101.20	1	101.20
2022	3	107.00	9	321.00
2023	5	112.20	25	561.00
合计	0	593.10	70	186.10

$$b = \frac{\sum ty}{\sum t^2} = \frac{186.1}{70} = 2.66$$

$$a = \bar{y} = \frac{\sum y}{n} = \frac{593.1}{6} = 98.85$$

趋势方程为:

$$y_c = 98.85 + 2.66t$$

2024 年,$t = 7$ 代入上式,则 $y_c = 98.85 + 2.66 \times 7 = 117.47$(万元)。

由此可见两种计算法预测结果完全相同。

第五节 季节变动的测定与预测

季节变动是指现象随着季节的变动而引起的比较有规则的变动。认识和掌握这种变动规律,对于组织生产、安排人民生活等都具有重要意义。季节变动测定的常用方法有简单平均法和移动平均趋势剔除法两种。常用的是移动平均趋势剔除法。不管使用哪种方法来计算季节变动,都需要用 3 年或更多年份的资料(至少 3 年)作为基本数据来进行分析,这样才能较好地消除偶然因素影响,使季节变动的规律性更符合实际。

一、简单平均法

简单平均法又称按月(季)平均法。计算步骤如下:
(1) 通过历年同月(季)资料求出该月(季)平均数。
(2) 计算历年 12 个月(4 个季度)的平均。
(3) 将各月(季)的平均数与总平均数相比。

$$季节比率 = \frac{各月(季)的平均数}{总平均数}$$

【例 9-23】 某企业生产化肥的销售量情况及季节比率计算如表 9-26、图 9-1 所示。

表 9-26　　　　某企业生产化肥的销售量情况季节比率计算　　　　单位:吨

月份(月)	2020 年	2021 年	2022 年	三年合计	月平均数	季节比率
1	20	20	30	70	23.33	31.16%
2	54	48	48	150	50.00	66.79%
3	92	93	107	292	97.33	130.02%
4	69	84	86	239	79.67	106.43%
5	51	54	56	161	53.67	71.69%
6	64	64	66	194	64.67	86.39%
7	98	98	120	316	105.33	140.70%
8	72	73	82	227	75.67	101.08%
9	136	134	145	415	138.33	184.78%
10	94	123	141	358	119.33	159.40%
11	42	55	58	155	51.67	69.02%
12	41	39	38	118	39.33	52.54%
全年合计	833	885	977	2 695	898.33	1 200.00
全年月平均	69.42	73.75	81.42	224.58	74.86	100.00%

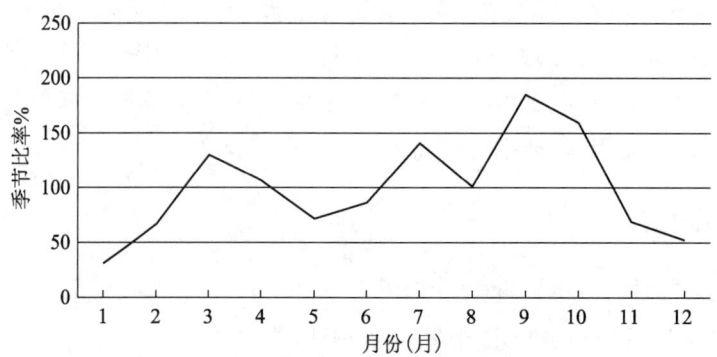

图 9-1 某企业生产化肥销售量情况

由图 9-1 可以看出该公司化肥销量旺季是三、四(春季)、七、八、九、十(夏秋季)月份;淡季为一、二、十一和十二月份,明显带有季节性。

二、移动平均趋势剔除法

将移动平均数作为长期趋势加以剔除,再测定季节变动,又称为长期趋势剔除法。计算步骤如下:

(1) 据各年的月(季)资料 Y,计算 12 项(4 项)移动平均 T。

(2) 计算修匀比率 $\dfrac{Y}{T}$。

(3) 将 $\dfrac{Y}{T}$ 按月(季)排列,求同月(季)的平均值 $\dfrac{\sum \dfrac{Y}{T}}{n}$,再与总平均比 $\dfrac{\sum \overline{\left(\dfrac{Y}{T}\right)}}{12}$ 或 $\dfrac{\sum \overline{\left(\dfrac{Y}{T}\right)}}{4}$,即得季节比率。

【例 9-24】 表 9-27 为某企业生产化肥销售量情况表,请计算季节比率,并预测 2023 年 1~12 月份的化肥销量。

解析:(1) 根据各年的月(季)资料 Y,计算 12 项(4 项)移动平均 T。

表 9-27　　　　　　　某企业生产化肥销售情况表　　　　　　单位:吨

时间	2020 年	2021 年	2022 年	三年合计	月平均数	季节比率
1 月	20	20	30	70	23.33	31.16%
2 月	54	48	48	150	50.00	66.79%
3 月	92	93	107	292	97.33	130.02%

(续表)

时间	2020年	2021年	2022年	三年合计	月平均数	季节比率
4月	69	84	86	239	79.67	106.43%
5月	51	54	56	161	53.67	71.69%
6月	64	64	66	194	64.67	86.39%
7月	98	98	120	316	105.33	140.70%
8月	72	73	82	227	75.67	101.08%
9月	136	134	145	415	138.33	184.78%
10月	94	123	141	358	119.33	159.40%
11月	42	55	58	155	51.67	69.02%
12月	41	39	38	118	39.33	52.54%
全年合计	833	885	977	2695	898.33	1 200.00

12项移动平均还需进行二次修均,得趋势值 T,如表9-28所示。

表9-28　　　　　　　　　　趋势值 T　　　　　　　　　　单位:吨

时间	1月	2月	3月	4月	5月	6月	7月	8月	9月	10月	11月	12月
2020年	—	—	—	—	—	—	69.42	69.17	68.96	69.36	70.38	70.50
2021年	70.50	70.54	70.50	71.63	73.38	73.84	74.17	74.58	75.17	75.84	86.00	86.17
2022年	77.17	78.46	79.29	80.50	81.38	81.46	—	—	—	—	—	—

(2) 计算修匀比率 Y/T,求同月平均,与总平均相比得季节比率,如表9-29所示。

表9-29　　　　　　　　　　季节比率

时间	1月	2月	3月	4月	5月	6月	7月	8月	9月	10月	11月	12月
2020年	—	—	—	—	—	—	141.17%	104.09%	197.22%	134.99%	59.68%	58.16%
2021年	28.37%	68.05%	131.91%	117.27%	73.59%	86.67%	132.13%	97.88%	178.26%	162.18%	63.95%	45.26%
2022年	38.88%	61.18%	134.95%	106.83%	68.81%	81.02%	—	—	—	—	—	—
月均比率(%)	33.63	64.62	133.43	112.05	71.20	83.85	136.65	100.99	187.74	148.59	61.82	51.71
季节比率(%)	34.02	65.37	134.97	113.34	72.02	84.82	138.23	102.15	189.90	150.30	62.53	52.31

(3) 预测 2023 年 1~12 月份的化肥销量,如表 9-30 所示。

表 9-30　　　　　　　　　　　预测化肥销量　　　　　　　　　　单位:吨

年度(年)	月份(月)											
	1	2	3	4	5	6	7	8	9	10	11	12
2020	20	54	92	69	51	64	98	72	136	94	42	41
2021	20	48	93	84	54	64	98	73	134	123	55	39
2022	30	48	107	86	56	66	120	82	145	141	58	38
季节比率	34.02%	65.37%	134.97%	113.34%	72.02%	84.82%	138.23%	102.15%	189.90%	150.30%	62.53%	52.31%
2022 年全年平均值为 81.42 吨,则 2023 年 12 个月份的化肥销量的预测值为:81.42×各月季节比率												
2023	27.70	53.22	109.89	92.28	58.64	69.06	112.55	83.17	154.62	122.37	50.91	42.59

课堂测试

班级_____ 姓名_____ 学号_____ 日期_____ 成绩_____

一、单项选择题（本大题共 8 个小题，每小题 5 分，共 40 分）

1. 根据时期序列计算序时平均数应采用（　　）。
   A. 几何平均法　　　　　　　　　　B. 加权算术平均法
   C. 简单算术平均法　　　　　　　　D. 首尾折半法

2. 时间序列的构成要素是（　　）。
   A. 变量和次数或频率　　　　　　　B. 现象所属的时间及其相应的数值
   C. 各组名称及次数或频率　　　　　D. 时间间隔和发展水平

3. （　　）是最基本的数列，其他时间序列是派生数列。
   A. 绝对数时间序列　　　　　　　　B. 相对数时间序列
   C. 平均数时间序列　　　　　　　　D. 时点序列

4. 下列时间序列中，属于时期序列的是（　　）。
   A. 企业历年职工人数数列　　　　　B. 企业历年劳动生产率数列
   C. 企业历年利税额数列　　　　　　D. 企业历年单位产品成本数列

5. 已知各期环比增长速度为 12％，12.5％，13％和 14％，则相应的定基增长速度的计算方法为（　　）。
   A. 112％＋112.5％＋113％＋114％
   B. 112％×112.5％×113％×114％
   C. 12％×12.5％×13％×14％－100％
   D. 112％×112.5％×113％×114％－100％

6. 由一个 9 项的时间序列可以计算的环比发展速度（　　）。
   A. 有 8 个　　　B. 有 9 个　　　C. 有 10 个　　　D. 有 7 个

7. 某企业的产值 2022 年比 2017 年增长了 58.6％，则该企业 2018—2022 年间产值的平均发展速度为（　　）。
   A. $\sqrt[5]{58.6\%}$　　　B. $\sqrt[5]{158.6\%}$　　　C. $\sqrt[6]{58.6\%}$　　　D. $\sqrt[6]{158.6\%}$

8. 在测定长期趋势的方法中，可以形成数学模型的是（　　）。
   A. 时距扩大法　　B. 移动平均法　　C. 最小平方法　　D. 季节指数法

二、判断题(本大题共 6 个小题,每小题 5 分,共 30 分)

1. 时间序列中的发展水平都是统计绝对数。 (   )
2. 相对数时间序列中的数值相加没有实际意义。 (   )
3. 由于时点序列和时期序列都是绝对数时间序列,所以,它们的特点是相同的。 (   )
4. 若各期增长量是相等的,则各期增长速度也相等。 (   )
5. 年距发展速度＝年距增长速度＋1。 (   )
6. 平均增长速度可以直接根据环比增长速度来计算。 (   )

三、计算题(本大题共 2 个小题,每小题 15 分,共 30 分)

1. 某地区 2020—2023 年国内生产总值数据如表 9-31 所示。

表 9-31　　　　　　某地区 2020—2023 年国内生产总值

年份(年)		2020	2021	2022	2023
国内生产总值(亿元)		40.90	(1)	68.50	(3)
发展速度(%)	环比	—	110.29	(2)	(4)
	定基	—	110.29	167.48	141.81
增长速度(%)	环比	—	10.29	51.85	(5)
	定基	—	10.29	67.48	41.81

要求:填写表 9-31 中所缺的数字(直接填入表中,不必列示计算过程)。

2. 某单位月末工人数及总产值资料如表 9-32 所示。

表 9-32　　　　　　某单位月末工人数及总产值

日　期	3 月	4 月	5 月	6 月
月末工人数(人)	2 000	2 000	2 200	2 200
总产值(万元)	11.0	12.6	14.6	16.3

要求:

(1) 计算第二季度平均月产量。
(2) 计算第二季度平均人数。
(3) 计算第二季度每人平均产量。

第十章　统 计 指 数

> **知识导航**
>
> ```
>                    ┌ 统计指数概述 ┬ 统计指数的概念
>                    │              ├ 统计指数的作用
>                    │              └ 统计指数的种类
>                    │
>                    ├ 综合指数 ┬ 综合指数的编制原理
>                    │          └ 综合指数的编制方法
>                    │
>                    │              ┌ 平均指标指数的编制原理
>         统计指数 ──┼ 平均指标指数 ┼ 平均指标指数的基本形式
>                    │              └ 平均指标指数的主要应用
>                    │
>                    │                    ┌ 指数体系的概念及其作用
>                    ├ 指数体系及因素分析 ┼ 总量变动的因素分析
>                    │                    └ 平均指标变动的因素分析
>                    │
>                    │              ┌ 商品零售物价指数
>                    └ 常用指数简介 ┼ 工业生产指数
>                                   └ 股票价格指数
> ```

学习目标

1. 了解编制指数的意义及其分类。
2. 掌握总指数中综合指数和平均指数的编制方法及其应用。
3. 掌握指数体系因素分析。
4. 掌握常用的指数及其应用。

生活中的指数

在日常生活中,"指数"是一个非常熟悉的"陌生客"。比如每天收音机里播出的当日穿衣指数、防晒指数、感冒指数……，报纸上会登出各种股票指数，电视上会议论与人们生活紧密相关的物价指数、居民消费价格指数等。2023年01月17日，国务院新闻办公室举行新闻发布会介绍2022年国民经济运行情况：2022年全年居民消费价格指数（CPI）比上年上涨2.0%。分类别看，食品烟酒价格上涨2.4%，衣着价格上涨0.5%，居住价格上涨0.7%，生活用品及服务价格上涨1.2%，交通通信价格上涨5.2%，教育文化娱乐价格上涨1.8%，医疗保健价格上涨0.6%，其他用品及服务价格上涨1.6%。在食品烟酒价格中，猪肉价格下降6.8%，粮食价格上涨2.8%，鲜菜价格上涨2.8%，鲜果价格上涨12.9%。扣除食品和能源价格后的核心CPI上涨0.9%。12月份，居民消费价格同比上涨1.8%，环比持平。

资料来源：2022年国民经济运行情况新闻发布会[EB/OL].[2023-01-17]. http://www.scio.gov.cn/xwfbh/xwbfbh/wqfbh/49421/49478/index.htm，有删节。

请思考：

从2022年居民消费价格指数增长情况可以得出哪些信息？

案例导入

2018年6月份，全国居民消费价格同比上涨1.9%。其中，城市上涨1.8%，农村上涨1.9%；食品价格上涨0.3%，非食品价格上涨2.2%；消费品价格上涨1.5%，服务价格上涨2.4%。上半年，全国居民消费价格比去年同期上涨2.0%。

2018年6月份，食品烟酒价格同比上涨0.8%，影响居民消费价格指数（CPI）上涨约0.25%。其中，蛋类价格上涨15.1%，影响CPI上涨约0.08%；鲜菜价格上涨9.3%，影响CPI上涨约0.20%，禽肉类价格上涨6.7%，影响CPI上涨约0.08%；畜肉类价格下降6.8%，影响CPI下降约0.31%（猪肉价格下降12.8%，影响CPI下降约0.32%）；鲜果价格下降5.3%，影响CPI下降约0.10%。

思考：什么是居民消费价格指数（CPI）？如何计算CPI？各类商品价格变动如何影响居民消费价格水平的变动？

第一节 统计指数概述

一、统计指数的概念

统计指数的概念从18世纪中叶物价指数产生开始，迄今已有三百多年的历史了。而指数的编制是从物价的变动产生的。18世纪中叶，由于金银大量流入欧洲，欧洲的物价飞涨，引起社会不安，于是产生了反映物价变动的要求，这就是物价指数产生的根源。有些指数，如消费品价格指数、生活费用价格指数，同人们的日常生活休戚相关；有些指数，如生产资料价格指数、股票价格指数等,则直接影响人们的投资活动,成为社会经济的晴雨表。

指数作为一种对比性的统计指标具有相对数的形式,通常表现为百分数。它表明,若把作为对比基准的水平(基数)视为100,则所要考察的现象水平相当于基数的多少。譬如,已知某年全国的零售物价指数为105%,这就表示,若将基期年份(通常为上年)的一般价格水平看成是100%,则当年全国的价格水平就相当于基期的105%,或者说,当年的价格上涨了5%。

从对比性质来看,指数通常是不同时间的现象水平的对比,它表明现象在时间上的变动情况(动态)。此外,指数还可以是不同空间(如不同国家、地区、部门、企业等)的现象水平的对比,或者,是现象的实际水平与计划(规划或目标)水平的对比,这些可以看成是动态对比指数方法的拓展。可见,指数在经济分析上具有十分广阔的应用领域。

迄今为止,学术界一般认为,统计指数是研究社会经济现象数量方面时间变动状况和空间对比关系的分析方法。同时还认为,统计指数有广义和狭义之别。广义指数是指同类事物变动程度的相对数,包括动态相对数、比较相对数、计划完成相对数,即所有的动态比较指标,说明某种具体产品的产量、成本、价格等的动态变化。例如,发展速度、计划完成百分比、成本降低百分比等。狭义指数是综合反映多种不同事物在不同时间上的总变动的特殊的相对数,即专门用来综合说明那些不能直接相加和对比的复杂社会经济现象的变动情况。例如,要说明一个国家或一个地区商品价格综合变动情况,由于各种商品的经济用途、规格、型号、计量单位等不同,不能直接将各种商品的价格简单对比,而要解决这种复杂经济总体各要素相加问题,就要编制统计指数综合反映它们的变动情况。需要强调的是,统计中的指数主要是指狭义的指数。

二、统计指数的作用

统计指数在社会经济领域内广泛应用,这是由于统计指数具有独特的功能,能够发挥重要的作用。具体表现在以下几个方面。

(一)综合反映社会经济现象总变动方向及变动幅度

在社会经济现象中,存在着大量不能直接加总或不能直接对比的复杂总体,为了反映和研究它们的变动方向和变动程度,只能通过统计指数法,编制统计指数才能得到解决。例如,在统计实践中,经常要研究多种商品或产品的价格综合变动情况,多种商品的销售量或产品产量的总变动,多种产品的成本总变动,多种股票价格综合变动等。这类问题由于各种商品或产品的使用价值不同、各种股票价格涨跌幅度和成交量不同,所研究总体中的各个个体不能直接相加。指数法的首要任务,就是把不能直接相加总的现象过渡到可以加总对比,从而反映复杂经济现象的总变动方向及变动幅度。

(二)分析和测定社会经济现象总体变动受各因素变动的影响

社会经济现象总体中包含着数量因素和质量因素,通过编制数量因素指数和质量因素指数,可以分析和测定各因素变动对总体变动的影响。

利用指数体系理论可以测定复杂社会经济现象总变动中,各构成因素的变动对现象总变动的影响情况,并对经济现象变化作综合评价。受多种因素影响的现象叫作复杂现象,因此任何一个复杂现象都是由多个因子构成的,通常表现为:

(1) 现象的总量是各因素的总和。

(2) 现象的总量是若干因素的乘积。

例如,总的销售额＝单位价格×总的销售量,这里总量指标受两个因素影响。又如影响利润总额变化的各种因素有产品产量、产品销售量、产品成本、产品销售价格等。运用指数法编制商品零售价格指数和零售量指数,可分析它们的变动对商品零售总额变动的影响。编制产品产量指数、产品销售量指数、产品成本指数和产品销售价格指数等,并分别对它们进行测定,根据各因素变动影响,可综合评价利润总额变动的情况。例如,某地区 2023 年商品销售额对比 2022 年为 110.9%,说明 2023 年该地区商品销售额的增长幅度为 10.9%。这个变动是销售量与价格两个因素共同作用的结果,借助于统计指数法可以深入分析和测定这两个因素的变动及其对销售额变动所带来的影响。

(三) 研究同类现象变动趋势

编制一系列反映同类现象变动情况的指数形成指数数列,可以反映被研究现象的变动趋势。例如,根据 1987—2019 年共 33 年的零售商品价格资料,编制 32 个环比价格指数,从而构成价格指数数列。这样,就可以揭示价格的变动趋势,研究物价变动对经济建设和人民生活水平的影响程度。此外,利用统计指数还可以进行地区经济综合评价、对比,研究计划执行情况。这种方法特别适合用于对比分析有联系而性质不同的时间序列之间的变动关系,因为用指数的变动进行比较,可解决不同性质数列之间不能对比的困难。

三、统计指数的种类

统计指数按照不同的研究目的和要求,可以作以下四种分类。

(一) 按指数所考察范围分类

指数按指数所考察范围的不同,分为个体指数、组指数和总指数。个体指数是指反映单个现象或单个事物变动的相对数。例如,某种品牌型号的电冰箱产量指数或价格指数,都是个体指数。组指数也称类指数,是指综合反映总体内某一类现象变动的相对数。例如,食品类、衣着类、服务类价格指数等,组指数通常也是编制总指数的中间环节。总指数是综合反映整个复杂经济现象总体变化情况的相对数,如商品价格总指数、工业产品产量总指数等。它的计算形式有两种:综合指数和平均数指数。

以我国零售商品分类来解释,零售商品分成:

1. 食品类

1) 粮食

(1) 细粮

（2）粗粮

2）副食品

（略）

2. 衣着类

（略）

其中零售商品价格指数为总指数，细粮、粗粮等小类指数称为个体指数，那么食品类、衣着类指数为组指数（类指数）。

（二）按指数所反映的现象特征分类

指数按指数所反映的现象特征不同，分为数量指标指数和质量指标指数。数量指标指数反映所研究现象的数量规模变动，如经济增长指数、产品产量指数、商品销售量指数等。质量指标指数反映所研究现象的质量水平变动，如商品价格指数、产品成本指数、劳动生产率指数等。

这两种指数各有不同的编制原则和方法。这种分类和指数的计算方法有关，要把这两个概念分辨清楚。

（三）按指数所反映的时间状态分类

指数按指数所反映的时间状态不同，分为动态指数和静态指数。统计指数的本来含义都是动态指数，是指由两个不同时间的经济量对比形成，用以反映社会经济现象在不同时间的发展变化。动态指数按所对比的基期的不同，分为定基指数与环比指数两种。静态指数是后来才发展的，包括空间指数和计划完成情况指数两种。空间指数是指同类现象水平在同一时间内不同空间上对比的结果，反映现象在不同区域的差异程度。计划完成情况指数则是将某种现象的实际水平与计划水平对比的结果，反映计划的完成程度。

（四）按所采用的基期分类

指数时常是连续编制的，形成在时间上前后衔接的指数数列，在指数数列中按所采用的基期不同，可以分为定基指数和环比指数。凡是在一个指数数列中的各个指数都是以某一固定时期作为基期，叫作定基指数。凡是各个指数都是以前一期作为基期的，就是环比指数。

本章各节将着重介绍综合指数和平均指标指数的编制方法及其在统计分析中的作用。

第二节 综合指数

一、综合指数的编制原理

前一节介绍指数分类的时候，我们提到综合指数和平均指标指数是总指数的两种计算形式。综合指数是总指数的基本形式。综合指数的重要意义在于它能最完善地显示出所研究现象的经济内容,即不仅在相对量方面反映,而且能在绝对量方面反映。

如何设计综合指数的形式,关键是在经济联系中寻找同度量因素,而后再把它固定不变,以反映我们所要研究总体的某种现象的变化情况。归纳起来要解决以下两个问题:

(1) 用什么因素作为同度量因素是合理的?

(2) 把同度量因素定在哪个时期是恰当的?

同度量因素是把不能直接相加的指标过渡为可以相加的因素。例如,要求计算社会商品零售价格总指数,由于商品的单价不能相加而无法计算,用同度量因素把单价过渡为销售额就可以相加了。又如,要计算社会商品销售量指数,由于实物量计量单位不同不能相加,用同度量因素把它过渡为销售额就可以相加了。同度量因素不是随意选定的,而是从它们的经济联系考虑,这个假设就是从下面的经济关系式出发的。

$$商品销售额 = 商品销售量 \times 商品销售价格$$

计算商品销售价格总指数时,以商品销售量为同度量因素;计算商品销售量总指数时,以商品销售价格为同度量因素。经济关系式中的三个指标各自独立而又互相联系。既可以把销售额作为销售量与销售价格的综合,又可以把销售量、销售价格视为销售额的分解。

编制综合指数的基本方法是"先综合,后对比"。例如,通过编制价格综合指数反映市场商品价格总变动,其步骤是首先把市场各种商品价格加以综合,然后再进行对比。市场商品品种繁多,直接加总各种商品价格,其经济意义难以做出恰当解释,所以一般要引进一个媒介因素,通过这个媒介因素把各种商品的价格过渡为价值指标,再进行综合对比。

编制综合指数必须明确两个概念:一是"指数化指标",二是"同度量因素"。指数化指标就是编制综合指数所要测定的因素,如上面的商品价格综合指数所要测定的因素是价格,所以价格就是指数化指标。同度量因素是指媒介因素,借助媒介因素,把不能直接加总的因素过渡到可以同度量并可以加总的因素,所以称其为同度量因素。编制综合指数的目的是测定指数化指标的变动,同度量因素所起的作用是将不同度量的现象转化为同度量的现象,因此在对比的过程中应加以固定,才能达到反映指数化指标变动的目的。

综合指数的计算公式如下:

$$质量指数:I_p = \frac{\sum p_1 q}{\sum p_0 q}$$

$$数量指数:I_q = \frac{\sum q_1 p}{\sum q_0 p}$$

公式中 p 表示质量因素,q 表示数量因素,下标 1 表示所分析的时期,称为报告期,0 表示比较时期,称为基期。

在编制综合指数时,首先必须根据指数化指标的性质确定同度量因素的性质,然后再确定同度量因素的所属时期。一般而言,质量指标指数的指数化指标是 p,其同度量因素是数量指标 q,两者的乘积 pq 是价值总量;数量指标指数的指数化指标则是 q,其同度量因素是 p,两者的乘积 qp 也是价值总量,价值量指标加总后,经济意义是很明确的。

需要指出的是,同度量因素具有权数的性质。如在价格综合指数中,同度量因素 q 不但起到同度量的作用,而且具有权数的作用。它不仅可以使各种不同商品的销售价格相加,而且各种不同的价格与相应的 q 相乘时,由于各种商品的销售量不同,会影响指数的计算结果。同样的道理,在销售量综合指数中,同度量因素 p 不仅可以使各种不同商品的销售量相加,而且各种不同价格与相应的销售量相乘时,由于价格高低不等,也将影响指数的计算结果。所以,在编制综合指数时,同度量因素应当如何固定,是一个需要事先考虑的问题。同度量因素的固定方法有多种,可以具体考虑加以选择确定。

二、综合指数的编制方法

(一) 数量指标综合指数

数量指标综合指数是说明总体规模变动情况的相对指标指数。例如,商品销售量指数、工业产品生产量指数、农业产品生产量指数、职工人数指数、货物运输量指数等。

以商品销售量指数为例来说明数量指标综合指数计算公式的形成过程,相关资料如表10-1 所示。

表 10-1　　　　　　　　　　商品销售量和商品价格资料表

产品类别	计量单位	销售量		销售价格(元)		销售额(万元)			
		q_0	q_1	p_0	p_1	$q_0 p_0$	$q_1 p_1$	$q_1 p_0$	$q_0 p_1$
1	万件	450	500	700	770	31.50	38.50	35.00	34.65
2	万件	500	520	350	350	17.50	18.20	18.20	17.50
3	台	900	1 080	100	110	9.00	11.88	10.80	9.90
合计	—	—	—	—	—	58.00	68.58	64.00	62.05

表中:q—— 物量(生产量、销售量);

　　　p—— 商品价格;

　　　下标 1—— 报告期(q_1、p_1);

　　　下标 0—— 基期(q_0、p_0)。

用 K 代表个体指数,如果计算商品销售量的个体指数,可得:

$$K_1 = \frac{q_1}{q_0} = \frac{500}{450} \times 100\% = 111.11\%$$

$$K_2 = \frac{q_1}{q_0} = \frac{520}{500} \times 100\% = 104\%$$

$$K_3 = \frac{q_1}{q_0} = \frac{1\,080}{900} \times 100\% = 120\%$$

计算结果表明，第一种商品的销售量增加了 11.11％，第二种商品增加了 4％，第三种商品增加了 20％。

商品销售量指数并非某种具体商品的个体指数，而是反映多种商品销售量的总指数。在编制数量指标综合指数中要注意以下几个问题：

第一，各种商品的度量单位不相同，它们的商品销售量不能够直接相加。拿基期的商品销售量来讲，第一种商品销售 450 万件，第二种商品销售 500 万件，第三种商品销售 900 台。这三种商品销售量是无法直接相加的。

第二，使用同度量因素，使不能直接相加的指标过渡到能够相加的指标。我们将各个商品销售量乘以商品价格就可以得到商品销售额，即：

$$商品销售量 \times 商品价格 = 商品销售额$$

即：

$$q \times p = qp$$

这里商品价格叫作同度量因素，它起着媒介作用，将不能相加的商品销售量过渡到能够相加的商品销售额，因而可以形成总销售额 $\sum qp$。为了比较，需要分别计算两个时期的总销售额。

第三，为了说明商品销售量的变动，同度量因素必须使用同一时期的，即假定两个时期的商品销售额是按同一个时期的价格计算的。其计算公式如下：

$$I_q = \frac{\sum q_1 p}{\sum q_0 p}$$

式中，I——销售量总指数；

p——同一时期的价格。

第四，同度量因素（价格）用哪一时期的，是报告期、基期、还是用另一种价格？使用不同时期的价格会得到不同的结果，具有不同的经济内容。既然为了突出销售量的变动就必须把价格固定下来，也就是分子分母所乘的价格必须是相同的。那么，三种价格究竟用哪种为好呢？对于这个问题统计学术界一向有不同的看法和主张，因而就产生了采用不同的同度量因素的各种指数公式。

1. 用基期价格作为同度量因素的综合指数——拉氏指数

拉氏指数（简记为 L），是德国经济统计学家拉斯佩雷斯（E. Laspeyres）在 1864 年提出的，后人以他的名字来命名该指数。拉氏指数公式的特点是将同度量因素固定在基期水平上，因此也称基期综合指数，其计算公式如下：

$$L_q = \frac{\sum q_1 p_0}{\sum q_0 p_0}$$

根据表 10-1 中数据计算如下：

$$L_q = \frac{\sum q_1 p_0}{\sum q_0 p_0} = \frac{64}{58} \times 100\% = 110.34\%$$

$$\left(\sum q_1 p_0 - \sum q_0 p_0\right) = (64 - 58) \times 10\,000 = 60\,000(元)$$

计算结果，商品销售量总指数为 110.34%。

商品销售量综合指数的经济内容十分明显，它是两个商品销售额之比，两个商品销售额的数值不同只有一个原因，即各种商品销售量不同。因此，这个公式及其计算结果说明：

(1) 多种商品销售量综合变动的方向和程度。例中有三个商品，销售量有增，但程度不同，总的来讲，商品销售量平均增长了 10.34%。

(2) 商品销售量变动对商品销售额的影响程度。例中商品销售量平均增长了 10.34%，也就是说，它的变动使商品销售额平均增加 10.34%。

(3) 分子和分母相减的差额说明由于商品销售量变动对销售额绝对值的影响。例中差额为 60 000 元，即商业企业由于多销售了商品使销售额增加了 60 000 元。

2. 用报告期价格作为同度量因素的综合指数——帕氏指数

帕氏指数（简记为 P）是德国的另一位经济统计学家帕舍（H. Paasche）继拉斯佩雷斯之后在 1874 年提出的，后来的人也以他的名字来命名该指数。与拉氏指数不同之处是，帕氏指数将同度量因素固定在报告期水平上，因此也称报告期综合指数。其计算公式如下：

$$P_q = \frac{\sum q_1 p_1}{\sum q_0 p_1}$$

我们之前的例子中，如果不用基期价格作为同度量因素，而用报告期价格作为同度量因素，结果就不同。根据表 10-1 中数据计算如下：

$$P_q = \frac{\sum q_1 p_1}{\sum q_0 p_1} = \frac{68.58}{62.05} \times 100\% = 110.52\%$$

$$\left(\sum q_1 p_1 - \sum q_0 p_1\right) = (68.58 - 62.05) \times 10\,000 = 65\,300(元)$$

计算结果，商品销售量总指数为 110.52%。

3. 用不变价格作为同度量因素的综合指数——杨格指数

如用固定价格（不变价格）作为同度量因素，其计算公式如下：

$$I_q = \frac{\sum q_1 p_n}{\sum q_0 p_n}$$

式中，p_n——某一时期的固定价格（不变价格）。

固定权数综合指数由英国经济学家杨格（A. Young）提出，因此也称杨格指数。在固定加权综合指数中,同度量因素所属时期既不固定在报告期也不固定在基期,而是固定在一个特定的水平上。

用固定价格编制的销售量指数,是汇总多种商品销售量并进行分析的有效工具,并可利用其作各种不同的换算。即,各环比指数的连乘积等于相应的定基指数;相邻的两个定基指数相除等于相应的环比指数,据此换算可节省计算的工作量。

4. 各种数量指标综合指数的比较

通过以上三个指数公式的运算产生了这样一个问题:同样三种商品,为什么计算出来的商品销售量指数可能各不相同?于是就产生了如何正确选用权数的问题。这个问题比较复杂,现逐一具体分析。

(1) 拉氏指数的计算公式为:

$$L_q = \frac{\sum q_1 p_0}{\sum q_0 p_0}$$

这个公式的优点在于用基期的价格作权数,也就是假定价格未变动,使产品产量指数在计算过程中不受价格变动的影响,从而可以确切地反映数量的变化。但这个公式也有缺点,就是容易脱离实际。因为随着生产技术的发展和劳动生产率的提高,新产品的不断涌现,老产品常被淘汰或降价,公式中的分子是将报告期商品销售量用基期价格来计算,不但脱离了报告期价格的实际情况,而且有的新产品基期尚未问世,根本就没有基期价格,只能用估价的办法计算,而估算是不准确的,这就影响了指数的准确性。

(2) 帕氏指数的计算公式为:

$$P_q = \frac{\sum q_1 p_1}{\sum q_0 p_1}$$

这个公式以报告期的价格作权数,避免了上述用基期价格作权数脱离报告期实际的缺点,然而这个公式的主要问题也就产生在采用报告期价格作权数的问题上。采用报告期价格作权数,就把价格变化影响带到指数中去了,因而所算得的指数数值就和以基期价格作权数的拉式指数不相等。因而它不但反映销售量的变动,而且通过价格 p_1 对销售量的权数作用,还包含了价格变动的影响。将该公式加以变换即可看出这个问题。

$$\sum q_1 p_1 = \sum q_1 (p_1 - p_0 + p_0)$$
$$= \sum q_1 [(p_1 - p_0) + p_0]$$
$$= \sum q_1 (p_1 - p_0) + \sum q_1 p_0$$

$$\sum q_0 p_1 = \sum q_0 (p_1 - p_0 + p_0)$$
$$= \sum q_0 [(p_1 - p_0) + p_0]$$
$$= \sum q_0 (p_1 - p_0) + \sum q_0 p_0$$

$$P_q = \frac{\sum q_1 p_1}{\sum q_0 p_1} = \frac{\sum q_1(p_1 - p_0) + \sum q_1 p_0}{\sum q_0(p_1 - p_0) + \sum q_0 p_0}$$

从上面变化了的帕氏指数公式可以大致看出，帕氏指数和拉氏指数比较增加了价格变动的因素，即$(p_1 - p_0)$。这一点从两个指数相应的绝对额间的差量可以明显地看出来。

帕氏指数公式相应的绝对额：

$$\sum q_1 p_1 - \sum q_0 p_1 = \sum q_1(p_1 - p_0) + \sum q_1 p_0 - [\sum q_0(p_1 - p_0) + \sum q_0 p_0]$$
$$= (\sum q_1 p_0 - \sum q_0 p_0) + [\sum q_1(p_1 - p_0) - \sum q_0(p_1 - p_0)]$$
$$= (\sum q_1 p_0 - \sum q_0 p_0) + \sum (p_1 - p_0)(q_1 - q_0)$$

这个绝对额和拉式指数公式中相应的绝对数$(\sum q_1 p_0 - \sum q_0 p_0)$比较，多了一个因素$\sum (p_1 - p_0)(q_1 - q_0)$，这个因素就是销售量和价格同时变动的影响，有人称它为"共变影响额"。

由此可见，帕氏指数公式不仅反映了销售量的变动，它同时还反映了销售量和价格同时变动的影响，也就是包含价格变动因素在内。

根据表10-1的资料计算可得：

$$\sum q_1 p_1 - \sum q_0 p_1 = (\sum q_1 p_0 - \sum q_0 p_0) + \sum (p_1 - p_0)(q_1 - q_0)$$
$$= (64 - 58) \times 10\,000 + [(770 - 700) \times (500 - 450)$$
$$+ (350 - 350) \times (520 - 500) + (110 - 100) \times (1\,080 - 900)]$$
$$= 60\,000 + 5\,300 = 65\,300(元)$$

两个公式相应的绝对额之间的差额，正好等于共变影响额。

即：
$$65\,300 - 60\,000 = 5\,300(元)$$

从指数的定义来看，这个指数只应该反映销售量的变动，不应该同时又反映价格因素的变动。由此看来，拉式指数公式比帕氏指数公式好。

上面介绍的销售量指数的计算和分析具有普遍意义，因此，这个问题再推广一步就是在编制综合指数时，数量指标指数是用基期质量指标还是用报告期质量指标作同度量因素的问题。结论：在综合指数中，编制数量指标指数用基期质量指标作同度量因素较好。

（二）质量指标综合指数

质量指标指数是说明总体内涵数量变动情况的相对指标指数。例如，价格指数、工资水平指数、成本指数、股票价格指数等。

我们用商品价格指数为例来说明质量指标综合指数的编制方法，仍以表10-1的数据为例。

根据表10-1的资料，如果计算商品价格的个体指数，按照前述方法计算可得：

$$K_1 = \frac{p_1}{p_0} = \frac{770}{700} \times 100\% = 110\%$$

$$K_2 = \frac{p_1}{p_0} = \frac{350}{350} \times 100\% = 100\%$$

$$K_3 = \frac{p_1}{p_0} = \frac{110}{100} \times 100\% = 110\%$$

计算结果说明,第二种商品价格保持不变,第一种和第三种商品都提高 10%。

现在要说明三种商品价格总的变动情况,即计算价格总指数。同数量指标指数编制方法相同,商品价格指数要以商品销售量为同度量因素。

1. 以基期销售量为同度量因素的综合指数——拉氏指数

以基期销售量为同度量因素的综合指数的计算公式如下:

$$L_p = \frac{\sum q_0 p_1}{\sum q_0 p_0}$$

式中,L_p——价格总指数。

根据表 10-1 的资料计算可得:

$$L_p = \frac{\sum q_0 p_1}{\sum q_0 p_0} = \frac{62.05}{58} \times 100\% = 106.98\%$$

$$\sum q_0 p_1 - \sum q_0 p_0 = (62.05 - 58) \times 10\,000 = 40\,500(元)$$

这个公式也是由德国经济学家拉斯佩雷斯在 1864 年提出的,故称为拉氏质量指标指数。

该式说明三种商品的购买力保持不变,分子分母差额表明居民在维持基期生活水平的情况下,报告期比基期多支出 40 500 元。

2. 以报告期销售量为同度量因素的综合指数——帕氏指数

以报告期销售量为同度量因素的综合指数的计算公式如下:

$$P_p = \frac{\sum q_1 p_1}{\sum q_1 p_0}$$

根据表 10-1 的资料计算可得:

$$P_p = \frac{\sum q_1 p_1}{\sum q_1 p_0} = \frac{68.58}{64} \times 100\% = 107.16\%$$

$$\sum q_1 p_1 - \sum q_1 p_0 = (68.58 - 64) \times 10\,000 = 45\,800(元)$$

这个公式也是由德国经济学家帕舍在 1874 年提出的,故称帕氏质量指标指数。

该式说明三种商品价格平均上涨了 7.16%,分子分母之差,表明居民在维持报告期生活水平的情况下,由于物价上涨,多支出 45 800 元。

3. 用固定时期的销售量作为同度量因素的综合指数——杨格指数

如用固定销售量作为同度量因素,其计算公式如下:

$$I_p = \frac{\sum p_1 q_n}{\sum p_0 q_n}$$

4. 各种质量指标综合指数的比较

同样在综合指数公式中质量指标指数也有应该如何选择同度量因素的问题。

以上面的拉式和帕氏的价格指数计算公式为例。在拉式价格指数公式中,将 q_0 作为同度量因素,这个指数不反映销售量变动,只反映价格的变动。

帕氏价格指数公式经过变换可以写成如下公式:

$$P_p = \frac{\sum q_1 p_1}{\sum q_1 p_0} = \frac{\sum p_1(q_1 - q_0) + \sum q_0 p_1}{\sum p_0(q_1 - q_0) + \sum q_0 p_0}$$

与指数相适应的绝对额也可以改写成如下公式:

$$\sum q_1 p_1 - \sum q_1 p_0 = \left(\sum q_0 p_1 - \sum q_0 p_0\right) + \sum (p_1 - p_0)(q_1 - q_0)$$

根据表 10-1 的资料计算可得:

$$\begin{aligned}
\sum q_1 p_1 - \sum q_1 p_0 &= \left(\sum q_0 p_1 - \sum q_0 p_0\right) + \sum (p_1 - p_0)(q_1 - q_0) \\
&= (62.05 - 58) \times 10\ 000 + [(770 - 700) \times (500 - 450) \\
&\quad + (350 - 350) \times (520 - 500) + (110 - 100) \times (1\ 080 - 900)] \\
&= 40\ 500 + 5\ 300 = 45\ 800(元)
\end{aligned}$$

两个公式相应的绝对额之间的差额,正好等于共变影响额。

从上面变换的公式可以看出,在价格指数中以报告期销售量为同度量因素,也有销售量和价格同时变动的影响。由此看来,拉式价格指数公式比帕氏价格指数公式好。

根据上面讨论,可见无论是数量指标指数,还是质量指标指数取报告期作为同度量因素,都要在指数中包含同度量因素变动的影响。因此,从这个观点出发,应当承认在综合指数中采用基期指标作为同度量因素更好。

但是,也不能因此认为用报告期指标作同度量因素的综合公式都不能用。因为,除了上面考虑的因素之外,有时还要考虑研究的目的、资料以及其他问题。所以,用报告期指标作为同度量因素的综合指数公式,在某些情况下还是可以采用的。一般情况下,编制综合指数的方法,也就是同度量因素所属时期确定的方法为:编制数量指标指数时,同度量因素固定在基期水平上;编制质量指标指数时,同度量因素固定在报告期水平上。

第三节 平均指标指数

一、平均指标指数的编制原理

综合指数是编制总指数的基本形式,它正确地反映了被研究现象总体动态变化的客观实际内容。但在实际统计工作中,有时由于受统计资料的限制,不能直接利用综合指数公式编制总指数。这时,需要改变公式形式,根据综合指数公式推导出平均指标形式来编制总指数。以个体指数为基础采取平均指标形式编制的总指数,叫作平均指标指数(也称为平均数指数)。

与综合指数相同,平均指标指数也是总指数的基本形式之一,用来反映复杂现象的总变动。但平均指标指数与综合指数的编制方法不同,编制综合指数的基本方法是"先综合,后对比",平均指标指数编制的基本方法则是"先对比,后平均"。"先对比"是指先通过对比计算个体现象的个体指数;"后平均"则是指将个体指数赋予适当的权数,加以平均得到总指数。

应当明确的是,之所以称其为平均指标指数,是因为它利用了平均数的计算形式。在编制平均指标指数时,主要的计算形式有算术平均和调和平均两种。虽然平均指标指数是从综合指数公式推导出来的,但是作为一种独立指数形式的平均指标指数,不只是作为综合指数的变形来使用,它本身具有广泛的应用价值。

二、平均指标指数的基本形式

(一)加权算术平均指标指数

1. 数量指标指数

数量指标指数的计算公式如下:

$$I_q = \frac{\sum \frac{q_1}{q_0} p_0 q_0}{\sum p_0 q_0}$$

2. 质量指标指数

质量指标指数的计算公式如下:

$$I_p = \frac{\sum \frac{p_1}{p_0} p_0 q_0}{\sum p_0 q_0}$$

根据表 10-1 的资料,分别计算价格平均指数和销售量平均指数:

$$I_p = \frac{\sum \frac{p_1}{p_0} p_0 q_0}{\sum p_0 q_0} = \frac{\frac{770}{700} \times 31.5 + \frac{350}{350} \times 17.5 + \frac{110}{100} \times 9}{31.5 + 17.5 + 9} = \frac{62.05}{58} \times 100\% = 106.98\%$$

$$I_q = \frac{\sum \frac{q_1}{q_0} p_0 q_0}{\sum p_0 q_0} = \frac{\frac{500}{450} \times 31.5 + \frac{520}{500} \times 17.5 + \frac{1\,080}{900} \times 9}{31.5 + 17.5 + 9} = \frac{64}{58} \times 100\% = 110.34\%$$

这两式的计算结果和前面拉氏指数的计算结果完全相同。不难发现,这是因为当个体指数与总值权数之间存在严格的一一对应关系时,采用基期总值加权的平均指标指数,实际上是拉氏综合指数的变形:

$$I_q = \frac{\sum \frac{q_1}{q_0} p_0 q_0}{\sum p_0 q_0} = \frac{\sum p_0 q_1}{\sum p_0 q_0}$$

$$I_p = \frac{\sum \frac{p_1}{p_0} p_0 q_0}{\sum p_0 q_0} = \frac{\sum p_1 q_0}{\sum p_0 q_0}$$

由此可见,编制平均指标指数和综合指数的原理是相互贯通的。同时,我们也可以得知在编制算术平均指标指数时,为什么一般采用基期总值加权,而不采用报告期总值加权。

需要指出的是,算术平均指标指数不仅仅是综合指数的变形,在许多场合下它还是一种相对独立的总指数编制方法,具有比综合指数更广泛的适用性。以价格指数为例,其计算公式可变形为:

$$I_p = \frac{\sum \frac{p_1}{p_0} p_0 q_0}{\sum p_0 q_0} = \sum \frac{p_1}{p_0} \times \frac{p_0 q_0}{\sum p_0 q_0} = \sum \frac{p_1}{p_0} \omega$$

上式表明算术平均指标指数不仅可以用绝对权数加权,也可以用相对权数加权。而相对权数可以根据全面资料确定,也可以根据非全面资料确定。在一定情况下,还可以将相对权数加以固定,大大便利指数的编制工作,这是综合指数所不具备的。

(二)调和平均指标指数

质量指标和数量指标调和平均指标指数的计算公式分别如下:

$$I_p = \frac{\sum p_1 q_1}{\sum \frac{1}{\frac{p_1}{p_0}} p_1 q_1}$$

$$I_q = \frac{\sum p_1 q_1}{\sum \frac{1}{\frac{q_1}{q_0}} p_1 q_1}$$

根据表 10-1 的资料,分别计算价格平均指数和销售量平均指数。

$$I_p = \frac{\sum p_1 q_1}{\sum \dfrac{1}{p_1} p_1 q_1} = \frac{38.5 + 18.2 + 11.88}{\dfrac{1}{\dfrac{770}{700}} \times 38.5 + \dfrac{1}{\dfrac{350}{350}} \times 18.2 + \dfrac{1}{\dfrac{110}{100}} \times 11.88} = \frac{68.58}{64} \times 100\% = 107.16\%$$

$$I_q = \frac{\sum p_1 q_1}{\sum \dfrac{1}{q_1} p_1 q_1} = \frac{38.5 + 18.2 + 11.88}{\dfrac{1}{\dfrac{500}{450}} \times 38.5 + \dfrac{1}{\dfrac{520}{500}} \times 18.2 + \dfrac{1}{\dfrac{1\,080}{900}} \times 11.88} = \frac{68.58}{62.05} \times 100\% = 110.52\%$$

这两式的计算结果和前面帕氏指数的计算结果完全相同。不难发现,这也是因为当个体指数与总值权数之间存在严格的一一对应关系时,采用报告期总值加权的平均指数实际上是帕氏综合指数的变形:

$$I_q = \frac{\sum p_1 q_1}{\sum \dfrac{1}{\dfrac{q_1}{q_0}} p_1 q_1} = \frac{\sum p_1 q_1}{\sum p_1 q_0}$$

$$I_p = \frac{\sum p_1 q_1}{\sum \dfrac{1}{\dfrac{p_1}{p_0}} p_1 q_1} = \frac{\sum p_1 q_1}{\sum p_0 q_1}$$

由上述公式我们也可以知道,在编制调和平均指数时,一般采用报告期总值加权,而不采用基期总值加权的理由。在指数的实际编制中,与编制算术平均指数的理由相同,个体指数与权数之间可以不一一严格对应,这样编制调和平均指数也就比编制综合指数更为简便了。

三、平均指标指数的主要应用

上述加权算术平均指标指数和加权调和平均指标指数是综合指数的变形形式,除此之外,平均指标指数还有一种独立形式。但在编制质量指标指数时,采用以报告期总量指标加权计算的调和平均指标指数还是以基期总量指标加权计算的算术平均指标指数,是值得具体考虑的。调和平均指标指数,依据当前实际数量构成状态编制指数时较有优势,但取得当年资料难度较大;算术平均指标指数,在应用资料条件上较为有利,如果两期数量指标没有明显变化,也能取得正确的结论,所以,平均指标指数形式及其权数的应用,可以根据研究现象的实际情况以及资料条件具体决定。

平均指标指数形式及其权数的应用与综合指数比较,表现出下面两点不同。

(一) 平均指标指数可用于非全面资料的编制

综合指数主要适用于全面资料的编制,而平均指标指数除了可以适用全面资料编制外,对于非全面资料的编制,更有其现实应用意义。以社会商品零售物价指数为例,市场上有成千上万种零售商品价格的变动,不可能取得全面资料编制物价指数,假定选用400种代表规格品调查其零售物价变动来编制总指数,在综合算式中就只能包括这400种规格品价格及其相对应的零售量资料。这样编制的指数,代表规格品价格变动基本上可以代表商品集团价格的变动,但各规格品的零售量并不等于商品集团的全面销售规模,从而难免会影响到指数的计算结论。编制平均指标指数,除了选用代表规格品计算个体物价指数外,还可以采用商品集团零售额为权数进行平均计算,这就可以比较完整地反映出市场上的零售物价动态了。

（二）综合指数一般采用实际资料作为同度量因素来编制

仍以上述社会零售物价指数为例,计算综合指数,用400种代表规格品价格相对应的实际零售量资料,既有困难,也不恰当。采用平均指标指数编制,除了可用实际零售额为权数外,也可以在实际零售资料的基础上推算确定零售比重进行加权平均计算。因此编制质量指标指数,既可以节省不少调查工作量,又能够保证指数计算结果的准确性。

鉴于以上两点,在国内外广泛运用加权算术平均指标指数和加权调和平均指标指数来编制一些重要的经济指数。这些经济指数的编制往往使用重点产品或代表产品的个体指数,权数则根据实际资料做进一步推算确定。

第四节 指数体系及因素分析

一、指数体系的概念及其作用

指数是一种专门用于对比分析的统计指标。一个指数通常只能说明某一方面的一个问题,然而现实中往往需要将多个指数结合起来加以运用,这就形成相应的"指数体系"。

指数体系可以有两种不同的含义。广义的指数体系类似于指标体系的概念,泛指若干个内容上相互关联的统计指数所结成的体系。根据考察问题的需要,构成这种体系的指数可多可少。例如,工业品批发价格（或出厂价格）指数、农产品收购价格指数、消费品零售价格指数等构成了"市场物价指数体系";而国民经济运行的生产、流通和使用各环节以及国民经济各部门的多种经济指数则构成了"国民经济核算指数体系",其中除了上面列举的有关价格指数之外,还包括诸如国内总产出价格指数和物量指数、国内生产总值（GDP）价格指数和物量指数、投资价格指数和物量指数以及资产负债存量价格指数等,其构成内容十分庞大复杂。

狭义的指数体系仅指几个指数之间在一定的经济联系基础上所结成的严密的数量关系式。最为典型的表现形式就是:一个总值指数等于两个（或两个以上）因素指数的乘积。下面我们专门讨论这种形式的指数体系。例如：

销售额指数 ＝ 销售量指数×销售价格指数
总产值指数 ＝ 产量指数×产品价格指数
总成本指数 ＝ 产量指数×单位产品成本指数
总产量(或总产值)指数 ＝ 员工人数指数×劳动生产率指数
增加值指数 ＝ 员工人数指数×劳动生产率指数×增加值率指数
销售利润指数 ＝ 销售量指数×销售价格指数×销售利润率指数

显然，这些指数体系都是建立在有关指数化指标之间的经济联系基础之上的，因而它们具有非常实际的经济分析意义。

指数体系的分析作用主要有两个方面：一是进行"因素分析"，即分析现象的总变动中各有关因素的影响程度；二是进行"指数推算"，即根据已知的指数推算未知的指数。

二、总量变动的因素分析

指数体系的总量变动即指绝对数的变动，包括个体现象的绝对数变动和总体现象的总量变动。对现象的总量变动进行因素分析的方法很多，通过建立指数体系来进行因素分析则具有直观、明显的经济意义，因而在实践中获得了较为广泛的应用。

我们试从一个具体的实例开始，即从两种因素的总量变动来进行分析。

例如，某厂生产某电器，报告期和基期的销售量分别为 600 台和 400 台，报告期和基期的销售价格分别是 280 元和 200 元。要求对该商品销售额的变动进行因素分析。

显然，每种商品的个体销售量指数与个体价格指数的乘积恒等于相应的个体总值指数，即：

$$I_{qp} = K_q \times K_p = \frac{q_1}{q_0} \times \frac{p_1}{p_0} = \frac{q_1 p_1}{q_0 p_0}$$

(1) 销售额指数为：

$$I_{qp} = \frac{q_1 p_1}{q_0 p_0} = \frac{600 \times 280}{400 \times 200} \times 100\% = 210\%$$

可知，该商品销售额报告期比基期增长 110%。

(2) 销售量指数为：

$$K_q = \frac{q_1}{q_0} = \frac{600}{400} \times 100\% = 150\%$$

可知，该商品销售量增加了 50%。

(3) 价格指数为：

$$K_p = \frac{p_1}{p_0} = \frac{280}{200} \times 100\% = 140\%$$

可知,该商品销售价格上涨了 40%。

销售总额的变动是销售量和价格共同影响的结果,即:

$$销售额指数 = 销售量指数 \times 价格指数$$

$$\frac{q_1}{q_0} \times \frac{p_1}{p_0} = \frac{q_1 p_1}{q_0 p_0} = I_{pq}$$

$$\frac{600}{400} \times \frac{280}{200} = \frac{600 \times 280}{400 \times 200}$$

$$210\% = 150\% \times 140\%$$

分析:由于销售量上升 50%,价格上升 40%,在两者共同的影响下,使销售额上升了 110%,增加了 88 000 元。

如果进一步要问:在实际增加的 88 000 元销售额中,由于销售量增加了 50% 引起销售额增加多少? 由于价格上涨了 40% 又引起销售额增加了多少? 回答这样的简单问题其实并不十分容易,因为两者的影响额之和必须恰好等于销售额的实际变动差额。为了做到这一点,必须引入适当的假定,建立一定的分析框架。这里通常运用的就是如下的"连锁替代法"。

连锁替代法是指在被分析指标的因素结合式和相互联系的数量关系中,将各个因素的基期数字依次以报告期的数字替代,每次替代后的结果与替代前的结果进行对比,从相对数和绝对数两方面分析各因素对现象总体的影响。

$$q_0 p_0 \xrightarrow{q\ \text{变化}} q_1 p_0 \xrightarrow{p\ \text{变化}} q_1 p_1$$

我们先将所考察的总值(销售额)分解为诸多影响因素的乘积。并从基期的总值开始,第一步假定其中的一个因素(销售量)变化,另一个因素(价格)保持不变;第二步假定另一个因素也发生变化,从而得到计算期的总值。据此,可以进行总值变动的因素分析:

销售量变化的影响:$q_1 p_0 - q_0 p_0 = (q_1 - q_0) p_0$

价格变化的影响:$q_1 p_1 - q_1 p_0 = (p_1 - p_0) q_1$

两者的共同影响:$q_1 p_1 - q_0 p_0 = (q_1 - q_0) p_0 + (p_1 - p_0) q_1$

将总值变动的绝对数分析与指数的相对数分析结合起来,就得到下面用于单项指标变动因素分析的"个体指数体系":

$$\begin{cases} \dfrac{q_1 p_0}{q_0 p_0} \times \dfrac{q_1 p_1}{q_1 p_0} = \dfrac{q_1 p_1}{q_0 p_0} \\ q_1 p_1 - q_0 p_0 = (q_1 - q_0) p_0 + (p_1 - p_0) q_1 \end{cases}$$

对于前面的例子,我们有以下的基本分析数据:

(1) 总销量额指数,计算公式为:

$$I_{pq} = 210\%$$

总销售额绝对变动程度：

$$q_1p_1 - q_0p_0 = 600 \times 280 - 400 \times 200 = 88\,000(元)$$

(2) 销售量指数，计算公式为：

$$K_q = \frac{q_1}{q_0} \times 100\% = 150\%$$

销售量变动引起总销售额变动程度：

$$(q_1 - q_0)p_0 = (600 - 400) \times 200 = 40\,000(元)$$

(3) 价格指数，计算公式为：

$$K_p = \frac{p_1}{p_0} \times 100\% = 140\%$$

价格变动引起总销售额变动程度：

$$(p_1 - p_0)q_1 = (280 - 200) \times 600 = 48\,000(元)$$

由以上计算可知：在实际增加的 88 000 元销售额中，由于销售量增加了 50% 引起销售额增加 40 000 元，由于价格上涨了 40% 引起销售额增加 48 000 元。

以上是从个体指数的角度进行的指数因素分析，下面我们将从总指数的角度来介绍指数体系及因素分析。

为了同时满足相对数分析和绝对数分析的需要，必须将同度量因素固定在不同的时期，即：一个固定在基期，一个固定在报告期。由于同度量因素固定的时期不同，就会形成两套不同的综合指数体系，本书就第一套体系进行详细论述。

$$\begin{cases} \dfrac{\sum p_1 q_1}{\sum p_0 q_0} = \dfrac{\sum p_0 q_1}{\sum p_0 q_0} \cdot \dfrac{\sum p_1 q_1}{\sum p_0 q_1} \text{ 相对数体系} \\ \sum p_1 q_1 - \sum p_0 q_0 = \left(\sum p_0 q_1 - \sum p_0 q_0\right) + \left(\sum p_1 q_1 - \sum p_0 q_1\right) \text{ 绝对数体系} \end{cases}$$

【例 10-1】 某企业 5 种商品的销售资料及计算如表 10-2 所示，要求对销售收入变动进行因素分析。

表 10-2 商品销售收入计算表

名称	计量单位	价格(元)		销售量		销售收入(万元)			
		p_0	p_1	q_0	q_1	$q_0 p_0$	$q_1 p_1$	$q_1 p_0$	$q_0 p_1$
录音机	台	300	360	2 400	2 600	72.00	93.60	78.00	86.40
耳机	付	18	20	84 000	95 000	151.20	190.00	171.00	168.00

(续表)

名称	计量单位	价格(元)		销售量		销售收入(万元)			
		p_0	p_1	q_0	q_1	$q_0 p_0$	$q_1 p_1$	$q_1 p_0$	$q_0 p_1$
电池	节	1	0.8	10 000	15 000	1.00	1.20	1.50	0.80
计算机	个	100	130	24 000	23 000	240.00	299.00	230.00	312.00
CD机	台	4 500	4 300	510	612	229.50	263.16	275.40	219.30
合计	—	—	—	—	—	693.70	846.96	755.90	786.50

解析：

第一步：计算所要分析的现象总量的总指数及其增减变动的绝对量。

$$商品销售额指数 = \frac{\sum p_1 q_1}{\sum p_0 q_0} = \frac{846.96}{693.7} = 122.09\%$$

报告期比基期增加的销售额 $= \sum p_1 q_1 - \sum p_0 q_0 = 846.96 - 693.7$
$= 153.26(万元)$

第二步：计算数量指标总指数及其分子分母差额。

$$销售量指数 = \frac{\sum p_0 q_1}{\sum p_0 q_0} = \frac{755.9}{693.7} = 108.97\%$$

由于销售量变动而影响的销售额： $\sum p_0 q_1 - \sum p_0 q_0 = 755.9 - 693.7 = 62.2(万元)$

第三步：计算质量指标总指数及其分子分母差额。

$$价格指数 = \frac{\sum p_1 q_1}{\sum p_0 q_1} = \frac{846.96}{755.9} = 112.05\%$$

由于价格变动而影响的销售额： $\sum p_1 q_1 - \sum p_0 q_1 = 846.96 - 755.9 = 91.06(万元)$

第四步：进行指数体系分析及文字说明。

相对数形式：

$$\frac{\sum p_1 q_1}{\sum p_0 q_0} = \frac{\sum p_0 q_1}{\sum p_0 q_0} \cdot \frac{\sum p_1 q_1}{\sum p_0 q_1}$$

绝对数形式：

$$\sum p_1 q_1 - \sum p_0 q_0 = \left(\sum p_0 q_1 - \sum p_0 q_0\right) + \left(\sum p_1 q_1 - \sum p_0 q_1\right)$$

$$\begin{cases} 122.09\% = 108.97\% \times 112.05\% \\ 153.26 = 62.2 + 91.06 \end{cases}$$

计算结果表明,报告期与基期相比,由于5种家电销售量平均增长了8.97%,使销售收入增加62.2万元;商品的价格平均上涨了12.05%,使销售收入增长91.06万元,两者共同作用的结果使销售收入平均增长了22.09%,增加153.26万元。

三、平均指标变动的因素分析

平均指标的变动因素分析是指对影响平均指标变动的因素进行分解分析。在分组的条件下,平均指标的变动受两个因素变动的影响:一个是各组变量水平的变动;另一个是结构因素,即各组单位数在总体单位数中所占比重的变动,计算公式为:

$$\bar{x} = \frac{\sum x_i f_i}{\sum f_i} = \sum x_i \cdot \frac{f_i}{\sum f_i}$$

式中,x_i——各组变量水平;

$\dfrac{f_i}{\sum f_i}$——各组单位数在总体单位数中的比重。

在平均指标变动的因素分析中,将各组变量水平视为质量因素,将各组单位数占总体单位数的比重视为数量因素。利用连锁替代法,就可以对平均数的变动及其各因素的影响进行分析。依惯例,以下标1和0分别表示报告期和基期,这样基期和报告期平均指标水平的计算公式为:

$$\bar{x}_0 = \frac{\sum x_0 f_0}{\sum f_0}, \quad \bar{x}_1 = \frac{\sum x_1 f_1}{\sum f_1}$$

平均指标变动分析的具体步骤如下:

(1) 计算可变构成指数,分析平均指标的总变动,计算公式为:

$$可变构成指数 = \frac{\sum x_1 f_1}{\sum f_1} \div \frac{\sum x_0 f_0}{\sum f_0}$$

$$变动绝对额 = \frac{\sum x_1 f_1}{\sum f_1} - \frac{\sum x_0 f_0}{\sum f_0}$$

(2) 计算结构影响指数,分析各组单位数在总体单位数中的结构变动对平均指标变动的影响,计算公式为:

$$结构影响指数 = \frac{\sum x_0 f_1}{\sum f_1} \div \frac{\sum x_0 f_0}{\sum f_0}$$

$$结构影响变动绝对额 = \frac{\sum x_0 f_1}{\sum f_1} - \frac{\sum x_0 f_0}{\sum f_0}$$

(3) 计算固定构成指数,分析各组变量水平变动对平均指标变动的影响,计算公式为:

$$\text{固定构成指数} = \frac{\sum x_1 f_1}{\sum f_1} \div \frac{\sum x_0 f_1}{\sum f_1}$$

$$\text{各组变量水平变动绝对额} = \frac{\sum x_1 f_1}{\sum f_1} - \frac{\sum x_0 f_1}{\sum f_1}$$

(4) 综合分析:总变动程度等于各因素变动影响的连乘积,计算公式为:

$$\frac{\sum x_1 f_1}{\sum f_1} \div \frac{\sum x_0 f_0}{\sum f_0} = \left(\frac{\sum x_0 f_1}{\sum f_1} \div \frac{\sum x_0 f_0}{\sum f_0}\right) \times \left(\frac{\sum x_1 f_1}{\sum f_1} \div \frac{\sum x_0 f_1}{\sum f_1}\right)$$

总变动绝对额等于各因素变动影响绝对额的代数和,计算公式为:

$$\frac{\sum x_1 f_1}{\sum f_1} - \frac{\sum x_0 f_0}{\sum f_0} = \left(\frac{\sum x_0 f_1}{\sum f_1} - \frac{\sum x_0 f_0}{\sum f_0}\right) + \left(\frac{\sum x_1 f_1}{\sum f_1} - \frac{\sum x_0 f_1}{\sum f_1}\right)$$

下面以一实例说明平均指标变动的因素分析法的具体运用。

【例 10-2】 某企业职工有关工资资料如表 10-3 所示,要求对职工平均工资水平变动进行因素分析。

表 10-3　　　　　　　　　　职工工资资料

类别	工人数(人)		平均工资(元)		工资额(元)		
	f_0	f_1	x_0	x_1	$x_0 f_0$	$x_1 f_1$	$x_0 f_1$
技工	300	400	2 800	3 000	840 000	1 200 000	1 120 000
徒工	200	600	1 600	1 800	320 000	1 080 000	960 000
合计	500	1 000	—	—	1 160 000	2 280 000	2 080 000

解析:

(1) 计算基期和报告期职工的平均工资:

$$\text{基期工资} \bar{x}_0 = \frac{\sum x_0 f_0}{\sum f_0} = \frac{1\,160\,000}{500} = 2\,320(\text{元})$$

$$\text{报告期工资} \bar{x}_1 = \frac{\sum x_1 f_1}{\sum f_1} = \frac{2\,280\,000}{1\,000} = 2\,280(\text{元})$$

(2) 计算平均工资总变动指标:

$$\text{可变构成指数} = \frac{\sum x_1 f_1}{\sum f_1} \div \frac{\sum x_0 f_0}{\sum f_0} = \frac{2\,280}{2\,320} = 98.28\%$$

$$\text{变动绝对额} = \frac{\sum x_1 f_1}{\sum f_1} - \frac{\sum x_0 f_0}{\sum f_0} = 2\,280 - 2\,320 = -40(\text{元})$$

(3) 计算结构变动影响指标：

$$结构影响指数 = \frac{\sum x_0 f_1}{\sum f_1} \div \frac{\sum x_0 f_0}{\sum f_0} = \frac{2\,080}{2\,320} = 89.66\%$$

$$结构影响变动绝对额 = \frac{\sum x_0 f_1}{\sum f_1} - \frac{\sum x_0 f_0}{\sum f_0} = 2\,080 - 2\,320 = -240(元)$$

(4) 计算各组工资变动影响指标：

$$固定构成指数 = \frac{\sum x_1 f_1}{\sum f_1} \div \frac{\sum x_0 f_1}{\sum f_1} = \frac{2\,280}{2\,080} = 109.62\%$$

$$各组变量水平变动绝对额 = \frac{\sum x_1 f_1}{\sum f_1} - \frac{\sum x_0 f_1}{\sum f_1} = 2\,280 - 2\,080 = 200(元)$$

(5) 综合分析：

$$可变构成指数 = 结构变动指数 \times 固定结构指数$$

$$\frac{\sum x_1 f_1}{\sum f_1} \div \frac{\sum x_0 f_0}{\sum f_0} = \left(\frac{\sum x_0 f_1}{\sum f_1} \div \frac{\sum x_0 f_0}{\sum f_0}\right) \times \left(\frac{\sum x_1 f_1}{\sum f_1} \div \frac{\sum x_0 f_1}{\sum f_1}\right)$$

$$98.28\% = 89.66\% \times 109.62\%$$

$$总平均工资变动绝对额 = 结构变动影响额 + 各组工资变动影响额$$

$$\frac{\sum x_1 f_1}{\sum f_1} - \frac{\sum x_0 f_0}{\sum f_0} = \left(\frac{\sum x_0 f_1}{\sum f_1} - \frac{\sum x_0 f_0}{\sum f_0}\right) + \left(\frac{\sum x_1 f_1}{\sum f_1} - \frac{\sum x_0 f_1}{\sum f_1}\right)$$

$$-40 = -240 + 200$$

计算结果表明，由于公司工资水平的变化，使平均工资增加了 9.62%，每人增加了 200 元；员工人数结构的变化，使平均工资减少了 10.34%，每人减少了 240 元；两者共同影响，使得公司员工的总平均工资下降了 1.72%，每人减少了 40 元。

第五节 常用指数简介

一、商品零售物价指数

商品零售物价指数是反映城乡商品零售价格变动趋势的一种经济指数。商品零售物价的调整变动直接影响到城乡居民的生活支出和国家的财政收入，影响居民购买力和市场供需平衡，影响消费与积累的比例。因此，计算商品零售物价指数，可以从一个侧面对上述经济活动进行观察和分析。商品零售物价指数采用加权算术平均公式计算，每年根据住户调查资料调整一次权数,每种商品的个体指数采用代表规格品的平均价格计算。

我国编制商品零售物价指数时,全国统一规定了商品分类。全部商品分为十四大类,每个大类又分若干中类,中类再分为小类,每个小类又包括若干商品。各大类、中类、小类中各部分零售额比重均等于100%。这样,各小类的加权平均数指数便是中类的指数,各中类的加权平均数指数便是大类的指数,各大类的加权平均数指数就是总指数,即商品零售物价指数。

二、工业生产指数

近年来,为了改革工业发展速度的计算方法,国家统计局先后对多种方法进行试算,最后经过反复比较权衡,决定以工业生产指数取代沿用数十年之久的不变价工业总产值来反映工业发展速度。

工业生产指数是直接利用工业产品产量计算代表产品的个体产量指数,然后以工业增加值作为权数,经加权平均来计算工业总体的发展速度。世界上大多数国家都十分重视编制工业生产指数,而且多以基期的增加值为权数,或采用各工业部门增加值在全部工业增加值应占的比重固定作为权数的办法。

我国决定从1997年起在全国范围内试行编制工业生产指数,原有的用不变价工业总产值计算工业发展速度的方法依旧维持,和工业生产指数双轨并行。1999年,正式在全国范围内推行工业生产指数。

三、股票价格指数

股票价格指数是用来表示多种股票价格变动的相对数。各个股票市场都有自己的股票价格指数,不同的股票价格指数,计算的对象和基数不同,计算的方法也有所不同,但多数还是采用L式股价指数和P式股价指数,下面简单介绍几种具体的股票价格指数。

(一) 恒生指数

香港的恒生指数是香港股票市场历史最久、影响最大的一种股价指数。由恒生银行编制,以1964年7月31日为基日,基数为100。恒生指数由33种具有代表性的经济实力雄厚的大公司的股票组成,这些股票分布在各主要行业,即金融业4种,公用事业6种,房地产业9种,其他工商业包括航运及酒店14种,恒生指数就是根据这33种上市股票每天的收市价,算出当天这些上市公司的总市值,再与基期的资本总市值相比,乘以100得出当天的指数,计算公式如下:

$$恒生指数 = (计算日的资本总市值 / 基日的资本总市值) \times 100\%$$

目前人们多以恒生指数作为衡量香港股价起落的程度。指数单位称为点,点是衡量股价升降起落的标准。

（二）上海证券交易所股价指数

它采用的是 P 式综合法，上市的全部股票都参与计算，以正式开业日 1990 年 12 月 19 日为基期来计算。该指数于 1991 年 7 月 1 日正式公开。其计算公式为：

$$本日股价指数 = \frac{本日市价总值}{基日市价总值} = \frac{\sum p_1 q_1}{\sum p_0 q_1}$$

式中，p_1——样本股票在报告期的收盘价；

p_0——样本股票在基期的收盘价；

q_1——报告期股票的发行量。

（三）深圳证券交易所股价指数

1991 年 4 月 4 日起深圳各股票在深圳证交所集中上市，并以 4 月 3 日为基期，编制深交所股价指数。深圳股价指数采用一种递推的计算方法：

$$今日现时指数 = \frac{今日现时总市值}{上日收市总市值} \times 上日收市指数$$

$$今日现时总市值 = \sum (今日各股现时市价) \times (各股发行量)$$

$$上日收市总市值 = \sum (上日各股收市价) \times (各股发行量)$$

课堂测试

班级_____ 姓名_____ 学号_____ 日期_____ 成绩_____

一、单项选择题(本大题共 8 个小题,每小题 5 分,共 40 分)

1. 统计指数按其反映的对象范围不同可分为(　　)。
   A. 简单指数和加权指数　　　　B. 综合指数和平均指数
   C. 个体指数和总指数　　　　　D. 数量指标指数和质量指标指数

2. 总指数的两种计算形式是(　　)。
   A. 算术平均指数和调和平均指数　　B. 个体指数和综合指数
   C. 综合指数和平均指数　　　　　　D. 定基指数和环比指数

3. 某市居民以相同的人民币在物价上涨后少购商品 15%,则物价指数为(　　)。
   A. 17.6%　　　B. 85%　　　C. 115%　　　D. 117.6%

4. 某商店报告期与基期相比,商品销售额增长 6.5%,商品销售量增长 6.5%,则商品价格(　　)。
   A. 增长 13%　　　　　　B. 增长 6.5%
   C. 增长 1%　　　　　　 D. 不增不减

5. 下列指数中,属于数量指标指数的是(　　)。
   A. 物价指数　　　　　　B. 平均工资指数
   C. 销售量指数　　　　　D. 销售额指数

6. 在由三个指数的组成指数体系中,两个因素指数的同度量因素通常(　　)。
   A. 都固定在基期
   B. 都固定在报告期
   C. 一个固定在基期另一个固定在报告期
   D. 采用基期和报告期的平均数

7. $\sum p_0 q_1 - \sum p_0 q_0$ 表示(　　)。
   A. 由于价格的变动而引起的产值增减数
   B. 由于价格的变动而引起的产量增减数
   C. 由于产量的变动而引起的价格增减数
   D. 由于产量的变动而引起的产值增减数

8. 下列指数体系中,总量指数与各因素指数之间的数量关系是( )。

    A. 总量指数等于各因素指数之和   B. 总量指数等于各因指数之差

    C. 总量指数等于各因素指数之积   D. 总量指数等于各因素指数之商

二、判断题(本大题共 6 个小题,每小题 5 分,共 30 分)

1. 总指数是能够反映复杂现象综合变动的相对数,具有平均的意义。   (   )
2. 若某企业的产量指数和单位成本指数都没有发生变化,则该企业的总成本指数也没有发生变化。   (   )
3. 在特定的权数条件下,平均数指数是综合指数的变形公式。   (   )
4. 在编制综合指数时经常采用非全面统计资料仅仅是为了节约人力、物力和财力。   (   )
5. 说明现象总的规模和水平变动情况的统计指数是质量指数。   (   )
6. 价格降低后,同样多的人民币可多购商品 15%,则价格指数应为 85%。   (   )

三、计算题(本大题共 1 个小题,共 30 分)

某商店三种商品的销售资料如表 10-4 所示。

表 10-4   某商店三种商品的销售资料

名称	单位	价格(元)		销售量	
		2021 年	2022 年	2021 年	2022 年
甲	双	25	28	4 000	5 000
乙	件	140	160	500	550
丙	条	0.5	0.6	800	1 000

要求:

(1) 计算三种商品的销售量指数。

(2) 计算三种商品的价格指数。

(3) 从相对数和绝对数两个方面分析销售量和价格变动对销售额变动的影响。

附表1　　　　　　　　正态分布概率表

$F(Z)=P(Z<z)$

Z	F(Z)	Z	F(Z)	Z	F(Z)	Z	F(Z)
0.00	0.000 0	0.41	0.318 2	0.82	0.587 8	1.23	0.781 3
0.01	0.008 0	0.42	0.325 5	0.83	0.593 5	1.24	0.785 0
0.02	0.016 0	0.43	0.332 8	0.84	0.599 1	1.25	0.788 7
0.03	0.023 9	0.44	0.340 1	0.85	0.604 7	1.26	0.792 3
0.04	0.031 9	0.45	0.347 3	0.86	0.610 2	1.27	0.795 9
0.05	0.039 9	0.46	0.354 5	0.87	0.615 7	1.28	0.799 5
0.06	0.047 8	0.47	0.361 6	0.88	0.621 1	1.29	0.803 0
0.07	0.055 8	0.48	0.368 8	0.89	0.626 5	1.30	0.806 4
0.08	0.063 8	0.49	0.375 9	0.90	0.631 9	1.31	0.809 8
0.09	0.071 7	0.50	0.382 9	0.91	0.637 2	1.32	0.813 2
0.10	0.079 7	0.51	0.389 9	0.92	0.642 4	1.33	0.816 5
0.11	0.087 6	0.52	0.396 9	0.93	0.647 6	1.34	0.819 8
0.12	0.095 5	0.53	0.403 9	0.94	0.652 8	1.35	0.823 0
0.13	0.103 4	0.54	0.410 8	0.95	0.657 9	1.36	0.826 2
0.14	0.111 3	0.55	0.417 7	0.96	0.662 9	1.37	0.829 3
0.15	0.119 2	0.56	0.424 5	0.97	0.668 0	1.38	0.832 4
0.16	0.127 1	0.57	0.431 3	0.98	0.672 9	1.39	0.835 5
0.17	0.135 0	0.58	0.438 1	0.99	0.677 8	1.40	0.838 5
0.18	0.142 8	0.59	0.444 8	1.00	0.682 7	1.41	0.841 5
0.19	0.150 7	0.60	0.451 5	1.01	0.687 5	1.42	0.844 4
0.20	0.158 5	0.61	0.458 1	1.02	0.692 3	1.43	0.847 3
0.21	0.166 3	0.62	0.464 7	1.03	0.697 0	1.44	0.850 1
0.22	0.174 1	0.63	0.471 3	1.04	0.701 7	1.45	0.852 9
0.23	0.181 9	0.64	0.477 8	1.05	0.706 3	1.46	0.855 7
0.24	0.189 7	0.65	0.484 3	1.06	0.710 9	1.47	0.858 4
0.25	0.197 4	0.66	0.490 7	1.07	0.715 4	1.48	0.861 1
0.26	0.205 1	0.67	0.497 1	1.08	0.719 9	1.49	0.863 8
0.27	0.212 8	0.68	0.503 5	1.09	0.724 3	1.50	0.866 4
0.28	0.220 5	0.69	0.509 8	1.10	0.728 7	1.51	0.869 0
0.29	0.228 2	0.70	0.516 1	1.11	0.733 0	1.52	0.871 5
0.30	0.235 8	0.71	0.522 3	1.12	0.737 3	1.53	0.874 0
0.31	0.243 4	0.72	0.528 5	1.13	0.741 5	1.54	0.876 4

(续表)

Z	F(Z)	Z	F(Z)	Z	F(Z)	Z	F(Z)
0.32	0.251 0	0.73	0.534 6	1.14	0.745 7	1.55	0.878 9
0.33	0.258 6	0.74	0.540 7	1.15	0.749 9	1.56	0.881 2
0.34	0.266 1	0.75	0.546 7	1.16	0.754 0	1.57	0.883 6
0.35	0.273 7	0.76	0.552 7	1.17	0.758 0	1.58	0.885 9
0.36	0.281 2	0.77	0.558 7	1.18	0.762 0	1.59	0.888 2
0.37	0.288 6	0.78	0.564 6	1.19	0.766 0	1.60	0.890 4
0.38	0.296 1	0.79	0.570 5	1.20	0.769 9	1.61	0.892 6
0.39	0.303 5	0.80	0.576 3	1.21	0.773 7	1.62	0.894 8
0.40	0.310 8	0.81	0.582 1	1.22	0.777 5	1.63	0.896 9
1.64	0.899 0	1.88	0.939 9	2.24	0.974 9	2.72	0.993 5
1.65	0.901 1	1.89	0.941 2	2.26	0.976 2	2.74	0.993 9
1.66	0.903 1	1.90	0.942 6	2.28	0.977 4	2.76	0.994 2
1.67	0.905 1	1.91	0.943 9	2.30	0.978 6	2.78	0.994 6
1.68	0.907 0	1.92	0.945 1	2.32	0.979 7	2.80	0.994 9
1.69	0.909 0	1.93	0.946 4	2.34	0.980 7	2.82	0.995 2
1.70	0.910 9	1.94	0.947 6	2.36	0.981 7	2.84	0.995 5
1.71	0.912 7	1.95	0.948 8	2.38	0.982 7	2.86	0.995 8
1.72	0.914 6	1.96	0.950 0	2.40	0.983 6	2.88	0.996 0
1.73	0.916 4	1.97	0.951 2	2.42	0.984 5	2.90	0.996 2
1.74	0.918 1	1.98	0.952 3	2.44	0.985 3	2.92	0.996 5
1.75	0.919 9	1.99	0.953 4	2.46	0.986 1	2.94	0.996 7
1.76	0.921 6	2.00	0.954 5	2.48	0.986 9	2.96	0.996 9
1.77	0.923 3	2.02	0.956 6	2.50	0.987 6	2.98	0.997 1
1.78	0.924 9	2.04	0.958 7	2.52	0.988 3	3.00	0.997 3
1.79	0.926 5	2.06	0.960 6	2.54	0.988 9	3.20	0.998 6
1.80	0.928 1	2.08	0.962 5	2.56	0.989 5	3.40	0.999 3
1.81	0.929 7	2.10	0.964 3	2.58	0.990 1	3.60	0.999 68
1.82	0.931 2	2.12	0.966 0	2.60	0.990 7	3.80	0.999 86
1.83	0.932 8	2.14	0.967 6	2.62	0.991 2	4.00	0.999 94
1.84	0.934 2	2.16	0.969 2	2.64	0.991 7	4.50	0.999 994
1.85	0.935 7	2.18	0.970 7	2.66	0.992 2	5.00	0.999 999
1.86	0.937 1	2.20	0.972 2	2.68	0.992 6		
1.87	0.938 5	2.22	0.973 6	2.70	0.993 1		

附表 2　　　　　　　　　　t 分布临界值表

$$P[|t(n-1)|>t_\alpha(n-1)]=\alpha$$

单侧 双侧	$\alpha=0.10$ $\alpha=0.20$	0.05 0.10	0.025 0.05	0.01 0.02	0.005 0.01
$n-1=1$	3.078	6.314	12.706	31.821	63.657
2	1.886	2.920	4.303	6.965	9.925
3	1.638	2.353	3.182	4.541	5.841
4	1.533	2.132	2.776	3.747	4.604
5	1.476	2.015	2.571	3.365	4.032
6	1.440	1.943	2.447	3.143	3.707
7	1.415	1.895	2.365	2.998	3.499
8	1.397	1.860	2.306	2.896	2.355
9	1.383	1.833	2.262	2.821	3.250
10	1.372	1.812	2.228	2.764	3.169
11	1.363	1.796	2.201	2.718	3.106
12	1.356	1.782	2.179	2.681	3.055
13	1.350	1.771	2.160	2.650	3.012
14	1.345	1.761	2.145	2.624	2.977
15	1.341	1.753	2.131	2.602	2.947
16	1.337	1.746	2.120	2.583	2.921
17	1.333	1.740	2.110	2.567	2.898
18	1.330	1.734	2.101	2.552	2.878
19	1.328	1.729	2.093	2.539	2.861
20	1.325	1.725	2.086	2.528	2.845
21	1.323	1.721	2.080	2.518	2.831
22	1.321	1.717	2.074	2.508	2.819
23	1.319	1.714	2.069	2.500	2.807
24	1.318	1.711	2.064	2.492	2.797
25	1.316	1.708	2.060	2.485	2.787
26	1.315	1.706	2.056	2.479	2.779
27	1.314	1.703	2.052	2.473	2.771
28	1.313	1.701	2.048	2.467	2.763
29	1.311	1.699	2.045	2.462	2.756
30	1.310	1.697	2.042	2.457	2.750
40	1.303	1.684	2.021	2.423	2.704
50	1.299	1.676	2.009	2.403	2.678
60	1.296	1.671	2.000	2.390	2.660
70	1.294	1.667	1.994	2.381	2.648
80	1.292	1.664	1.990	2.374	2.639
90	1.291	1.662	1.987	2.368	2.632
100	1.290	1.660	1.984	2.364	2.626
150	1.287	1.655	1.976	2.351	2.609
200	1.286	1.653	1.972	2.345	2.601
∞	1.282	1.645	1.960	2.326	2.576

附表 3 χ^2 分布临界值表

$$P[\chi^2(n) \geqslant \chi_\alpha^2(n)] = \alpha$$

n \ α	0.995	0.99	0.975	0.95	0.90	0.10	0.05	0.025	0.01	0.005
1	0.000	0.000	0.001	0.100	0.016	2.706	3.841	5.024	6.635	7.879
2	0.010	0.020	0.051	0.103	0.211	4.605	5.991	7.378	9.210	10.597
3	0.072	0.115	0.0216	0.352	0.584	6.251	7.815	9.348	11.354	12.838
4	0.207	0.297	0.484	0.711	1.064	7.779	9.488	11.143	13.277	14.860
5	0.412	0.554	0.831	1.145	1.610	9.236	11.071	12.833	15.086	16.750
6	0.676	0.872	1.237	1.635	2.204	10.645	12.592	14.449	16.812	18.548
7	0.989	1.239	1.690	2.167	2.833	12.017	14.067	16.013	18.475	20.278
8	1.344	1.646	2.180	2.733	3.490	13.362	15.507	17.535	20.090	21.955
9	1.735	2.088	2.700	3.325	4.168	14.684	16.911	19.023	24.666	23.589
10	2.156	2.558	3.247	3.940	4.865	15.987	18.307	20.483	23.209	25.188
11	2.603	3.053	3.816	4.575	5.578	17.275	19.675	21.920	24.725	26.757
12	3.074	3.571	4.404	5.226	6.304	18.549	21.026	23.337	26.217	28.299
13	3.565	4.107	5.009	5.892	7.042	19.812	22.362	24.736	27.688	29.819
14	4.075	4.660	5.629	6.571	7.790	21.064	23.685	26.119	29.141	31.819
15	4.601	5.229	6.262	7.261	8.547	22.307	24.996	27.488	30.578	32.801
16	5.142	5.812	6.908	7.962	9.312	23.542	26.296	28.845	32.000	34.267
17	5.697	6.408	7.564	8.672	10.085	24.769	27.587	30.191	33.405	35.718
18	6.265	7.015	8.231	9.390	10.865	25.989	28.869	31.526	34.805	37.156
19	6.844	7.633	8.907	10.117	11.651	27.204	30.144	32.852	36.191	38.582
20	7.434	8.260	9.591	10.851	12.440	28.412	31.410	34.170	37.566	39.997
21	8.034	8.897	10.283	11.591	13.240	29.615	32.671	36.479	38.932	41.401
22	8.643	9.542	10.982	12.338	14.042	30.813	33.924	36.781	40.289	42.796
23	9.260	10.196	11.689	13.091	14.848	32.007	35.172	38.076	41.638	44.181
24	9.886	10.856	12.401	13.848	15.659	33.196	36.415	39.364	42.980	45.559
25	10.520	11.524	13.120	14.611	16.473	34.382	37.652	40.646	44.314	46.928
26	11.160	12.198	23.844	15.379	17.292	35.563	38.885	41.923	45.642	48.290
27	11.808	12.879	14.573	16.151	18.114	36.741	40.113	43.194	46.963	49.640
28	12.461	13.565	15.308	16.928	18.939	37.916	41.337	44.461	48.278	50.993
29	13.121	14.257	16.047	17.708	19.768	39.087	42.557	45.722	49.588	52.336

(续表)

α \ n	0.995	0.99	0.975	0.95	0.90	0.10	0.05	0.025	0.01	0.005
30	13.787	14.954	16.791	18.493	20.599	40.256	43.773	46.979	50.892	53.672
31	14.458	15.655	17.539	19.281	21.434	41.422	44.985	48.232	52.101	55.003
32	15.134	16.362	18.291	20.072	22.271	42.585	46.194	49.480	53.486	56.328
33	15.815	17.074	19.047	20.867	23.110	43.745	47.400	50.725	54.776	57.648
34	16.501	17.789	19.806	21.664	23.952	44.903	48.602	51.966	56.061	58.964
35	17.192	18.509	20.569	22.465	24.797	46.059	49.802	53.203	57.342	60.275
40	20.70	22.164	24.433	26.509	29.051	51.806	55.759	59.342	63.691	66.766
50	27.991	29.707	32.357	34.764	37.689	63.167	67.505	71.420	76.154	79.490
60	35.535	37.485	43.482	43.188	46.459	74.397	79.082	83.298	88.379	91.952
70	43.275	45.442	48.758	51.740	55.329	85.527	90.531	95.023	100.425	104.215
80	51.172	53.540	57.153	60.392	64.278	96.578	101.879	106.629	112.329	116.321
90	59.196	61.754	65.647	69.126	73.291	107.565	113.145	118.136	124.116	128.299
100	67.328	70.065	74.222	77.930	82.358	118.408	124.342	129.561	135.807	140.169
200	152.241	156.432	162.728	168.279	174.835	226.021	233.994	241.058	249.445	255.264
300	240.663	245.972	253.912	260.878	269.068	331.789	341.395	349.874	359.906	366.844

参 考 文 献

[1] 张俊清,邱学林.统计基础[M].北京:中国人民大学出版社,2019.
[2] 贾俊平.统计学[M].7版.北京:中国人民大学出版社,2018.
[3] 陈珍珍.统计学[M].厦门:厦门大学出版社,2018.
[4] 李洁明,祁新娥.统计学原理[M].7版.厦门:复旦大学出版社,2017.
[5] 王宝海,王坚.统计学原理[M].北京:中国人民大学出版社,2016.
[6] 张敏,王斌,徐顺志.应用统计学[M].北京:人民邮电出版社,2014.
[7] 王积田,田春兰.统计学原理[M].北京:科学出版社,2014.
[8] 胡宝坤,邓先娥.统计实用技术[M].北京:人民邮电出版社,2010.
[9] 杜子芳.抽样技术及其应用[M].北京:清华大学出版社,2005.
[10] 黄书田.国民经济统计概论[M].北京:中国人民大学出版社,2004.